W0177448

Eine Arbeitsgemeinschaft der Verlage

Böhlau Verlag · Wien · Köln · Weimar
Verlag Barbara Budrich · Opladen · Toronto
facultas.wuv · Wien
Wilhelm Fink · München
A. Francke Verlag · Tübingen und Basel
Haupt Verlag · Bern · Stuttgart · Wien
Julius Klinkhardt Verlagsbuchhandlung · Bad Heilbrunn
Mohr Siebeck · Tübingen
Nomos Verlagsgesellschaft · Baden-Baden
Ernst Reinhardt Verlag · München · Basel
Ferdinand Schöningh · Paderborn · München · Wien · Zürich
Eugen Ulmer Verlag · Stuttgart
UVK Verlagsgesellschaft · Konstanz, mit UVK / Lucius · München
Vandenhoeck & Ruprecht · Göttingen · Bristol
vdf Hochschulverlag AG an der ETH Zürich

Grundwissen Theologie

Herausgegeben von Klaus von Stosch

Angelika Strotmann

Der historische Jesus: eine Einführung

Ferdinand Schöningh

Die Autorin:
Angelika Strotmann, Dr. theol., geb. 1956, Universitätsprofessorin für Neues Testament und seine Didaktik am Institut für Katholische Theologie der Universität Paderborn; zahlreiche Veröffentlichungen u.a. zu folgenden Themen: frühjüdische Literatur, biblische Weisheitstheologie und -christologie, Verhältnis Altes Testament/Frühjudentum und Neues Testament, historischer Jesus, Markusevangelium; Mitherausgeberin der Reihe „Theologischer Kommentar zum Neuen Testament" (ThKNT).

Online-Angebote oder elektronische Ausgaben sind erhältlich unter **www.utb-shop.de**

Bibliografische Information der Deutschen Nationalbibliothek

Die Deutsche Nationalbibliothek verzeichnet diese Publikation in der Deutschen Nationalbibliografie; detaillierte bibliografische Daten sind im Internet über http://dnb.d-nb.de abrufbar.

© 2012 Ferdinand Schöningh, Paderborn
(Verlag Ferdinand Schöningh GmbH & Co. KG, Jühenplatz 1, D-33098 Paderborn)

Internet: www.schoeningh.de

Printed in Germany.
Herstellung: Ferdinand Schöningh, Paderborn
Einbandgestaltung: Atelier Reichert, Stuttgart

UTB-Band-Nr: 3553
ISBN 978-3-8252-3553-6

Inhalt

Einführung

Das Buch beginnt ganz klassisch mit einem geschichtlichen Überblick über die historische Jesusforschung von ihren Anfängen, Ende des 18. Jh., bis heute. Es will heutige Leserinnen und Leser darauf aufmerksam machen, dass sich die Frage nach dem historischen Jesus nicht von selbst versteht, sondern ein Kind der Aufklärung ist und sowohl mit dem Aufkommen der Naturwissenschaften in Verbindung steht, als auch mit der Hochschätzung der Vernunft gegenüber der Offenbarung und der Befreiung des menschlichen Individuums von autoritären Strukturen. Der Überblick will aber auch zeigen, dass die unterschiedlichen Antworten auf diese Frage zeit- und kulturbedingt sind und es bleiben werden – was selbstverständlich auch für dieses Buch gilt. Nach diesem hermeneutisch wichtigen Kapitel beschäftigt sich das *zweite Kapitel* mit den Grundlagen jeder historischen Jesusforschung, den literarischen und nichtliterarischen Quellen über Jesus von Nazaret. Darin werden die bisher bekannten Quellen einschließlich außerkanonischer Quellen vorgestellt, ihr Quellenwert wird u.a. im Vergleich mit nichtjüdischen und nichtchristlichen antiken Quellen diskutiert und am Schluss steht eine Einführung in die Kriterien der Jesusforschung.

Das *dritte Kapitel* geht dann einen ersten Schritt auf den historischen Jesus zu und diskutiert die biographischen Grunddaten Jesu, soweit wir sie erheben können. Neben Informationen über Herkunft und Familie, Zeit und Orte seines öffentlichen Wirkens sowie die wichtigsten Daten zu seinem gewaltsamen Tod gehören dazu auch Überlegungen zu den in den Quellen stark legendarisch eingefärbten Geburtserzählungen. Das *vierte Kapitel* führt in die geographische, politisch-wirtschaftliche und religiös-kulturelle Lebenswelt Jesu ein. Im Zentrum steht seine lebenslange, von seinen Zeitgenossen nie hinterfragte Zugehörigkeit zum jüdischen Ethnos (= Volk), an der gegen alle christlichen Vereinnahmungsversuche festzuhalten ist. Auf diesem Hintergrund sind dann auch die folgenden fünf Kapitel zu lesen, die das inhaltliche Zentrum des Buches bilden. Dabei rahmen das fünfte und neunte Kapitel die Kap. 6 – 8. Während das *fünfte Kapitel* die Begegnung Jesu mit Johannes dem Täufer und dessen Einfluss auf Jesus als entscheidenden Beginn für sein öffentliches Wirken versteht, nimmt das *neunte Kapitel* Jesu

gewaltsames Ende in den Blick. Beide Kapitel fragen zugleich nach
den Ursachen und Gründen für den Anfang wie für das Ende von
Jesu öffentlichem Wirken. Die *Kap. 6 – 8* versuchen nun darzustellen, dass die Besonderheit dieses Wirkens in Jesu besonderem Cha-
risma lag, in einer sehr engen Verbindung von Lehren und Handeln,
Reden und Tun, die sich wechselseitig interpretierten und bestärk-
ten: Jesu uneingeschränkte Zuwendung zu allen Menschen des jüdischen Volkes, insbesondere zu den Marginalisierten, machte das
von ihm verkündete nahe gekommene Königreich Gottes körper-
lich, geistig und seelisch erfahrbar (*siebtes Kapitel*). Umgekehrt
weckte die Verkündigung dieses die gegenwärtigen Königreiche
transzendierenden Gottesreiches (*sechstes Kapitel*) bei denen, die
Jesu Zuwendung erfuhren, eine neue Hoffnung und einen neuen
Glauben an die alles verwandelnde Kraft Gottes. Beides zusammen
motivierte im besten Fall zur Umkehr und zu einem Leben, das sich
am Ethos des Gottesreiches orientierte. Dass dieses Ethos, das Jesus
selbst lebte und von seinen SchülerInnen forderte, nicht von ihm
selbst erfunden worden ist, wie immer noch in der Literatur behauptet wird, versuche ich im *achten Kapitel* zu zeigen. Im Zentrum
dieses Ethos stand der Willen Gottes, wie er in den Schriften Israels,
vor allem in der Tora grundgelegt ist. Sie waren für Jesu Leben und
seine Lehre Quelle, Orientierung und Inspiration. Das Buch endet
mit der Passion Jesu und der Diskussion über Ursachen und Gründe
für seine Hinrichtung von jüdischer wie römischer Seite (*neuntes
Kapitel*).

Drei nicht nur historische, sondern im engeren Sinn christologi-
sche Fragen werden aus Platzgründen nicht behandelt:
- Wie bzw. als was Jesus sich selbst sah.
- Ob und in welchem Sinn Jesu AnhängerInnen, SchülerInnen und
  GegnerInnen ihn für den Messias/Christos, den Menschensohn
  oder gar für *den* Sohn Gottes gehalten haben.
- Wie die Auferstehungserfahrungen der SchülerInnen Jesu histo-
  risch einzuschätzen und zu deuten sind.

Abgesehen davon, dass die erste Frage historisch so gut wie nicht zu
beantworten ist, gehen die beiden ersten Fragen auch über die Möglichkeiten dieses Buches hinaus, da geklärt werden müsste, was zur
Zeit Jesu unter Messias/Christos, Menschensohn oder Sohn Gottes
verstanden wurde, auf welche Traditionen diese Begriffe sich bezogen, welche Rolle die unterschiedlichen jüdischen und nichtjüdischen Kontexte bei ihrer Anwendung auf Jesus spielten. Einzig die

Deutung Jesu als Messiasprätendent durch AnhängerInnen und Gegner wird im Zusammenhang mit seinem Kreuzestod kurz angeschnitten. Leider muss auch die Frage nach den Auferstehungserfahrungen seiner JüngerInnen wegfallen, obwohl sie *das* Grunddatum für die Entstehung des Christentums sind.

Wie dieses Buch gelesen werden kann

Je nach Vorwissen, Interesse und Geschmack kann dieses Buch von vorne nach hinten gelesen werden, von hinten nach vorne, von der Mitte nach vorne und hinten. Es kann Kapitel für Kapitel durchgearbeitet werden, es können aber auch Kapitel übersprungen oder in inhaltlichen Blöcken gelesen werden. Jedes Kapitel ist in sich abgeschlossen und sollte für sich verständlich sein. Auf Themen und Inhalte, die in vorangegangenen oder nachfolgenden Kapiteln intensiver und genauer behandelt werden, wird jeweils in Klammern hingewiesen. Wichtige Stichworte und Fachbegriffe sind aber auch über das Stichwortregister zu erschließen.

Für diejenigen, die ein Thema vertiefen möchten, ist am Ende jedes Kapitels weiterführende Literatur angegeben. Wer überprüfen möchte, was in den antiken und modernen Quellen steht, die ich benutze, sei auf die Endnoten verwiesen.

Zu empfehlen ist schließlich auch das Lesen der beiden folgenden Abschnitte der Einleitung, die etwas grundsätzlicher als der inhaltliche Überblick in das Buch einführen. Der letzte Abschnitt zur aktuellen Diskussion über den Begriff »Historischer Jesus« darf hingegen ausgespart werden, da er vertiefte Kenntnisse zum Thema voraussetzt.

Warum es notwendig ist, heute nach dem ›historischen‹ Jesus zu fragen

Immer wieder begegnen mir bei Studentinnen und Studenten der Katholischen Theologie zwei Perspektiven auf den historischen Jesus: die Leugnung seiner historischen Existenz und Behauptungen und Spekulationen aus der liberalen bis esoterischen Ecke. Dagegen treffe ich kaum auf bibelfundamentalistische Positionen, obwohl es diese sicher auch im katholischen Milieu gibt.

Die *Leugnung der historischen Existenz Jesu* wird zwar von den Studierenden selbst nicht geteilt, scheint aber einzelne von ihnen stark zu verunsichern. Bis vor wenigen Jahren spielte diese Position bei TheologiestudentInnen kaum eine Rolle, obwohl die historische Existenz Jesu seit dem 18. Jh. immer wieder in Zweifel gezogen wurde.[1] Einen Auslöser für den gegenwärtigen ›Aufstieg‹ dieser Position sehe ich u.a. im Internet mit seinen ausufernden Diskussionen zur Existenz Jesu. Doch ist auch das Internet nur ein Indikator für eine Gesellschaft, die sich immer weniger als christlich versteht und in der nicht Wenige dem Christentum insgesamt skeptisch bis ablehnend gegenüberstehen.

Stärker als durch die Leugnung der Existenz Jesu werden Theologiestudierende durch verschiedene *Theorien und Hypothesen aus der Tradition der liberalen Jesus-Forschung* beeinflusst (vgl. dazu Kap. 1), die in unzähligen Sachbüchern und (Jesus)Romanen in den letzten Jahrzehnten verbreitet wurden. Besonders beliebt sind psychologisierende Deutungen, die nicht selten mit antikirchlichen Attitüden einhergehen. Immer noch werden Gegensätze aufgebaut zwischen Jesus und Paulus, Jesus und (katholischer) Kirche, Jesus und patriarchalem, gesetzlichem Judentum. Einer frauen- und sexualitätsfeindlichen, ganz an unmenschlichen Gesetzen festhaltenden (katholischen) Kirche wird ein weichgespülter, immer gütiger, frauenfreundlicher und jedes Gesetz zugunsten leidender Menschen brechender Jesus entgegensetzt. Der historische Jesus erscheint damit fast identisch mit dem jeweiligen Zeitgeist oder weniger allgemein formuliert: mit den Wünschen und Sehnsüchten des jeweiligen christlichen Individuums.

Einen Schritt weiter gehen *esoterische und fantastische Spekulationen* über den historischen Jesus, die nicht nur die kirchlich verfassten christlichen Gemeinschaften ablehnen, sondern die auch die Glaubwürdigkeit der neutestamentlichen Quellen grundsätzlich in Frage stellen. Stattdessen stützen sie sich auf außerkanonische frühjüdische (Kap. 2.3.1) und frühchristliche Quellen (Kap. 2.2.2) und beziehen sich bei Bedarf auch auf angeblich bewusst verborgene oder vernichtete Schriften obskurer Herkunft. Damit gehen nicht selten Verschwörungstheorien einher, in denen fast immer der Vatikan eine unrühmliche Rolle spielt. Auf dem Buchmarkt sind solche Bücher außerordentlich erfolgreich. Ob ihre zahlreichen Leserinnen und Leser jedoch tatsächlich das dort Behauptete für bare Münze nehmen, ob sie die Bücher eher aus ›Sensationslust‹ lesen oder ob sie sie ›nur‹ als spannende Unterhaltung schätzen, ist schwer zu entscheiden. Sie tragen aber nicht unwesentlich zur Verunsicherung selbst kirchlich gebundener Christen bei.

Auf dem Hintergrund dieser grob skizzierten gegenwärtigen Anfragen an die von den Kirchen lange Zeit vermittelten Jesusbilder halte ich die Rückfrage nach dem historischen Jesus aus folgenden Gründen für notwendig:

Als Kinder der Aufklärung kommen wir Christen – wenn wir denn unseren Glauben an Jesus, den Christus, kommunizieren wollen – nicht an der Frage nach dem historischen Jesus vorbei. »Die historische Frage ist uns mit der Aufklärung und der Moderne vorgegeben.«[2] Hinter beide können wir nicht zurück, es sei denn um den Preis einer grundsätzlichen Kommunikationsverweigerung und den Rückzug in ein Nischendasein. Wir können auch nicht unseren eigenen Stand wissenschaftlichen Fragens nur bis zu den neutestamentlichen Texten zulassen und alles darüber hinaus bzw. dahinter unter das Verdikt des Unmöglichen stellen. Abgesehen davon, dass wir uns wissenschaftlich unglaubwürdig machen, würden wir damit nur denen den Weg frei geben, die z.B. die historische Existenz Jesu leugnen, oder die mit ihren esoterischen und fantastischen Spekulationen beanspruchen den wirklichen Jesus entdeckt zu haben.

Eine hermeneutisch reflektierte, methodisch verantwortete, argumentativ nachvollziehbare und auf intersubjektive Kommunikation ausgerichtete Rückfrage nach dem historischen Jesus bildet nicht nur ein Korrektiv gegenüber ausufernd fantasievollen und spekulativen Jesusbildern, sondern auch gegenüber (populär)wissenschaftlichen Jesusbildern, die mit teilweise autoritativem Anspruch vertreten werden, zugleich aber die eigenen zeitbedingten Wünsche und Interessen mit dem historischen Jesus verwechseln (vgl. Kap. 1.1.3; 1.2; 1.5). Dabei ist selbstverständlich zu berücksichtigen, dass auch die »wissenschaftlichste« Jesusforschung immer wieder in Gefahr gerät, ein Jesusbild nach den eigenen subjektiven Interessen und Wahrnehmungen zu malen. Letztlich können wir nicht aus dem hermeneutischen Zirkel heraus, der besagt, dass wir nur das erkennen, was unserer eigenen Erfahrungswirklichkeit und Weltwahrnehmung wenigstens teilweise entspricht. Entsprechend wichtig ist es daher gerade bei einem zeitlich und kulturell-religiös so weit entfernten Gegenstand wie Jesus von Nazaret die eigene Forschung immer wieder kritisch zu hinterfragen und kritisch hinterfragen zu lassen.

Alle neutestamentlichen Schriften – auch die des Paulus – halten an der Kontinuität zwischen dem historischen Jesus und dem verkündigten Christus fest. Warum z.B. sollte Paulus in 1 Kor 7,8–16 sonst zwischen einem Wort Jesu (wörtl. »Wort des Herrn«) und seinem eigenen Wort unterscheiden (vgl. a. 1 Kor 7,25)? Insbesondere

die Entstehung der Evangelien wäre ohne ein Interesse am irdischen
Jesus nicht verständlich. Zwar hat Rudolf Bultmann mit seiner Ansicht Recht, dass alle Evangelien und selbst ihre kleinsten Formen
vom nachösterlichen Kerygma beeinflusst sind, das heißt aber noch
lange nicht, dass ihnen – wie Bultmann meinte – der irdische Jesus
gleichgültig ist (zu Bultmann siehe Kap. 1.2). Gut erkennbar ist das
am Markusevangelium, dessen zentrale Botschaft lautet, dass der
auferstandene Jesus Christus kein anderer ist als der irdische, ge-
kreuzigte Jesus von Nazareth. Entgegen der Tendenz, den Auferstandenen ins Zentrum des christlichen Glaubens zu stellen und ihn vom
irdischen Jesus zu isolieren, hält das Evangelium daran fest, dass
Messianität und Gottessohnschaft Jesu nur diejenigen erfassen, die
am gekreuzigten Jesus von Nazaret festhalten und ihm auf seinem
Weg des Dienstes an den Menschen folgen.

*Warum jede Suche nach dem ›historischen‹ Jesus nur zu seiner
Rekonstruktion führen kann.*

Nach welchem Jesus sucht die historische Jesusforschung? Neben
dem ›historischen‹ Jesus finden wir im Angebot z.B. den ›wirklichen‹, den ›irdischen‹, den ›authentischen‹, den ›wahren‹ Jesus und
seit einigen Jahren auch den ›erinnerten‹ Jesus. Unmittelbar einsich-
tig ist, dass wir außerhalb des Glaubens, allein mit den Mitteln der
Vernunft weder den authentischen, noch den wahren Jesus finden
werden, auch wenn wir noch so intensiv nach ihm suchen. Selbst
Personen der Gegenwart werden wir nie in ihrer ganzen Wahrheit
und Authentizität erfassen, d.h. mit all ihren verschiedenen Facetten,
in ihrer Komplexität, mit ihren Gedanken und Gefühlen. Wir erfassen und verstehen uns selbst ja noch nicht einmal vollständig. Wer
immer daher behauptet, den wahren Jesus gefunden zu haben und
sich gegen alle anderen Jesusbilder immunisiert, tendiert zum Fun-
damentalismus und dazu, sein Jesusbild als das allein selig machende anderen aufzuoktroyieren. In der historisch-kritischen Jesusforschung ist solche Jesus-Suche selbstredend verpönt. Doch
Jesusbücher von anerkannten neutestamentlichen Forschern mit Ti-
teln wie »Wer war Jesus wirklich?« (Klaus Berger), »Was Jesus
wirklich lehrte. Die authentischen Worte des historischen Jesus«
(John Dominic Crossan) oder »Jesus nach 2000 Jahren. Was er wirklich sagte und tat« (Gerd Lüdemann) suggerieren einen durchaus
ähnlichen Absolutheitsanspruch: nämlich dass nur sie den wirkli-

chen, historischen Jesus entdeckt haben und ihn daher ohne alles Wenn und Aber ungeschminkt den Leserinnen und Lesern vorstellen können. Doch genauso, wie wir den wahren Jesus nicht finden werden, wird es uns auch mit dem wirklichen Jesus gehen, gleich ob er uns von konservativer oder liberaler Seite präsentiert wird. Nach Stegemann verschleiert der Begriff,

> dass es keine absolute, letztgültige Begründung für eine *bestimmte* Jesusinterpretation gibt bzw. geben kann. Er verschleiert insbesondere, dass es sich schon bei der *Auswahl* der so genannten ›wirklichen‹ Fakten (was Jesus ›wirklich‹ gesagt und getan hat) um einen interpretativen Akt handelt, selbst dann noch, wenn man für die *gesamte* Tradition der Jesusüberlieferung in den Evangelien des Neuen Testaments historische Authentizität gelten lassen will.[3]

Gleich welche Art von Suche, ob historisch-kritisch, erinnert, spirituell oder wie auch immer wir sie nennen, keine kann uns zurückführen zu dem Jesus von Nazaret aus Fleisch und Blut, der vor 2000 Jahren in Galiläa das Königreich Gottes verkündigte und nach seinem Kreuzestod zum Ausgangspunkt einer Bewegung wurde, aus der das Christentum hervorging. Alle Rückfragen nach dem Jesus hinter den antiken Quellen bleiben historische Konstrukte bzw. Rekonstruktionen. Das hat weniger mit der beschränkten Quellenlage zu tun, die nicht grundsätzlich schlechter oder besser ist als für viele andere Personen der Antike (dazu genauer Kap. 2), sondern damit, dass jedes vergangene Ereignis, jede vergangene Person und deren Lebensgeschichte sich einem objektiv erkennenden und urteilenden Zugriff entziehen. Schon im 19. Jh. unterschied der Historiker Johann Gustav Droysen zwischen dem vergangenen Ereignis, den sich auf dieses Ereignis beziehenden Quellen und den Versuchen, aus den vorliegenden Quellen die vergangenen Ereignisse interpretierend zu rekonstruieren. Für Droysen war klar, dass historische Forschung die Vergangenheit nicht wiederherstellen kann, allenfalls kann sie sich ihr durch die Interpretation der Quellen, der Überreste der Vergangenheit in der Gegenwart, annähern. Doch bleibt selbst diese Annäherung immer fragil und vorläufig, nicht nur weil sich die Quellenlage ständig ändert, sondern auch weil die Perspektive der jeweils die Quellen interpretierenden HistorikerInnen wechselt und von den unterschiedlichsten Faktoren abhängt. Besondere Schwierigkeiten bereitet die Interpretation *antiker* (*und mittelalterlicher*) Quellen und Artefakte, denn neben der zu berücksichtigenden subjektiven Perspektive insbesondere schriftlicher

Quellen ist oft noch nicht einmal ausgemacht, ob hinter ihnen überhaupt ein historisches Ereignis oder eine historische Person steht. Der wesentliche Unterschied zwischen geschichtswissenschaftlich verantworteten Konstruktionen von Vergangenheit und freien oder gar frei fantasierten Geschichtskonstruktionen liegt darin, dass die ersten falsifizierbar, d.h. angesichts des Quellenmaterials überprüfbar und kritisierbar und »in argumentativer, also in anhand von Sachargumenten diskutabler Weise auf die Vergangenheit bezogen« sind.[4] Und das gilt für die Rückfrage nach Jesus von Nazaret ebenso wie für die Rekonstruktionen anderer vergangener Ereignisse, Lebensgeschichten, Personen etc.

›Historischer‹ oder ›erinnerter‹ Jesus?

Gegenwärtig wird in der Jesusforschung darüber gestritten, ob die Wendung ›historischer Jesus‹ mitsamt dem dahinter vermuteten hermeneutischen Konzept nicht überholt sei, da sie dem heutigen erkenntnistheoretischen und geschichtshermeneutischen Stand nicht mehr entspreche. Ihre Stelle soll das vom britischen Neutestamentler James D.G. Dunn ins Spiel gebrachte Konzept des ›erinnerten Jesus‹ einnehmen.[5] Dunn schenkt der in der historisch-kritischen Exegese schon lange beobachteten Entstehung der Evangelien aus mündlicher Überlieferung größere Beachtung als bisher. Ausgangspunkt dieser Überlieferung sind dabei für ihn die Erinnerungen der JüngerInnen Jesu, die wesentlich durch den *Eindruck* (‚impact') geprägt sind, den Jesus bei ihnen während seines Lebens, also vor Ostern, hinterlassen und der sie zum Glauben geführt hat. Hinter die Erinnerungen der Apostel, die in den synoptischen Quellen zugänglich sind, kommt die Jesusforschung nicht zurück, so dass sie keinen anderen Jesus finden kann, als den, der bei seinen Jüngerinnen und Jüngern Glauben geweckt hat. Einen vom Glauben seiner AnhängerInnen unabhängigen Jesus gibt es nach Dunn nicht. Trotz des konstruktiven Charakters der Kategorie Erinnerung ist Dunn von der hohen Zuverlässigkeit mündlicher Überlieferung überzeugt, die nach dem von ihm übernommenen Modell vor allem im Grundbestand zu erkennen ist, während die konkreten Ausgestaltungen voneinander abweichen können. Daraus folgt ganz wesentlich für ihn, dass es zwischen dem durch den historischen Jesus ausgelösten glaubenden Eindruck der JüngerInnen Jesu und den nachösterlich weitergegebenen Traditionen keine Diastase gibt.

Das Konzept des erinnerten Jesus, insbesondere das Modell mündlicher Überlieferung, halte ich im einzelnen für sehr anregend und weiterer Forschungen wert, die grundsätzliche Kritik, die damit an der Kategorie ›historischer Jesus‹ geübt wird, kann ich dagegen nicht nachvollziehen. Weder vermittelt die Rede vom historischen Jesus per se »die Illusion von einem ›objektiven‹ Gegenstand der Erkenntnis«,[6] noch behaupten alle ihre Vertreter die grundsätzliche Verschiedenheit des historischen Jesus von dem durch den Glauben vermittelten Jesus.[7] Überzogen ist auch die Behauptung, dass gerade die Kategorie der Erinnerung zum Ausdruck bringe, »dass historisch-kritische *Rekonstruktionen* der Person Jesu immer auch *Konstruktionen* sind, in die die Interpretationen und das Wirklichkeitsverständnis derjenigen, die Jesusbilder zeichnen, einfließen«.[8] Das hier mit dem Erinnerungskonzept exklusiv verbundene hermeneutische Bewusstsein gibt es schon lange, auch in der Exegese. Man lese nur Rudolf Bultmanns berühmten Aufsatz von 1957 »Ist voraussetzungslose Exegese möglich?«[9]. Schließlich gehen sowohl James Dunn als auch diejenigen, die sein Konzept des erinnerten Jesus übernehmen, wie z.B. Wolfgang Stegemann und Jens Schröter, in ihren Jesusbüchern durchaus hinter die Quellen und ihre Überlieferungen zurück. D.h. sie gehen selbstverständlich von einer historischen Referenzgestalt aus, die nicht identisch ist mit ihrer Darstellung in den Quellen, und diskutieren, wie alle anderen JesusforscherInnen auch, ob und wenn ja inwieweit ein Jesus in den Mund gelegter Ausspruch auf ihn zurückgehen kann oder nicht, welches Ereignis oder welche Erfahrungen sein öffentliches Wirken als Verkünder des Gottesreiches ausgelöst haben könnte(n) u.v.m.

Die Erinnerungskategorie hat zu Recht ab den 90er Jahren in den Kulturwissenschaften an Bedeutung gewonnen, weil sie auch weit über die Interpretation antiker Texte hinaus eine äußerst hilfreiche hermeneutische Kategorie ist.[10] Es gilt daher sie in das Konzept des historischen Jesus zu integrieren, nicht aber sie grundsätzlich diesem Konzept entgegenzusetzen oder es gar zu ersetzen.

Dank und Widmung

Danken möchte ich Dr. Michael Fresta für eine Reihe von Vorarbeiten und für die kritische inhaltliche Begleitung der ersten Kapitel, desgleichen Dipl.Theol. Lina Sforza und Dipl. Theol. Damian Lazarek. Mein besonderer Dank gilt Anne Niederwestberg und Anne Strotmann. Sie haben nicht nur Literaturrecherchen durchgeführt, sorgfältig Korrektur gelesen und die Register erstellt, sondern sie waren mir in allen Arbeitsphasen unverzichtbare kritisch-konstruktive Gesprächspartnerinnen aus der Studierendenperspektive. Und schließlich danke ich Frau Tenge-Borkowski vom Schöningh-Verlag für die gute Zusammenarbeit bei der Drucklegung.

Widmen möchte ich dieses Buch meinem im März 2011 verstorbenen Vater, Heinrich Strotmann, der sich als theologischer Laie ein Leben lang mit der Theologie beschäftigt hat und der immer wieder gerne, nicht selten kontrovers, mit mir über Jesus von Nazaret diskutierte.

Literatur

Frenschkowski, Marco, Mysterien des Urchristentums. Eine kritische Sichtung spekulativer Theorien zum frühen Christentum. Wiesbaden: Marixverlag 2007. *(Eine gut lesbare reflektierte Analyse verbreiteter pseudowissenschaftlicher und fantastischer Jesuslegenden.)*

Heiligenthal, Roman, Der verfälschte Jesus. Eine Kritik moderner Jesusbilder. Darmstadt: Primus Verl. 1996. *(Ein immer noch aktueller Überblick über wissenschaftliche und populäre Jesusbiographien und ihre Ab- und Irrwege.)*

Themenheft ›Der erinnerte Jesus‹. ZNT 20 (2007). *(Eine gute erste Einführung in die Debatte um den erinnerten Jesus.)*

1. Von Hermann Samuel Reimarus zur Third Quest: Die Geschichte der historischen Jesusforschung

Die gegenwärtig, vor allem im englischsprachigen Raum weit verbreitete Einteilung der Forschungsgeschichte zum historischen Jesus geht auf den britischen Neutestamentler Tom Wright zurück. Er bezeichnete in seinem Forschungsüberblick aus dem Jahr 1988 die gerade begonnene Phase der historischen Jesusforschung als »Third Quest«[1] (»dritte Suche« nach dem historischen Jesus), die auf die so genannte »New Quest« bzw. »Second Quest« (ab den 50er Jahren) folgte, der wiederum im 19. Jh. die »Old Quest« vorausging.

Im Folgenden werde ich mich an dieser Phaseneinteilung orientieren, mit dem einen Unterschied, dass ich zwischen der 1. und 2. Phase – wie viele andere Forscherinnen und Forscher auch – eine längere Zwischenphase annehme.

1.1 Erste Phase: Von Hermann Samuel Reimarus bis zum Ende der liberalen Leben-Jesu-Forschung

Jahrhundertelang wurden in der christlichen Welt die Evangelien ziemlich unbefangen als ›Jesus-Biographien‹ gelesen, d.h. die biblischen Erzählungen und die darin erzählten ›historischen‹ Ereignisse wurden selbstverständlich als übereinstimmend angesehen. Noch Martin Luther verspürte kein Bedürfnis Genaueres über die Chronologie der Ereignisse in den Evangelien zu erfahren. Immerhin sahen jedoch auch schon die frühen Reformatoren ein gewisses Problem in der unterschiedlichen Wiedergabe anscheinend gleicher Ereignisse in den Evangelien, kamen dann aber zu teilweise abstrusen Schlussfolgerungen. So vertrat z.B. Osiander (1498–1552) in seiner Evangelienharmonie »den Grundsatz, dass, was in verschiedenen Zeiten und mehrmals berichtet wird, auch zu verschiedenen Zeiten und mehrmals geschehen sein müsse« (Schweitzer 56). Entsprechend hat Jesus die Tochter des Jairus nicht nur einmal, sondern mehrmals auferweckt, und er hat nicht nur einmal einen Dämon aus einem Besessenen in eine Schweineherde fahren lassen, sondern ein zweites Mal zwei Dämonen aus zwei Besessenen (Schweitzer 56).

Erst ab der Aufklärung (ca. 1650–1780), in der die kritische Vernunft zum absoluten Maßstab wissenschaftlichen Erkennens aufstieg, wurde der Wahrheitsgehalt der biblischen Erzählungen über Jesus mehr und mehr in Zweifel gezogen. Nicht mehr die Frage nach Jesu Göttlichkeit oder seinem Verhältnis zu Gott stand ab jetzt im Zentrum, sondern die Frage, was historisch zuverlässig als Jesu eigene Worte und Taten erkennbar ist. Das zweifache Kriterium von Widerspruch und Vereinbarkeit spielte dabei eine besondere Rolle: Wo Texte anderen Texten zu widersprechen schienen oder unvereinbar waren mit den Naturgesetzen, konnten die Erzählungen in diesen Texten nur als unhistorisch beurteilt werden.[2] Letzteres betraf insbesondere die Wundererzählungen und die Auferstehung Jesu.

1.1.1 Hermann Samuel Reimarus (1694–1768)

Die historische Jesusforschung im eigentlichen Sinn beginnt mit *Hermann Samuel Reimarus*, einem Gymnasialprofessor für orientalische Sprachen in Hamburg. Zwar konnte Reimarus auf die Vorarbeiten der englischen Deisten aufbauen (Deismus = Annahme, dass Gott zwar die Welt erschaffen hat, in sie aber seitdem nicht mehr eingreift), auch gab es einzelne jüdische Vorläufer (so Leon da Modena 1571–1648), doch erst seine Abhandlung ›Von dem Zwecke Jesu und seiner Jünger‹ untersuchte die Evangelien rein historisch und mit bis heute akzeptierten wissenschaftlichen Methoden. Diese Abhandlung war Teil seines umfangreichen Werkes ›Apologie oder Schutzschrift für die vernünftigen Verehrer Gottes‹, das zu Lebzeiten nur anonym unter seinen Bekannten kursierte. Nach seinem Tod publizierte Gotthold Ephraim Lessing sieben Fragmente aus diesem Werk einschließlich der genannten Abhandlung, ohne aber die Identität des Verfassers preiszugeben (Fragmente des Wolfenbüttelschen Ungenannten[3]). Der darauf folgende Sturm der Entrüstung rechtfertigte im Nachhinein die Entscheidung des Reimarus sein Werk zu Lebzeiten nicht zu veröffentlichen.

- Der methodische Ausgangspunkt von Reimarus ist *die Unterscheidung zwischen der Verkündigung Jesu und dem Christusglauben der Apostel*: »... ich finde große Ursache, dasjenige, was die Apostel in ihren eigenen Schriften vorbringen, von dem, was Jesus in seinem Leben wirklich selbst ausgesprochen und gelehret hat, gänzlich abzusondern.« (Fragment 7, Teil I, §3)[4]
- Daraus folgt, dass *die Verkündigung Jesu nur aus dem Kontext der jüdischen Religion seiner Zeit heraus zu erklären ist*. Jesus

ist eine jüdische prophetisch-apokalyptische Gestalt, die keine Absicht hatte, die jüdische Religion abzuschaffen und stattdessen eine neue einzuführen. Er hat vielmehr mit seiner Predigt vom Himmelreich messianische Erwartungen bei den Menschen geweckt und wollte ein weltliches Reich aufrichten.

- Entsprechend *haben weder Jesus noch seine Jünger mit dem gewaltsamen Tod Jesu gerechnet*: »Es war demnach sein Zweck nicht gewesen, daß er leiden und sterben wollte; sondern daß er ein weltlich Reich aufrichtete und die Juden von ihrer Gefangenschaft erlösete: und darin hatte ihn Gott verlassen, […]«. (Fragment 7, Teil II, § 8)[5]

- *Erst die Apostel verkündigten ihn nach seinem Tod als den auferstandenen und wiederkommenden Christus*, da sie mit dem gewaltsamen Tod Jesu nicht zurechtkamen: »Zur alten Hantierung zurückzukehren, war ihnen zu sauer; die Freunde des Messias hatten auf ihren Reisen das Arbeiten verlernt. Sie hatten gesehen, dass die Predigt des Gottesreichs ihren Mann wohl nährt«. (Schweitzer 63)

- Aus der Situation der Apostel vor und nach dem Tod Jesu entwickelt Reimarus dann seine *Betrugshypothese*. Danach haben die Apostel den Leichnam Jesu gestohlen (vgl. Mt 28,11–15) und ihn nach 50 Tagen, als die Leiche durch Verwesung nicht mehr zu identifizieren war, als auferstanden verkündigt.

Obschon mehr als hundert Jahre alt, gilt immer noch Albert Schweitzers Urteil über das Werk des Reimarus: es ist »vielleicht die großartigste Leistung in der Leben-Jesu-Forschung überhaupt, denn er hat zuerst die Vorstellungswelt Jesu historisch, d.h. als eschatologische Weltanschauung erfasst« (Schweitzer 65). Reimarus' Bedeutung für die historische Jesusforschung steht auch nicht seine Betrugshypothese entgegen, die nach Schweitzer eine Nothypothese sein musste, da die damalige Wissenschaft noch nicht so weit war um »den Weg zur historischen Lösung zeigen [zu können]« (Schweitzer 65).

Wie modern Reimarus war, zeigt sich schließlich auch in seinem methodischen Vorgehen, zu dem neben genauer Quellenbeobachtung, bei der Widersprüche und Spannungen nicht weginterpretiert oder übergangen werden (wie noch bei Luther), auch die Entwicklung eines Kriteriums gehört, das im Kern dem *Differenzkriterium* Käsemanns von 1954 (vgl. 1.3) entspricht. Reimarus bezeichnet es in seiner Vernunftlehre selbst als »III. Regel zur Beurtheilung der Aufrichtigkeit eines Zeugen«, die er folgendermaßen definiert:

Wenn die erzählte Sache dem Zeugen selbst, oder denen, welchen er wohl will, zur Unehre, Schaden und Unlust gereichen, oder denen, welchen er abgeneigt ist, Ehre, Vortheil und Lust bringen kann: so ist es ein Zeichen seiner Aufrichtigkeit.[6]

1.1.2 Von den Rationalisten zu David Friedrich Strauß (1808–1874)

Reimarus hatte keine Schüler, weil er mit seinen Schriften zu früh gekommen war. Zwar klangen alle Motive der kommenden Leben-Jesu-Forschung schon in seinem Werk an, doch blieb es letztlich für sich stehen, weil es nicht konstruktiv aufgenommen und weitergeführt wurde. Stattdessen beherrschte mehrere Jahrzehnte der *Rationalismus* das Feld, der die Religion und damit auch die Evangelien allein aus der Vernunft heraus zu erklären versuchte. Als Kind der Aufklärung war der Rationalismus besonders an der Übereinstimmung zwischen dem sich durchsetzenden naturwissenschaftlichen Weltbild und den neutestamentlichen Texten interessiert, so dass schon bald die vernunftmäßig gedeuteten Wunder und wunderhaften Züge in den Evangelien ins Zentrum der Auslegung rückten. Gleichzeitig entwickelte sich eine neue Literaturgattung, das romanhafte ›Leben Jesu‹, das nicht nur ein Gesamtbild des Lebens Jesu entwerfen wollte, sondern Dialoge erfand und Jesus und seine Jünger in moderner Sprache reden ließ. Besonders eindrucksvoll lesen sich die Jesusromane von *Karl Friedrich Bahrdt* (1741–1792) und *Karl Heinrich Venturini* (1768–1849). Ihre konsequent natürliche Darstellung der Wundererzählungen der Evangelien einschließlich der Auferstehung Jesu wird – ob bewusst oder unbewusst – bis heute immer wieder in esoterischer Jesusliteratur aufgegriffen. Dazu gehört zum Beispiel die Hypothese vom Essenerorden, dem Jesus angehört habe und der ihn in seine geheimen Weisheiten eingeführt hätte. Auch die Auferweckung Jesu wird mit den Essenern verbunden. Sie wird nun nicht mehr als Jüngerbetrug erklärt, sondern als Scheintod. Die Auferweckung wurde nach Bahrdt bewusst von den Essenern inszeniert, während nach Venturini Josef von Arimathäa bei der Grablegung bemerkte, dass Jesus noch lebte und ihn mit Hilfe der Essener für 40 Tage wiederherstellen konnte (dazu Schweitzer 79–87).

Der Philosoph und Theologe *David Friedrich Strauß* erkannte als erster, dass auch die rationalistische Bibelinterpretation in eine Sackgasse führte:

Wenn die altkirchliche Exegese von der doppelten Voraussetzung aus-
gieng, dass in den Evangelien erstlich Geschichte, und zwar zweitens
eine übernatürliche, enthalten sei, wenn hierauf der Rationalismus die
zweite dieser Voraussetzungen wegwarf, doch nur um desto fester an
der ersten zu halten, dass in jenen Büchern lautere, wenngleich natürliche, Geschichte sich finde: so kann auf diesem halben Wege die Wissenschaft nicht stehen bleiben, sondern es muss auch die andere Voraussetzung fallen gelassen, und erst untersucht werden, ob und wie
weit wir überhaupt in den Evangelien auf historischem Grund und Boden stehen.[7]

In seinem 1835/36 erschienenen Buch ›Das Leben Jesu kritisch bearbeitet‹ schlug er als Hegelschüler *einen dritten Weg ein, einen
Weg zwischen Supranaturalismus einerseits und Rationalismus andererseits.* Perikope für Perikope widerlegte er die supranaturalisti-
sche Deutung der Evangelien durch die rationalistische und umgekehrt und entwickelte schließlich daraus seine eigene neue Lösung,
die mythische Deutung der Evangelien. Was Reimarus für unhistorisch hielt und was die Rationalisten mit Gewalt vernunftgemäß zu
erklären versuchten, verstand Strauß nun als unbewussten Prozess
mythischer Imagination, der beinahe unmittelbar nach dem Tod
Jesu einsetzte. Diese »absichtslos dichtenden Sagen« (Schweitzer
116) wurden mit Hilfe alttestamentlicher Motive und Vorbilder gestaltet, die letztlich die Messianität Jesu erweisen sollten. Die Betonung liegt auf »absichtslos«, da nach Strauß der Zeit Jesu eine rein
historische Darstellung nicht möglich war. Zwar fällt es schwer hinter dem Mythos die wirklichen Ereignisse zu erkennen, doch geht
Jesus für ihn nicht im Mythos auf, wie dann wenige Jahre später bei
Bruno Bauer (1850–51). »Wenn an Jesus irgendetwas historisch ist,
so ist es sein Anspruch, in dem kommenden Reiche als Menschensohn offenbar zu werden« (Schweitzer 130). Für Strauß realisiert
sich in der historischen Persönlichkeit Jesu die Idee der Gott-
menschlichkeit, die höchste Idee menschlichen Denkens mit dem
Mythos als ihrer geschichtsartigen Einkleidung (vgl. Schweitzer
116). Durch seine systematische Untersuchung aller Evangelien erkannte Strauß schließlich auch als erster die *große theologische Differenz zwischen den Synoptikern und dem Joh.* Statt von der unbewusst bildenden Sage ist das Joh nach Strauß ganz von
apologetisch-dogmatischen Interessen geprägt, wodurch es als Ge-
schichtsquelle viel weniger verlässlich ist als die drei anderen
Evangelien.

1.1.3 Die liberale Leben-Jesu-Forschung des 19. Jh.

Die liberale Leben-Jesu-Forschung nahm die Erkenntnisse von Strauß auf und vertiefte sie methodisch auf eine Weise, die bis heute noch Gültigkeit besitzt. Zugleich gab sie sich jedoch nicht damit zufrieden, nur wissenschaftlich den historischen Jesus zu erforschen, sondern sie wollte ihn auch einem breiteren Publikum als Vorbild für das eigene Leben vor Augen stellen.

Methodisch ist diese Phase durch die Entstehung und Durchsetzung der *Zwei-Quellen-Theorie* bestimmt. Als ihr eigentlicher Begründer gilt *Christian Hermann Weiße* (1801–1866), der 1838 nicht nur die Markuspriorität behauptete, sondern auch aus dem über Mk hinausgehenden gemeinsamen Stoff von Mt und Lk auf eine zweite Quelle (Q) schloss, eine verloren gegangene Spruchsammlung, die beide Evangelien unabhängig voneinander benutzt hätten. Doch erst *Heinrich Julius Holtzmann* (1832–1910) gelang 25 Jahre später der grundlegende Nachweis für die Zwei-Quellen-Theorie. Mk und Q galten jetzt als älteste und weithin zuverlässige Quellen für den historischen Jesus, so dass sich eine Rekonstruktion des Lebens Jesu vor allem auf das Markusevangelium als gegenüber Q methodisch abgesicherter ältester Quelle zu stützen hatte.

Mit Holtzmann glaubte nun eine Reihe von Jesusforschern im Aufriss des Mk *die biographische Entwicklung Jesu* herauslesen zu können. Demnach entwickelte Jesus in Galiläa allmählich sein messianisches, jedoch gänzlich uneschatologisches Bewusstsein, so dass er sich in Cäsarea Philippi (Mk 8,27 ff.) den Jüngern als Messias zu erkennen geben konnte, um schließlich durch den Hass seiner Gegner und den Widerstand des Volkes in den Tod gedrängt zu werden. In den so gewonnenen biographischen Rahmen fügte Holtzmann die aus Q rekonstruierten Worte Jesu ein, während seine Nachfolger je nach Bedarf auch johanneisches Gut einsetzten (vgl. Schweitzer 229).

Mit den Entdeckungen der Leben-Jesu-Forschung war die Publikation einer Fülle von populärwissenschaftlichen Jesusbiographien und -romanen verbunden. Einer der bekanntesten und erfolgreichsten Autoren war der französische Religionshistoriker und Schriftsteller *Ernest Renan* (1823–1892), dessen Buch ›Vie de Jésus‹[8] auch in Deutschland weite Verbreitung fand. Renan verstand es, Jesus so darzustellen, dass die Welt glaubte diesem liebenswürdigen und sanften Charakter im Buch selbst zu begegnen, »weil sie mit Renan blauen Himmel, wogendes Saatenmeer, ferne Berge und leuchtende Lilien um den See Genezareth sah und mit ihm im rauschenden Schilf die ewige Melodie der Bergpredigt vernahm« (Schweitzer 208). Seine »›köstliche Theologie der Liebe‹ (la délicieuse théologie de l'amour) gewann ihm alle Herzen« (Schweitzer 212).

Die romanhafte Darstellung des Lebens Jesu unterschied sich inhaltlich gar nicht so sehr von der exegetischen Darstellung eines Heinrich Holtzmann. Beide Seiten spiritualisierten das von Jesus verkündigte Gottesreich, indem sie es als Reich der Innerlichkeit auffassten und es im Gewissen der Menschen ansiedelten. Eschatologische Vorstellungen der Reich-Gottes-Verkündigung wurden Jesus daher durchgehend abgesprochen und höchstens noch entwicklungspsychologisch oder pädagogisch erklärt, Letzteres z.B. weil die Jünger sich nur allmählich von jüdischen Messianitätsvorstellungen abzusetzen vermochten. Zugleich mit dieser Ablehnung einer genuin als jüdisch qualifizierten Eschatologie wurde Jesus immer mehr vom Judentum abgehoben und entfernt.

1.2 Zwischenphase: Der Zusammenbruch der liberalen Leben-Jesu-Forschung

Drei Einsichten trugen um die Jahrhundertwende zum Zusammenbruch der liberalen Leben-Jesu-Forschung bei:

(1) *Johannes Weiß* (1863–1914) stellte 1892 in seinem Buch ›Die Predigt Jesu vom Reiche Gottes‹[9] die Vorstellung vom geistigen und innerlichen Gottesreich grundsätzlich in Frage, da er nachwies, dass Jesu Reich-Gottes-Predigt durch und durch *eschatologische Züge* trägt und nur auf dem Hintergrund der zwischentestamentarischen frühjüdischen Apokalyptik angemessen zu verstehen ist. Nach Weiß erwartete Jesus in unmittelbarer Zukunft das Kommen eines übernatürlichen Gottesreiches, das völlig anders ist als der gegenwärtige Äon (= Weltzeit) und dem das Gericht vorausgeht. Dieses Reich kommt allein von Gott her und Jesus verkündigte es, ohne selbst zu wissen, wann es Wirklichkeit wird.

(2) *Albert Schweitzer* (1875–1965) wies 1906 in seinem umfangreichen und bis heute immer wieder aufgelegten Werk ›Geschichte der Leben-Jesu-Forschung‹ nach, dass und wie sich die Jesusdarstellungen der liberalen Leben-Jesu-Forschung ihren jeweils eigenen Jesus schufen. Statt den historischen Jesus zu rekonstruieren, produzierten sie ihr eigenes Wunschbild:

Man lese die Leben-Jesu seit den sechziger Jahren durch und schaue, was sie aus den Imperatorenworten unseres Herrn gemacht haben, wie sie seine gebieterischen, weltverneinenden Forderungen an den Einzelnen heruntergeschraubt haben, damit er nicht wider unsere Kulturideale stritte und mit seiner Weltverneinung in unsere Weltbejahung einginge ... Wir ließen Jesus eine andere Sprache mit unserer Zeit reden, als ihm über die Lippen kam. (Schweitzer 622)

Schweitzer stellte vor allem die *Fremdheit Jesu gegenüber der jeweils eigenen Zeit* heraus, die er besonders an Jesu eschatologisch-apokalyptischen Vorstellungen festmachte. Damit ist sein Werk bis heute von bleibender Aktualität, zeigt es doch die Notwendigkeit auf, unsere Rekonstruktion des historischen Jesus immer wieder kritisch zu überprüfen, um nicht einen Jesus nach unserem eigenen Bild und Gleichnis zu schaffen.

(3) *William Wrede* (1859–1906) wies 1901 nach, dass das Mk als älteste Quelle für das Leben Jesu selbst schon *Ausdruck von Gemeindetheologie* ist, da es von der unhistorischen Messiasgeheimnistheorie geprägt sei. Daran knüpfte *Karl Ludwig Schmidt* (1891–1956) an, der 1919 erkannte, dass die Jesusüberlieferungen aus kleinen Einheiten bestehen, die von Mk erst nachträglich in einen chronologischen und geographischen Rahmen gesetzt wurden. Eine Entwicklung der Persönlichkeit Jesu lässt sich daher aus der Reihenfolge der Perikopen nicht mehr ablesen. Hinzu kommt, dass auch die kleinsten Einheiten schon von Gemeindebedürfnissen geprägt sind, so dass es damit keine unmittelbar für eine Jesusbiographie auswertbaren Quellen mehr gibt. Damit war der Quellenwert des Mk für die Rekonstruktion eines historischen Jesus grundsätzlich in Frage gestellt.

Rudolf Bultmann (1884–1976), der bedeutendste Exeget der dialektischen Theologie, hat aus diesen Erkenntnissen dann den Schluss gezogen, dass die Rückfrage nach dem historischen Jesus nicht nur unmöglich sei, da die Quellen sich ja selbst nicht dafür interessieren, sondern auch theologisch überflüssig. Er schreibt in seinem Jesusbuch von 1926:

> Denn freilich bin ich der Meinung, dass wir vom Leben und der Persönlichkeit Jesu so gut wie nichts wissen können, da die christlichen Quellen sich dafür nicht interessiert haben, außerdem sehr fragmentarisch und von der Legende überwuchert sind, und da andere Quellen über Jesus nicht existieren.[10]

Für Bultmann ist nicht der historische Jesus, sondern der kerygmatische Christus, der Christus des Glaubens, der zentrale Inhalt christlicher Verkündigung, und damit die Botschaft vom rettenden Handeln Gottes an Jesus in Kreuz und Auferstehung. Die Gestalt des historischen Jesus ist letztlich nur die Voraussetzung dieser Botschaft. Wichtig sei daher nicht, *was* Jesus gesagt und getan hat, sondern *dass* er gekommen ist, gelitten hat, gestorben ist und von Gott auferweckt wurde. Für Christen gehe es allein darum, auf den in Jesus an uns ergehenden Anruf Gottes zu antworten (Existentiale Bibelauslegung), nicht den Glauben durch Rückgriff auf die Geschichte zu sichern. »Diese beeindruckende Konzeption brachte die Frage nach dem historischen Jesus [im deutschsprachigen Raum; Zusatz d. Autorin] für 30 Jahre zum Verstummen.«[11]

1.3 Zweite Phase: Die ›neue Frage‹ nach dem historischen Jesus oder ›New Quest‹

Interessanterweise brach gerade in der Bultmannschule die Frage nach dem historischen Jesus wieder auf. Den Anstoß lieferte dazu *Ernst Käsemann* in einem berühmten Vortrag von 1953.[12] Sein Ansatzpunkt war zunächst die von Bultmann in Frage gestellte theologische Legitimität der Rückfrage nach dem historischen Jesus. Nach Käsemann verpflichtet das christologische Kerygma selbst zu einer solchen Rückfrage, da die Identität zwischen irdischem Jesus und erhöhtem Christus im frühen Christentum grundsätzlich vorausgesetzt wird. Gerade die Evangelien betonen eben nicht nur das ›Dass‹ des Gekommenseins Jesu, sondern erzählen auch von ihm, beschäftigen sich also mit dem ›Was‹. Darüber hinaus besteht für Käsemann bei einer zu scharfen Trennung zwischen dem historischen Jesus und dem Christus des Glaubens die Gefahr des Doketismus, der Auflösung des Christusereignisses in einen Mythos:

> Denn wenn die Urchristenheit den Erniedrigten mit dem erhöhten Herrn identifiziert, so bekundet sie damit zwar, dass sie nicht fähig ist, bei der Darstellung seiner Geschichte von ihrem Glauben zu abstrahieren. Gleichzeitig bekundet sie jedoch damit, dass sie nicht willens ist, einen Mythos an die Stelle der Geschichte, ein Himmelswesen an die Stelle des Nazareners treten zu lassen.[13]

Wenn aber die Evangelien selbst vom ›Was‹ der Sendung Jesu erzählen, so Käsemann, kann es nicht völlig unmöglich sein, durch die vom Christuskerygma übermalten Texte auf den historischen Jesus zu stoßen. Zwar ist es unmöglich eine Biographie Jesu zu erstellen, wie das noch die Leben-Jesu-Forschung versuchte, doch sind die Vertreter der New Quest der Überzeugung, dass »ein kritisch gesichertes Minimum ›echter‹ Jesusüberlieferung«[14] vor allem durch die Untersuchung der jeweils ältesten erreichbaren Stoffe der Evangelien gefunden werden kann. Das entscheidende methodische Hauptinstrument dafür ist das *Differenz- bzw. Unähnlichkeitskriterium*, das ansatzweise schon Reimarus formuliert hatte (s.o. 1.1.1). Käsemann, der es noch »Unableitbarkeitskriterium« nennt, beschreibt es wie folgt: »Einigermaßen sicheren Boden haben wir nur in einem einzigen Fall unter den Füßen, wenn nämlich Tradition aus irgendwelchen Gründen weder aus dem Judentum abgeleitet noch der Urchristenheit zugeschrieben werden kann ...«.[15]

Das Differenzkriterium wurde in der Folge durch weitere Kriterien ergänzt, z.B. durch das der Mehrfachbezeugung und das so genannte Kohärenzkriterium, nach dem auch der Stoff in der Evangelientradition auf den historischen Jesus zurückzuführen ist, der mit dem durch das Differenzkriterium als jesuanisch erkannten Stoff übereinstimmt.

Der von Käsemann initiierte Neuansatz fiel auf fruchtbaren Boden und führte weit über die deutschsprachige Exegese hinaus zu einer neuen Blüte der historischen Jesusforschung. Ab den 70er Jahren wurde aber vereinzelt auch Kritik laut, insbesondere an einem der wichtigsten Pfeiler der ›New Quest‹, dem Differenzkriterium, das das Bild eines *Jesus von Nazaret ohne Wurzeln im zeitgenössischen Judentum und ohne Auswirkungen auf das Urchristentum* zeichnete. Ein solches Bild entspricht zwar dem klassischen Konzept des genialen Menschen, der unabhängig von seiner Lebenswelt seinen Weg geht, doch nicht dem eines Menschen, der in einem ganz bestimmten historischen und kulturellen Kontext gelebt und gewirkt hat. Nach Edward Schillebeeckx, der übrigens das Differenzkriterium durchaus als hilfreich anerkennt, ist das Resultat »ein einzigartiger Jesus in einem Vakuum, ohne inneren Zusammenhang mit dem Judentum und dem Christentum.«[16]

1.4 Dritte Phase: Die ›Third Quest‹

Ausgangspunkt für die ›dritte Suche‹ nach dem historischen Jesus war das oben beschriebene Unbehagen wegen der starken Abgrenzung Jesu gegenüber dem zeitgenössischen Judentum einerseits und dem Urchristentum andererseits. Zudem änderte sich mehr und mehr

auch das Frageinteresse der Jesusforschung. Theologische und dog-
matische Fragestellungen spielen heute gegenüber den vorangegangenen Phasen kaum noch eine Rolle, während die historiographische
Fragestellung in den Vordergrund tritt. Das hängt zum einen mit der
Verlagerung der Jesusforschung in die USA zusammen, wo sie nicht
nur an theologischen Fakultäten und kirchlichen Hochschulen betrieben wird, sondern auch an nichttheologischen Fakultäten und
Instituten, z.B. an Departments of Religious Studies. Zum anderen
liegt es an der wachsenden Zahl jüdischer Wissenschaftler, die sich
mit dem historischen Jesus beschäftigen und in ihrer Forschung
nicht von typisch christlich-theologischen Interessen geleitet werden
(du Toit 119 f.). Festzuhalten ist jedoch, dass die dritte Phase der
Jesusforschung grundsätzlich an die methodischen und hermeneutischen Erkenntnisse der vorherigen Phasen anknüpft und z.B. die
Zweiquellenhypothese als Rahmenhypothese übernimmt oder vom
kerygmatischen Charakter nicht nur der Quellen, sondern auch
schon der frühesten mündlichen Jesusüberlieferung ausgeht.

1.4.1 Neue Tendenzen der Jesusforschung bei den VertreterInnen der ›Third Quest‹

So verschieden die Ansätze in der Jesusforschung der ›Third Quest‹
auch sind, so haben sie gegenüber der zweiten Forschungsphase
doch grundsätzlich das Bewusstsein gemeinsam, dass ein angemes-
senes historisches Verständnis von Jesus nur möglich ist, wenn er
»*innerhalb* des gesellschaftlichen, kulturellen, ökonomischen, politischen und religiösen Kontextes« (du Toit 109) Palästinas und des
Mittelmeerraums im 1. Jh. n. Chr. verortet wird.

Dieses Bewusstsein von der Kontexteingebundenheit Jesu hat zunächst zur eigentlich selbstverständlich erscheinenden *positiven
Einordnung Jesu ins Judentum* geführt. Dabei geht es nicht mehr um
eine grundsätzliche Bestimmung seines ›Verhältnisses zum Judentum‹ – die Terminologie drückt ja schon eine gewisse Distanz aus –
sondern um seine Rolle und seine Wirkung innerhalb des palästinischen Judentums seiner Zeit und um sein Verhältnis zu den in der
damaligen jüdischen Gesellschaft vertretenen Positionen zu Tora,
Tempel, Eschatologie etc. Nicht mehr die Differenz Jesu zum Judentum seiner Zeit wird betont, sondern seine selbstverständliche Zugehörigkeit. Den Weg zu dieser neuen Sicht haben besonders jüdische
Forscher gebahnt (z.B. Géza Vermes). Ein Durchbruch war Ed Pa-

rish Sanders' Buch ›Jesus and Judaism‹[17] von 1985, in dem er einen Jesus zeichnet, der nicht nur die unmittelbar bevorstehende eschatologische Wiederherstellung Israels verkündete, sondern auch einen, der weder gegen das Judentum noch gegen das Gesetz und die Pharisäer kämpfte.

Ebenfalls mit der Einordnung Jesu in das Palästina des 1. Jh. hängt die *Erweiterung des bisherigen Methodenrepertoires* zusammen. Neben den traditionellen historisch-kritischen Methoden werden verstärkt Methoden aus der Soziologie und der Sozialgeschichte, der Kulturanthropologie und der Ethnologie angewandt. Aber auch die Archäologie spielt eine größere Rolle als vorher. So zeigt z.B. die Sozialgeschichte, dass Jesus nicht nur in die judäisch-galiläische Gesellschaft eingebunden war und von ihr geprägt wurde, sondern diese wiederum Lebensbedingungen und Wertesysteme mit dem gesamten antiken Mittelmeerraum teilte (z.B. die zentrale Bedeutung von Familien- und Verwandtschaftsbeziehungen, der Wertekodex von Ehre und Schande). In diesen Zusammenhang gehören auch *feministische Fragestellungen und Hypothesen* zum historischen Jesus, die insbesondere sozialgeschichtliche und kulturanthropologische Erkenntnisse einbeziehen (bes. Elisabeth Schüssler Fiorenza).

An die Stelle der ausschließlichen Berücksichtigung der kanonischen Schriften, besonders der Evangelien, tritt *die zusätzliche Berücksichtigung nicht-kanonischer Quellen,* sowohl christlicher als auch nichtchristlicher Provenienz. Von außerordentlicher Bedeutung für unsere Kenntnis des Judentums zur Zeit Jesu ist die Entdeckung der *Texte aus den Höhlen von Qumran* (ab 1947), da sie Zeugnis geben von einer großen theologischen Vielfalt innerhalb des Judentums vor 70 n. Chr. Leider spielen diese jüdischen Texte für die meisten Vertreter der ›Third Quest‹ längst nicht so eine große Rolle wie die außerkanonischen christlichen Quellen, allen voran das 1945 gefundene koptische *Thomasevangelium*, das von nicht wenigen Forschern in seinem Quellenwert der rekonstruierten Logienquelle an die Seite gestellt wird (s. Kap. 2.2.2).

Die dargestellten Entwicklungen führten schließlich zum *Niedergang des Differenzkriteriums* alter Prägung. Absolute Voraussetzung jeder Rückfrage nach dem historischen Jesus ist heute die grundlegende Kontinuität zwischen Jesus und dem palästinischen Judentum seiner Zeit. Innerhalb dieses Rahmens spielt das Differenzkriterium dann nur noch bei der Frage nach dem individuellen Profil Jesu eine Rolle. Weniger klar ist demgegenüber in der Forschung das Verhältnis von Kontinuität und Diskontinuität in Bezug auf den historischen

Jesus und das frühe Christentum. Das in der deutschsprachigen Forschung favorisierte *historische Plausibilitätskriterium* (»Was im jüdischen Kontext plausibel ist und die Entstehung des Urchristentums
verständlich macht, dürfte historisch sein.«[18]) wird jedenfalls nicht
von allen Forscherinnen und Forschern geteilt (zum Plausibilitätskriterium s. Kap. 2.4).

1.4.2 Divergenzen im Jesusbild bei den VertreterInnen der ›Third Quest‹

Neben den aufgeführten Gemeinsamkeiten in der gegenwärtigen Jesusforschung gibt es selbstverständlich auch eine Reihe von Divergenzen. Am umstrittensten ist die Frage, ob Jesu Verkündigung *eschatologisch oder nichteschatologisch* war. Der seit Anfang des 20.
Jh. bestehende Konsens in der Forschung, dass Jesu Verkündigung
durch und durch eschatologisch war, wurde in den letzten Jahren von
nicht wenigen Jesusforschern aufgekündigt (z.B. Crossan, Borg,
Horsley).

Eng verwandt mit der Frage nach dem (nicht-)eschatologischen
Charakter der Verkündigung Jesu ist die Frage, ob Jesus *als Endzeit-
prophet oder als Weisheitslehrer* verstanden werden muss. Auch hier
gibt es eine starke Tendenz, ihn als (subversiven) Weisheitslehrer
mit gesellschaftskritischem politischen Anspruch statt als Endzeit-
propheten darzustellen (z.B. Crossan, Borg, Horsley). Treffend
bringt das du Toit (129) auf den Punkt:

> Diejenigen Forscher, die Jesus als eschatologischen bzw. apokalypti-
> schen Propheten betrachten, tendieren dazu, ihm nur eine geringe so-
> zio-politische Rolle in der damaligen palästinischen Gesellschaft zu-
> zuschreiben, wohingegen diejenigen, die die weisheitlichen Aspekte
> seiner Verkündigung betonen, den subversiven Charakter dieser Weis-
> heit und ihre gesellschaftlichen Implikationen hervorheben.

1.5 Fazit

Blicken wir auf 250 Jahre historische Jesusforschung zurück, so sind
trotz aller Diskontinuitäten und Weiterentwicklungen zwei grundlegende Gemeinsamkeiten festzustellen. Die erste Gemeinsamkeit bezieht sich – schon vom Begriff her eigentlich selbstverständlich –
auf die von der Aufklärung vorgegebene Perspektive, Jesus von

Nazaret, den Messias und Sohn Gottes der Christen, nicht von seiner Göttlichkeit, sondern von seiner Menschlichkeit her zu begreifen und ihn damit allein mit den Mitteln der Vernunft, insbesondere mit dem methodischen Instrumentarium der Geschichtswissenschaften und der Literaturwissenschaft zu untersuchen. Die zweite Gemeinsamkeit besteht in der Gefahr, die eigenen Interessen und Vorannahmen nicht mehr kritisch zu reflektieren und damit ein Jesusbild nach den eigenen Wünschen und denen der eigenen Zeit zu zeichnen. Das wird sowohl an der scharfen Abgrenzung des ›christlichen‹ Jesus vom Judentum deutlich (1.–2. Phase), als auch an dem Versuch, ihn so nah wie möglich an die jeweils eigene Zeit und eigene Gesellschaft heranzurücken (1.+3. Phase). Letzteres zeigt sich in der Gegenwart besonders an der Tendenz zur uneschatologischen Deutung der Verkündigung Jesu. Hier wiederholt sich in gewisser Weise die von Albert Schweitzer mit dem Projektionsvorwurf belegte liberale Leben-Jesu-Forschung des 19. Jh. Wie damals die Reich-Gottes-Verkündigung Jesu spiritualisiert und verinnerlicht wurde, so kommt modernen westlichen Menschen der uneschatologische Weisheitslehrer Jesus entgegen. Peter Müller bezeichnet dieses Jesusbild als »voll im Trend«[19], James Dunn als neoliberal[20]. Aber: auch der historischste Jesusforscher macht sich ein Bild des Menschen Jesus von Nazaret, das sowohl von seiner Zeit als auch von seiner persönlichen Geschichte beeinflusst ist. Der Projektionsgefahr werden wir daher grundsätzlich nicht entkommen, sondern müssen uns ihr immer wieder von neuem bewusst werden und ihr entgegenzusteuern versuchen.

Literatur

du Toit, David S., Erneut auf der Suche nach Jesus. Eine kritische Bestandsaufnahme der Jesusforschung am Anfang des 21. Jahrhunderts. In: Körtner, Ulrich H. J. (Hg.), Jesus im 21. Jahrhundert. Bultmanns Jesusbuch und die heutige Jesusforschung. Neukirchen-Vluyn: Neukirchener [2]2006, 91–134. (*Ausgesprochen reflektierter Überblick über die ›Third Quest‹ einschließlich der Vorstellung von fünf exemplarischen Vertretern.*)
Schweitzer, Albert, Geschichte der Leben-Jesu-Forschung (UTB 1302). Nachdruck der 7. Aufl. Tübingen: Mohr [9]1984. (*Das Standardwerk zur 1. Phase der historischen Jesusforschung, trotz des Umfangs spannend und gut zu lesen.*)

2. Nichtchristliche und christliche Quellen über Jesus von Nazaret und seine Umwelt

Von Jesus gibt es – anders als z.B. von Paulus – *keine Primärquellen*, d.h. wir besitzen von ihm keine autobiographischen schriftlichen Zeugnisse. Das ist nicht besonders erstaunlich, da Jesus und die Mehrzahl seiner Jünger und Jüngerinnen aus einer traditionalen, nichtliterarischen Kultur stammten, in der sowohl Worte und Taten einzelner Menschen als auch wichtige Ereignisse mündlich weitergegeben wurden. Vor allem aber erwarteten sowohl Jesus als auch seine Schüler und Schülerinnen in allernächster Zukunft das Kommen des Königreiches Gottes (vgl. Kap. 5 + 6), so dass schriftliche Aufzeichnungen überflüssig waren.

Wir haben von Jesus also nur *Sekundärquellen*, die noch nicht einmal von Augenzeugen stammen. Trotzdem ist die Quellenlage im Vergleich zu anderen antiken Persönlichkeiten nicht schlecht (s. dazu unten). So liegen uns vier kanonische Evangelien vor, die trotz ihrer kerygmatischen Ausrichtung ein deutliches biographisches Interesse an der Person Jesu haben und die zwischen 70 und 100 n. Chr. entstanden sind. Dazu kommt eine Fülle von außerkanonischen christlichen Schriften, von denen nicht wenige aus dem 2. Jh. n. Chr. stammen und daher für die Rückfrage nach dem historischen Jesus noch von Bedeutung sind. Und schließlich erwähnen sogar einzelne nichtchristliche jüdische und römische Quellen zwischen dem Ende des 1. und dem Anfang des 2. Jh. n. Chr. Jesus von Nazaret.

Gemessen an den heutigen Möglichkeiten in der westlichen Welt etwas über eine Person der Neuzeit zu erfahren, erscheint das ziemlich wenig, zumal die aussagekräftigsten Quellen über Jesus von seinen Anhängern stammen. Gemessen an antiken Verhältnissen und Möglichkeiten stellt sich die Quellenlage jedoch völlig anders dar. Die Antike ist, was die Schriftproduktion angeht, nicht mit unserer heutigen Zeit zu vergleichen. Nur sehr wenige Menschen konnten lesen und schreiben und Schreibmaterial war teuer. Entsprechend ist die antike Geschichtsschreibung eine Geschichtsschreibung ›von oben‹. Es wurden vor allem Ereignisse aufgezeichnet, die in irgendeinem Zusammenhang mit Herrschern und politisch einflussreichen Persönlichkeiten standen. Die Unterschicht, die Bauern, Handwerker, Sklaven und Tagelöhner etc. waren nur erwähnenswert, wenn sie mit den Mächtigen und Einflussreichen in irgendeiner Weise in Konflikt gerieten, was auch für die römischen Quellen über Jesus gilt. Hinzu kommt, dass für die römische Geschichtsschreibung Ereignisse und Personen aus den Randprovinzen sowieso nur von untergeordneter Bedeutung waren. Selbst die Namen der meisten römischen Präfekten und Prokuratoren im Judäa des 1. Jh. n. Chr. kennen wir nicht aus römischen Quellen, sondern nur aus dem Werk des jüdischen Historikers Flavius Josephus. Außerhalb der Geschichtsschreibung sind uns noch die Werke bedeutender Philosophen, Dichter und Gelehrter erhalten und, wenn wir Glück haben, der Briefwechsel bekannter Persönlichkeiten.

Die Überlieferung antiker Quellen ist ein grundsätzliches Problem, da der Zeitabstand zwischen der Entstehung eines Textes und seiner ältesten heute zur Verfügung stehenden Handschrift oft sehr groß ist. Dasselbe gilt für den Zeitabstand zwischen einer Person/einem Ereignis und deren/dessen erster, erhalten gebliebener schriftlicher Erwähnung. Für Jesus von Nazaret und das Neue Testament haben wir vergleichsweise gute Ausgangsbedingungen. So besteht zwischen dem vermuteten Abfassungszeitraum der neutestamentlichen Schriften (ca. 55–110 n. Chr.) und der ersten vollständigen Handschrift des NT (Codex Sinaiticus um 350 n. Chr.) nur ein Abstand von ca. 250 Jahren, und zum Papyrus 52, dem ältesten Handschriftenfragment des NT mit einem Text aus Joh 18, der zwischen 125 und 150 n. Chr. datiert wird, sogar nur ein Abstand von ca. 25–50 Jahren. Demgegenüber stammen die ältesten Handschriften des römischen Dichters Vergil (70–19 v. Chr.), der mit der ›Aeneas‹ das Gründungsepos der Stadt Rom schuf, aus der Spätantike (ab 400 n. Chr.). Selbst über einen so bedeutenden Herrscher wie Alexander den Großen (356–323 v. Chr.) sind uns nur späte Sekundärquellen erhalten geblieben.[1]

Festzuhalten ist schließlich für alle relevanten Quellen und nicht nur für die christlichen, wie immer wieder behauptet wird, dass sie jeweils aus ihrer Perspektive und aus ihrem Interesse heraus über Jesus schreiben. Hinzu kommt, dass antike Geschichtsschreibung insgesamt, einschließlich antiker Biographien, immer auch stark fiktionale Züge trägt, wozu auch die Überhöhung bzw. die Legitimation einer bestimmten politisch-religiösen Funktion von Personen gehört.[2]

2.1 Nichtchristliche literarische Quellen über Jesus

Die ältesten sicheren nichtchristlichen Quellen, die Jesus von Nazaret erwähnen, stammen von dem jüdischen Historiker Flavius Josephus, den römischen Historikern Tacitus und Sueton sowie dem römischen Staatsbeamten und Aristokraten, Plinius dem Jüngeren.

2.1.1 Jüdische Quellen

Flavius Josephus (37/38 n. Chr.–ca. 100 n. Chr.) erwähnt Jesus in seinem um 93 n. Chr. geschriebenen Werk ›Antiquitates Iudaicae‹ (deutsch: ›Jüdische Altertümer‹) zweimal, in Ant 18,63 f. und 20,200.

> Ant 18,63 f./18,3.3 = Testimonium Flavianum
> Um diese Zeit lebte Jesus, ein weiser Mensch, *wenn man ihn überhaupt einen Menschen nennen darf.* Er war nämlich der Vollbringer ganz unglaublicher Thaten und der Lehrer aller Menschen, die mit Freuden die Wahrheit aufnahmen. So zog er viele Juden und auch viele Heiden an sich. *Er war der Christus.* Und obgleich ihn Pilatus auf Betreiben der Vornehmsten unseres Volkes zum Kreuzestod verurteilte, wurden doch seine früheren Anhänger ihm nicht untreu. *Denn er erschien ihnen am dritten Tage wieder lebend, wie gottgesandte Propheten dies und tausend andere wunderbare Dinge von ihm vorherverkündigt hatten.* Und noch bis auf den heutigen Tag besteht das Volk der Christen, die sich nach ihm nennen, fort.

Die Echtheit von Ant 18,63 f. ist seit dem 16. Jh. umstritten, da die kursiv gedruckten Stellen nur von einem Christen stammen können, Josephus aber Jude war. In der Forschung dominiert heute die so genannte *Überarbeitungshypothese*, die davon ausgeht, dass ein ursprünglich neutraler bis freundlicher Bericht über Jesus christlich überarbeitet wurde (zum Kreuzestod s. Kap. 9.1.1; 9.2.1). Eine solche Art der Darstellung entspräche auch der des Josephus über Johannes den Täufer (Ant 18,116–119/18,5.2) und über den Herrenbruder Jakobus (s.u.).

> Ant 20,200/20,9.1
> Zur Befriedung dieser seiner Hartherzigkeit glaubte Ananus [Hoherpriester] auch jetzt, da Festus [Prokurator von Judäa] gestorben, Albinus [Prokurator von Judäa] aber noch nicht angekommen war, eine günstige Gelegenheit gefunden zu haben. Er versammelte daher den Hohen Rat zum Gericht und stellte vor dasselbe den Bruder des Jesus, der Christus genannt wird, mit Namen Jakobus, sowie noch einige andere, die er der Gesetzesübertretung anklagte und zur Steinigung führen liess. [ca. 62. n. Chr.]

Wie die rekonstruierte Originalform des Testimonium Flavianum lässt auch dieser Text ein neutrales bis freundliches Interesse an Jesus und den Christen erkennen. Die Identifizierung des Jakobus über seinen Bruder Jesus lässt darüber hinaus den Schluss zu, dass Josephus diesen Jesus für den bekannteren von beiden hält, möglicherweise weil er ihn seinen Lesern schon in Ant 18,63 f. vorgestellt hat. Der Beiname »Christus« unterscheidet ihn dabei aus der Sicht des Josephus von den vielen anderen Personen mit Namen »Jesus«.

2.1.2 Römische Quellen

Plinius der Jüngere (61–ca. 120) schrieb als Statthalter von Bithynien einen Brief an Kaiser Trajan (ca. 111 n. Chr.), in dem er ihn um Rat bittet, wie er auf die Anzeigen gegen Christen reagieren soll. Darin wird auch »Christus« genannt:

> Sie [abgefallene Christen] behaupteten aber, ihre ganze Schuld – oder ihr ganzer Irrtum – habe darin bestanden, daß sie sich an einem bestimmten Tage vor Sonnenaufgang zu versammeln pflegten, Christus zu Ehren, wie einem Gotte, im Wechselgesang ein Lied anstimmten und sich eidlich nicht etwa zu einem Verbrechen verpflichteten, sondern keinen Diebstahl, keinen Raub, keinen Ehebruch zu begehen, kein gegebenes Wort zu brechen, kein anvertrautes Gut, wenn es zurückgefordert wird, abzuleugnen.[3]

Historische Kenntnisse über Jesus enthält der Brief nicht. Plinius hält ihn nach den Angaben abgefallener Christen für einen Gott, scheint aber zu wissen, dass er ein Mensch war (»wie einem Gotte«).

Tacitus (55/56–ca. 120) berichtet in den Annalen 15,44.3 (um 116/117) über den Brand Roms 64 n. Chr. und über die anschließende Christenverfolgung. Darin eingeschoben ist auch eine kurze Notiz über den Stifter des christlichen »Aberglaubens«:

> Daher schob Nero, um dem Gerede ein Ende zu machen, andere als Schuldige vor und belegte die mit den ausgesuchtesten Strafen, die, wegen ihrer Schandtaten verhaßt, vom Volk Chrestianer genannt wurden. Der Mann, von dem sich dieser Name herleitet, Christus, war unter der Herrschaft des Tiberius auf Veranlassung des Prokurators Pontius Pilatus hingerichtet worden; und für den Augenblick unterdrückt, brach der unheilvolle Aberglaube wieder hervor, nicht nur in Judäa, dem Ursprungsland dieses Übels, sondern auch in Rom, wo aus der ganzen Welt alle Greuel und Scheußlichkeiten zusammenströmen und gefeiert werden.[4]

Tacitus weiß, dass Christus unter Kaiser Tiberius vom Prokurator Pontius Pilatus hingerichtet wurde und Urheber oder Ursache des »unheilvollen Aberglaubens« aus Judäa ist. Durch seine negative

Darstellung der Christen suggeriert er zudem, dass Christus zu Recht einen Verbrechertod erlitten hat. Seine Informationen hatte er kaum aus offizieller Quelle, da er sonst nicht Pilatus mit dem falschen Titel »Prokurator« bezeichnet hätte (vgl. Kap. 9.1.1).

Sueton (70–ca. 130) ist bekannt durch seine fast vollständig erhaltene achtbändige Kaiserbiographie (zw. 117 und 122). In seiner Biographie des Claudius erwähnt er »Christus« im Zusammenhang des so genannten ›Claudiusediktes‹ (Claud 25,4), wonach Kaiser Claudius ca. 49 n. Chr. die Juden aus Rom vertrieb.

> Die Juden, die auf Betreiben des Christus [im lat. Text: Chresto] ständig Unruhe stifteten, vertrieb er aus Rom.[5]

Anders als Tacitus hat Sueton keine historisch zutreffenden Kenntnisse über Christus. Er hält ihn sogar noch für einen unter Claudius in Rom lebenden Aufrührer. Immerhin wird er als Jude angesehen. Da Sueton an anderer Stelle den Namen der Christen richtig wiedergibt, sollte die Person des Aufrührers wohl mit dem häufigen Sklavennamen Chrestus abgewertet werden. Hinter dem geschilderten Ereignis steht wahrscheinlich eine gewaltsame Auseinandersetzung innerhalb der römischen Judenschaft über die christliche Mission, die dann zur Ausweisung aller oder einiger Juden aus Rom führte (vgl. auch Apg 18,2).

2.1.3 Fazit

Alle außerchristlichen, literarischen Quellen über Jesus aus dem 1. und 2. Jh. gehen selbstverständlich von seiner Existenz aus. Umfang und Inhalt sind jedoch sehr bescheiden, da es sich jeweils nur um wenige Sätze handelt, die für uns vor allem wegen der Außenperspektive interessant sind. Am wenigsten ergiebig sind die römischen Quellen, die »Christus«, den sie noch nicht einmal mit seinem richtigem Namen Jesus zu kennen scheinen, nur im Rahmen von Konflikten erwähnen, in die Christen involviert sind. Tacitus ist noch am besten informiert, doch auch er ist nicht wirklich am Ursprung dieses »obskuren Aberglaubens« interessiert. Alle drei Quellen behandeln ihren Gegenstand nicht neutral, sondern formulieren deutlich ihre Verachtung und ihre Ablehnung.

Deutlich positiver und wohl auch informierter steht Flavius Josephus Jesus gegenüber. Im Testimonium Flavianum zeichnet er ihn als weisen Mann, als Wundertäter und Lehrer der Menschen. Die Verurteilung Jesu zum Kreuzestod durch Pilatus wird dadurch und

durch die Treue seiner Anhängerschaft auch nach seinem Tod als
unrechtmäßig dargestellt. Doch auch die Angaben des Josephus helfen uns für eine Rekonstruktion des Lebens und Wirkens Jesu kaum
weiter, so dass wir weiterhin vor allem auf die frühen christlichen
Quellen angewiesen sind.

2.2 Christliche literarische Quellen über Jesus

Für die Rückfrage nach dem historischen Jesus sind *alle* christlichen
Quellen auszuwerten, für die eine *geschichtliche Nähe* zum historischen Jesus nachweisbar ist, unabhängig davon, ob sie im NT enthalten sind oder nicht. Wir können also den kanonischen Texten
nicht grundsätzlich einen höheren geschichtlichen Wert zusprechen
als den außerkanonischen Texten, wie es lange Zeit in der Jesusforschung der Fall war. Auf der anderen Seite hat geschichtliche Nähe
zwar etwas mit dem Alter der Quellen zu tun, ist aber nicht mit diesem identisch. So sind die authentischen Paulusbriefe zwar die ältesten christlichen Quellen (zw. 50/51 und 56 n. Chr. geschrieben), enthalten aber gegenüber den synoptischen Evangelien nur marginale
Jesustraditionen. Daraus ist natürlich im Umkehrschluss nicht zu
folgern, dass Paulus und seine Gemeinden keine Kenntnisse über
den historischen Jesus hatten. Immerhin bezieht sich Paulus an einzelnen Stellen auf Worte des »Herrn«, die er von seinen eigenen
Worten deutlich abhebt (z.B. 1 Kor 7,10 f.; 9,14). Auch setzt er bei
seinen Adressaten und Adressatinnen Kenntnisse über die Hinter-
gründe des Geschriebenen voraus, so etwa bei der Erwähnung des
letzten Mahles Jesu vor seinem Tod (1 Kor 11,23–25). Letztlich interessiert Paulus sich aber nicht so sehr für den »Jesus dem Fleische
nach«, als vielmehr für den Auferstandenen, den als Sohn Gottes
eingesetzten Christus (Röm 1,3 f.), der durch seinen Kreuzestod die
Menschen von der Macht der Sünde erlöst hat.

2.2.1 Kanonische Quellen

Als kanonische Quellen kommen daher für die Rückfrage nach dem
historischen Jesus nur die vier Evangelien in Frage, die als biographische Jesus-Erzählungen konzipiert sind und formal antiken Biographien nahe stehen. Ihr deutlich historisches Interesse ist jedoch im
Unterschied zu sonstigen antiken Biographien stark vom Kerygma

beeinflusst, d.h. der geschichtliche Jesus wird ganz von seiner Auferstehung her gedeutet und ist zentraler Inhalt und Gegenstand des
Glaubens (vgl. aber auch oben 2.). Dabei stehen wiederum die drei
synoptischen Evangelien Mt, Mk und Lk mit den ihnen zugrunde liegenden Quellen und Überlieferungen dem historischen Jesus ge-
schichtlich näher als das Johannesevangelium, das viel stärker als die
Synoptiker von Offenbarungstheologie geprägt ist. Jesus spricht und
handelt hier nicht nur als Mensch, sondern ebenso als der von Gott
gesandte himmlische Logos, der als Sohn vom Anfang der Welt an bei
Gott war und daher als einziger Gott angemessen offenbaren kann.

Das *Markusevangelium* ist nach der Zwei-Quellen-Theorie das älteste Evangelium. Da es auf Ereignisse des jüdisch-römischen Krieges (66–70 n. Chr.) anspielt, datiert es die Forschungsmehrheit auf ca.
70 n. Chr. Neben Jesusworten enthält es vor allem Erzählungen über
sein Wirken und schließt mit einer ausführlichen Passionserzählung.
Erzähl- und Wortüberlieferungen werden in episodischem Stil anein-
andergereiht, d.h. eine Episode folgt auf die nächste. Nur vereinzelt
finden sich – abgesehen von der Passionserzählung – größere Kom-
positionen (so z.B. in der so genannten Markusapokalypse in Mk 13).
Obwohl der Evangelist durch die Anordnung seines Stoffes, durch
überleitende Verbindungen zwischen den Episoden und eigene Ak-
zentsetzungen in den Texteinheiten dem Werk seine Handschrift auf-
gedrückt hat, ist die Entstehung des Evangeliums aus der mündlichen
Tradition noch gut zu erkennen, so dass es für die Rekonstruktion der
Taten und der Lehre Jesu von hohem Wert ist.

Von der *Logienquelle* gibt es keine handschriftlichen Zeugnisse.
Sie ist eine hypothetische Quelle (abgekürzt: Q), die aus dem Stoff
rekonstruiert worden ist, den Mt und Lk über den des Mk hinaus
gemeinsam haben. Von der Form her handelt es sich um eine Spruchsammlung, die fast nur Sprüche und einzelne Gleichnisse Jesu enthält. Es fehlen eine Passionsgeschichte und sonstige Erzählüberlie-
ferungen mit Ausnahme der Versuchungsgeschichte und der
Erzählung vom Hauptmann von Kafarnaum. Spruchsammlungen
waren im Frühjudentum verbreitet, so dass es verwunderlich wäre,
wenn es sie im Frühchristentum nicht gegeben hätte. Die Stoffe aus
Q gehören zu den ältesten Texten der Jesusüberlieferung (zw. 40 und
50 n. Chr.) und werden daher von der Forschung für die Rekonstruktion der Lehre Jesu als außerordentlich wertvoll angesehen. Allerdings enthalten auch diese Texte nicht die authentischen Worte Jesu,
sondern sind wie das Mk vom theologischen Interesse ihrer Verfasser geprägt.

Das *Matthäus- und das Lukasevangelium* sind jeweils ca. 10–15 Jahre nach dem Markusevangelium entstanden (zw. 80 und 90 n. Chr.). Beide Evangelien übernehmen den Aufbau des Mk und große Teile des Markusstoffes, ergänzen diesen aber nicht nur durch das Material der Logienquelle, sondern auch durch jeweils eigene Stoffe, die als *Sondergut* bezeichnet werden (z.b. Lk 10,25–37; 15,11–32; Mt 25,1–23.31–46). Die Anordnung der Stoffe ist dabei sehr verschieden und dem theologischen und redaktionellen Interesse des jeweiligen Verfassers untergeordnet. Obwohl überlieferungsgeschichtlich das Textmaterial am ehesten auf Jesus selbst zurückgeht, das in mehreren, nicht voneinander abhängigen Quellen überliefert ist, so ist doch nicht grundsätzlich auszuschließen, dass auch Texte, die nur in einer Quelle überliefert werden, sehr alt sind und auf den historischen Jesus zurückgehen könnten. Das wird z.b. von vielen ForscherInnen für das zum lukanischen Sondergut gehörende Gleichnis vom barmherzigen Samaritaner (Lk 10,25–37) angenommen.

Das *Johannesevangelium* wird in der Forschung u.a. auf Grund seiner ›hohen‹ Christologie mehrheitlich als das jüngste Evangelium angesehen und auf ca. 100 n. Chr. datiert. Trotz aller Unterschiede zu den Synoptikern sprechen viele Übereinstimmungen und besonders die Rezeption der Gattung Evangelium dafür, dass der Verfasser zumindest das Markusevangelium oder eine seiner Varianten kannte und auch als Quelle benutzte. Er hatte zudem Zugang zu teilweise sehr alten und historisch zuverlässigen Traditionen, die nicht mit den synoptischen Evangelien übereinstimmen, so dass dadurch das Johannesevangelium für die Rückfrage nach dem historischen Jesus einen gewissen – wenn auch eingeschränkten – Wert hat. Zu diesen alten Traditionen gehören Informationen über die Nähe Jesu zu Johannes dem Täufer (z.B. Jesu eigene Tauftätigkeit in Joh 3,22; 4,1) und solche zur Passion Jesu (z.B. die Hinrichtung Jesu am Rüsttag des Pessachfestes in Joh 18,28; 19,31).

2.2.2 Außerkanonische Quellen

Gegenüber der zweiten Phase der historischen Jesusforschung hat in der ›Third Quest‹ die Einbeziehung außerkanonischer christlicher Quellen stark zugenommen. Es gibt sogar nicht wenige Forscherinnen und Forscher, die eine Reihe dieser Quellen für älter und historisch zuverlässiger halten als die synoptischen Evangelien. Diese Veränderung in der Beurteilung außerkanonischer Quellen hängt u.a.

damit zusammen, dass in den letzten 150 Jahren viele antike christliche Handschriften entdeckt wurden, die vorher allenfalls aus Zitaten von Kirchenvätern bekannt waren.

Für die Rückfrage nach dem historischen Jesus sind vor allem Quellen interessant, die als Evangelien oder evangelienähnliche Schriften und Fragmente einzuordnen sind und aus dem 2. oder 3. Jh. stammen.[6] Nicht dazu gehören selbstredend volkstümliche und durch die Jahrhunderte hindurch überlieferte Erzählungen, die das Leben Jesu legendarisch ausschmücken, wie z.B. die so genannten ›Kindheitsevangelien‹ (Kindheitsevangelium des Thomas, Protevangelium des Jakobus; Pseudo-Matthäusevangelium). Auch die so genannten Dialogevangelien, in denen der Auferstandene mit seinen Jüngern und Jüngerinnen theologische Gespräche führt (z.b. das Evangelium der Maria; das Evangelium des Judas) sind für unsere Frage irrelevant.

In der Forschung wird heute die Relevanz der folgenden außerkanonischen Quellen für unsere Frage diskutiert: die des Thomasevangeliums, des Ägypterevangeliums, der judenchristlichen Evangelien, des Papyrus Egerton 2, des Fajjum-Fragments, des Papyrus Oxyrhynchos 840 + 1224, des Geheimen Markusevangeliums und des Petrusevangeliums.

Das Thomasevangelium

Die Bedeutendste der außerkanonischen Quellen ist das in koptischer Sprache verfasste Thomasevangelium, das 1945 mit weiteren 52 christlich-gnostischen Einzelschriften aus Papyrus im oberägyptischen Nag Hammadi gefunden wurde. Der Name des fiktiven Autors, ›Didymos Judas Thomas‹ (vgl. Logion 1) weist in den syrischen Raum, wo der Apostel Thomas besonders verehrt wurde und woher auch andere ihm zugeschriebene Schriften stammen. Das Thomasevangelium zog vor allem aus drei Gründen schnell große Aufmerksamkeit auf sich (n. Hans-Josef Klauck 142 f.):

(1) Ein Thomasevangelium wurde schon in Schriften der Alten Kirche immer wieder erwähnt.

(2) Bei der Übersetzung des Evangeliums stellte man überrascht fest, dass Teile des Evangeliums schon bekannt waren. Drei in Griechisch geschriebene Fragmente von Jesusworten aus dem ägyptischen Oxyrhynchos, die man bis dahin nicht recht zuordnen konnte: POxy 1 = Logien 1–7; POxy 654 = L 26–33 und POxy 655 = L 36–39, wurden nun als Fragmente des Thomasevangeliums identifiziert.

(3) Das Evangelium enthält 114 Logien Jesu, einschließlich kurzer
    Dialoge und Gleichnisse. Erzählungen über Jesus inklusive der
    Passionserzählung fehlen dagegen. Damit ähnelt es auf verblüf-
    fende Weise der hypothetischen, aus Mt und Lk rekonstruierten
    Logienquelle Q, die von der Forschungsmehrheit als sehr alt
    eingestuft wird. Anders als in der Logienquelle fehlen aber jeg-
    liche Hinweise auf den Tod Jesu, christologische Titel und apo-
    kalyptische Worte.

Insbesondere das *Alter der vorliegenden Handschriften(fragmente)*
und die großen *Parallelen zu Logien der kanonischen Evangelien*
führten in der Folge zum Aufstieg des Evangeliums zu einer der
wichtigsten Quellen für die Rückfrage nach dem historischen Jesus.
Nach Hans-Josef Klauck wurde das vorliegende Evangelium wahrscheinlich zwischen 120 und 140 n. Chr. abgefasst. Es gibt aber auch
Forscher, die es viel früher ansetzen, u.a. Klaus Berger[7] (zw. 70–80 n.
Chr.) und John Dominic Crossan[8] (zw. 60 und 70 n. Chr.). Für Crossan
ist das EvThom damit noch älter als das Markusevangelium.

   Gut die Hälfte der Logien hat darüber hinaus Parallelen in den
kanonischen Evangelien. Bei der anderen Hälfte kann noch einmal
unterschieden werden zwischen unbekannten Logien oder Kurz-
gleichnissen synoptischen Typs und eigenständigen Offenbarungs-
worten mit gnostischem Charakter. Gehören die Offenbarungsworte
mit Sicherheit zur jüngsten, gnostisch[9] geprägten Schicht des Evangeliums, sind also für die historische Jesusforschung nicht verwert-
bar, könnten die beiden anderen Gruppen von Jesusworten durchaus
autonome (von den kanonischen Evangelien unabhängige) und alte
Traditionen bewahrt haben. Allerdings gibt es darüber keinen For-
schungskonsens.

Textbeispiele aus dem Thomasevangelium

1. Parallelen zu synoptischen Logien:
    Logion 31:
    Jesus spricht: »Kein Prophet ist willkommen in seinem Dorf. Ein
    Arzt heilt nicht die, die ihn kennen.«
    Vgl. Lk 4,23 f.:
    »er sagte zu ihnen: gewiss werdet ihr mir dieses Sprichwort sa-
    gen: Arzt, heile dich selbst. Das in Kafarnaum Geschehene ... tue
    auch in deiner Vaterstadt. Er sagte: Amen, das sage ich euch: Kein
    Prophet ist willkommen in seiner Vaterstadt.«

2. Unbekannte Logien synoptischen Typs
   Logion 98 – Gleichnis vom Attentäter
   Jesus spricht: »Das Königreich des Vaters gleicht einem Menschen, der einen mächtigen Menschen töten wollte. Er zückte das Schwert in seinem Haus und stach es in die Wand, damit er erfahre, ob seine Hand stark genug sei. Dann tötete er den Mächtigen.«

3. Offenbarungsworte gnostischen Charakters
   Logion 77
   Jesus sagt: »Ich bin das Licht, das über allem ist. Ich bin das All. Es ist aus mir hervorgegangen, und in mir hat es sein Ziel erreicht. Spaltet ein Stück Holz, ich bin da. Hebt einen Stein auf, ihr werdet mich dort finden.«

Ich selbst bin gegenüber einer Frühdatierung der Endfassung eher skeptisch und schließe mich Klaucks Fazit an (159 f.): Bei den synoptikerähnlichen Logien können zwar in Einzelfällen Stoffe hohen Alters vorliegen (z.B. das Gleichnis vom Attentäter) und wo das EvThom mit den Synoptikern parallel geht, kann es gelegentlich sein, dass es noch einen eigenständigen Zugang zu den mündlichen Traditionen hatte, die auch den Synoptikern vorlagen. Häufiger lehnt sich das EvThom aber an einen Wortlaut an, der traditionsgeschichtlich sekundär ist (oft an Lk). Dabei hatte der Evangelist wahrscheinlich die kanonischen Evangelien gar nicht schriftlich vorliegen, sondern kannte sie aus mündlicher Weitergabe (Konzept der sekundären Oralität). Das erklärt besser, dass die neutestamentlichen Parallelen im EvThom sich nicht nur auf Mk und Q beziehen, sondern auch auf das Sondergut von Mt und Lk, auf Joh und auf Paulusbriefe.

Weitere Evangelien und Evangelienfragmente

Neben dem Thomasevangelium werden auch das *Ägyptevangelium* und die *judenchristlichen Evangelien* (Hebräer-, Ebioniter- und Nazaräerevangelium) als sehr alt angesehen, von einigen Forschern sogar noch älter als die synoptischen Evangelien.[10] Allerdings sind uns diese Evangelien nur in mehr oder weniger langen Zitaten der Kirchenväter erhalten[11] und auch die Zuordnung der Zitate zu einzelnen Evangelien ist nicht immer ganz eindeutig. Entsprechend wenig ergiebig ist ihr Wert für die Jesusforschung.

Über die genannten Evangelien hinaus sind nur Bruchstücke weiterer, z.T. namenloser Evangelien erhalten, die wegen ihres fragmentarischen Charakters schwer zu beurteilen sind. Mit Ausnahme des Petrusevangeliums, von dem immerhin 60 Verse erhalten sind, bestehen die übrigen Evangelienfragmente nur aus wenigen Zeilen. Zudem weichen die Forscher bei den angenommenen Entstehungszeiten z.T. erheblich voneinander ab. Besonders eklatant ist das im Falle des *Geheimen Markusevangeliums*, das von einigen Forschern gar für eine Fälschung seines ›Entdeckers‹ Morton Smith gehalten wird. Zwar hat Smith es durch Fotos dokumentiert, doch außer ihm hat niemand das Originalmanuskript – die Abschrift eines unbekannten Briefes von Clemens von Alexandrien (ca. 150–215 n. Chr.), in dem Clemens aus dem Geheimen Markusevangelium zitiert – jemals zu Gesicht bekommen.[12]

	Datierung Crossan/ Berger	Datierung Mehrheit
Papyrus Egerton 2	50er Jahre/75	zw. 150 + 200
Fajjum-Fragment	50er Jahre/60–65	ca. 150
Papyrus Oxyrhynchus 1224	50er Jahre/60–65	ca. 150
Papyrus Oxyrhynchus 840	80er Jahre/60–65	120 (Evans)/2.–3. Jh. (Klauck)
Geheimes Markusevangelium	frühe 70er Jahre/130	zw. 200 + 1960
Petrusevangelium	gekürzte Version ca. 50/75	130–170

Trotz der insgesamt nicht befriedigenden Ausgangssituation ist natürlich jedes Evangelienfragment genau zu analysieren. Bisher hat diese Analyse allerdings nicht zu einem Jesusbild geführt, das über das aus den kanonischen Evangelien rekonstruierte Jesusbild hinausgeht. Allenfalls stoßen wir auf frühe Formen der kanonischen Überlieferungen, so wie im *Fajjumfragment*, das ich mit Berger und Crossan für älter halte als die markinische Version (Mk 14,26–30), möglicherweise war der Ausschnitt Teil eines von der Forschung schon seit langem vermuteten vormarkinischen Passionsberichtes.

Fajjumfragment	Mk 14,27–30
Nach› Essen gemäß der Sitte (?)	[26]Und Hymnen singend gingen sie hinaus zum Ölberg.
(sprach er:) ‹Alle in dieser› Nacht werdet ihr Anstoß nehmen, wie› geschrieben ist: Ich werde schlagen den ‹Hirten, und die› Schafe werden zerstreut werden.	[27]Und Jesus sagte zu ihnen: alle werdet ihr Anstoß nehmen, denn es ist geschrieben: Ich werde den Hirten schlagen, und die Schafe werden zerstreut werden.
	[28]nach meiner Auferstehung werde ich euch aber nach Galiläa vorangehen.
Als gesprochen hatte› Petrus: Und wenn alle, ‹ich nicht,	[29]Petrus sagte: wenn auch alle Anstoß nehmen werden, ich nicht.
sprach Jesus:› Bevor der Hahn zweimal krähen ‹wird, dreimal wirst du mich heute› verl‹eugnen.	[30]Und Jesus sagte ihm: Amen, ich sage dir: Du wirst mich heute, in dieser Nacht, bevor der Hahn zweimal kräht, dreimal verraten.

2.2.3 Fazit

Von den vorgestellten *christlichen Quellen* haben die *kanonischen Evangelien*, insbesondere die synoptischen Evangelien mit ihren zugrunde liegenden Quellen und Überlieferungen auch weiterhin die größte Bedeutung für die Rückfrage nach dem historischen Jesus. Von den nichtkanonischen Evangelien ist im Grunde nur das *Thomasevangelium* von Bedeutung. Und das nicht nur wegen seines Alters, seiner Gattung als Spruchsammlung und seiner Parallelen mit Logien aus den synoptischen Evangelien, sondern auch deshalb, weil wir mit ihm den einzigen vollständig erhaltenen Text eines frühen apokryphen Evangeliums vorliegen haben. Alle übrigen relevanten außerkanonischen Evangelien sind entweder nur in Zitaten von Kirchenvätern enthalten oder liegen uns in so fragmentarischer Form vor, dass sie nur am Rand von Interesse für die Jesusforschung sind.

2.3 Literarische und nichtliterarische Quellen zur Umwelt Jesu

Neben den beiden Hauptgruppen von Quellen über Jesus wird in vielen Jesusbüchern eine weitere Gruppe von Quellen nur beiläufig oder gar nicht erwähnt, die in den letzten Jahren besonders im Rahmen der ›Third Quest‹ größere Bedeutung gewonnen hat. Es handelt sich um eine Fülle von literarischen und nichtliterarischen Zeugnissen aus der Umwelt Jesu, die – ohne sich explizit zu Jesus und seiner Bewegung zu äußern – es uns doch erst ermöglichen, ihn in seine Zeit, seinen geographischen Raum, sein Volk etc. einzuordnen und ihn von diesem Kontext her zu verstehen.

2.3.1 Literarische Quellen

Zu den wichtigsten *literarischen Quellen* der Umwelt Jesu gehören neben den Schriften der hebräischen Bibel die Schriften von Qumran, die vielfältige griechischsprachige frühjüdische Literatur und die Schriften des schon vorgestellten jüdischen Historikers Flavius Josephus.

Von außerordentlicher Bedeutung für das Verständnis der Lehre Jesu ist die frühjüdische Rezeption der hebräischen Bibel, wie sie uns in den zwischen 1947 und 1956 entdeckten zahlreichen *Schriftrollen vom Toten Meer* begegnet. Zwischen 900 und 1000 Handschriften und Handschriftenfragmente in hebräischer, aramäischer und selbst griechischer Sprache wurden in den elf Höhlen bei Qumran gefunden, alle zwischen dem 3. Jh. v. und 68 n. Chr. geschrieben. Dieses frühjüdische, genuin theologische und liturgische Schrifttum ist in seiner Vielfalt nur schwer zu überblicken und wird nicht nur die Forschung noch über Jahre hinaus beschäftigen, sondern wohl auch noch die ein oder andere Überraschung für die Jesusforschung bereithalten.

Für unsere Kenntnisse der politischen, wirtschaftlichen und religiösen Situation Palästinas zwischen dem 2. Jh. v. und dem 1. Jh. n. Chr. sind weiter die Werke des jüdischen Historikers *Flavius Josephus* von unschätzbarer Bedeutung. Der 37/38 n. Chr. in Jerusalem geborene Josephus, der nach eigenen Angaben aus einer angesehenen priesterlichen Familie stammte, hat den jüdisch-römischen Krieg (66–70 n. Chr.) zunächst als Befehlshaber jüdischer Truppen in Galiläa, dann als Kriegsgefangener von Vespasian bzw. Titus hautnah miterlebt. Neben zahlreichen geographisch und sozialgeschichtlich interessanten Details aus dem Palästina der Zeit Jesu (z.B. die Beschreibung Galiläas) liefert er uns auch die einzige zusammenhängende Geschichte der herodianischen Dynastie.

Als literarische Quellen gelten weiterhin Rechts-, Wirtschafts- und Verwaltungstexte wie z.B. Verträge und Urkunden, Rechnungen etc. Ein für die Rechtsstellung jüdischer Frauen zur Zeit Jesu ungemein wichtiger Fund stellt das so genannte *Babatha-Archiv* dar, das 1961 in einer Höhle bei Nahal Hever am Toten Meer entdeckt wurde. In einem mit Sackleinen umwickelten Lederbeutel befanden sich 35 Papyri, u.a. Eheverträge, Schenkungsurkunden, Steuererklärungen und Dokumente über Vormundschafts- und Erbschaftsstreitigkeiten. Sie stammen alle aus der Zeit zwischen 93/94 und 132 n. Chr. und gehörten zum Besitz der Jüdin Babatha.

2.3.2 Nichtliterarische Quellen

Zu den nichtliterarischen Quellen der Umwelt Jesu gehört die gesamte erhalten gebliebene oder ausgegrabene materielle Kultur der Zeit: angefangen von den Palästen und Festungen Herodes des Großen in Machärus, Jericho und Herodeium, über die Ausgrabungen von Wohnsiedlungen samt Alltagsgegenständen einfacher Menschen in Nazaret und Kafarnaum zur Zeit Jesu, bis hin zum so genannten Jesusboot aus dem 1. Jh. n. Chr., das vor einigen Jahren im Schlamm des Sees Genezaret gefunden wurde, oder den Knochen des Gekreuzigten von Giv'at Hamivtar, Jerusalem, in dessen Fußknöchel noch ein Nagel steckte (siehe Abb. 3, S. 176). In den folgenden Kapiteln wird immer wieder deutlich, wie wichtig gerade diese Quellen und mit ihr die Archäologie Palästinas für unser Thema sind.

2.4 Die Kriterien historischer Jesusforschung

Die entscheidenden Kriterien für die Rückfrage nach dem historischen Jesus wurden aus der Geschichtswissenschaft übernommen
und im Blick auf die eigenen Quellen ausgebaut und verfeinert. Als
Basiskriterien gelten dabei das schon erwähnte *Kriterium der geschichtlichen Nähe zu Jesus von Nazaret* und das *Kriterium der Unabhängigkeit der Quellen*. Letzteres bedeutet, dass die Darstellung
eines Ereignisses oder einer Person umso näher an die historische
Wirklichkeit herankommt, wenn über es bzw. über sie in verschiedenen, nicht von einander abhängigen Quellen berichtet wird. Bei allzu
großer Übereinstimmung der Quellen gehen wir davon aus, dass diese voneinander abhängig sind, bei allzu großer Differenz müssen wir
damit rechnen, dass einzelne Quellen historisch wertlos sind. Eine
besonders gute Quellenlage im Sinne des Unabhängigkeitskriteri-
ums besteht z.B. für Johannes den Täufer. Er wird sowohl im Mk, als
auch in der Logienquelle, im Joh und bei Flavius Josephus erwähnt
und in ihnen allen als jemand dargestellt, der andere tauft und diese
Taufe mit einer Predigt verbindet, die die Massen anzieht. Dagegen
setzen die einzelnen Quellen beim Inhalt der Täuferpredigt und bei
der Bedeutung der Taufe ziemlich unterschiedliche Akzente. Ähnlich steht es mit der Hinrichtung des Johannes durch Herodes Antipas, über die im Mk und bei Josephus berichtet wird. Auch hier ist
das Faktum in beiden Quellen gleich, der Grund bzw. der Anlass für
die Hinrichtung variiert dagegen stark (vgl. Kap. 5.1.3).

Das Beispiel Johannes des Täufers zeigt aber auch, dass wir mit
den beiden Basiskriterien allein bei der historischen Rückfrage nicht
besonders weit kommen. Um entscheiden zu können, welche Darstellung der Taufe oder des Todes des Johannes historisch wahrscheinlicher ist, brauchen wir noch weitere Kriterien. Die größte
Rolle für die historische Jesusforschung im deutschsprachigen Raum
spielt zur Zeit das von Gerd Theißen entwickelte zweiteilige historische *Plausibilitätskriterium*, das das in der 2. Phase der Jesusforschung dominierende Differenzkriterium abgelöst hat (s.o. Kap. 1).
Dieses Kriterium lautet in der Kurzfassung: Was im jüdischen Kontext plausibel *(Kontextplausibilität)* ist und die Wirkung Jesu auf das
entstehende Urchristentum verständlich macht *(Wirkungsplausibili-
tät)*, dürfte historisch sein (vgl. Theißen/Merz 29). Beide Teilkriteri-
en sind dabei noch einmal zu differenzieren, da Plausibilität nicht
einfach Übereinstimmung mit dem jüdischen Kontext auf der einen
und dem frühen Christentum auf der anderen Seite bedeutet. Inner-

halb seines jüdischen Kontextes hatte Jesus selbstverständlich individuelle Züge, sonst wäre gar nichts von ihm überliefert worden. Auf der anderen Seite hatten die frühchristlichen Gemeinden nicht selten Schwierigkeiten, Worte und Taten Jesu mit ihren eigenen Vorstellungen über Jesus als Messias und Sohn Gottes zu verbinden. Das eindrucksvollste Beispiel hierfür ist natürlich die Hinrichtung Jesu als Aufrührer bzw. Königsprätendent (vgl. Kap. 9). Stefan Schreiber[13] hat das zweiteilige historische Plausibilitätskriterium übersichtlich in das folgende Schema gebracht:

	Übereinstimmung (a)	**Differenz (b)**
Standort im jüdischen Kontext (1)	Übereinstimmung mit der jüdischen Umwelt (1a)	Differenz zur jüdischen Umwelt: Individualität (1b)
Wirkung in die Urchristenheit (2)	Übereinstimmung mit der urchristlichen Überlieferung (2a)	Differenz zur urchristlichen Überlieferung: Tendenzwidrigkeit (2b)

Literatur

Crossan, John Dominic / Reed, Jonathan L., Jesus ausgraben. Zwischen den Steinen – Hinter den Texten. Düsseldorf: Patmos 2003. *(Gut lesbare Einführung in die für die Jesusforschung wichtigen archäologischen Entdeckungen und Ausgrabungen des letzten Jahrhunderts.)*

Klauck, Hans-Josef, Apokryphe Evangelien. Eine Einführung. 3., durchges. Auflage. Stuttgart: Verl. Kath. Bibelwerk 2008. *(Ausführliche Vorstellung fast aller außerkanonischen Evangelien und Evangelienfragmente mit Diskussion ihrer historischen Bedeutung.)*

Theißen, Gerd / Merz, Annette, Der historische Jesus. Ein Lehrbuch. 3., durchges. und um Literaturnachtr. erg. Aufl. Göttingen: Vandenhoeck & Ruprecht 2001, 35–124. *(Zur Zeit der beste Überblick über die unter 1. und 2. vorgestellten Quellen mit anschließender Widerlegung der wichtigsten Einwände gegen die historische Jesusforschung.)*

3. Biographische Eckdaten zu Jesus von Nazaret

Im Zentrum aller vier kanonischen Evangelien steht das öffentliche Wirken Jesu einschließlich seines Leidens und seines gewaltsamen Todes. Über die Zeit davor erfahren wir aus den Quellen so gut wie nichts. Selbst von Jesu wunderbarer Geburt erzählen nur die Evangelisten Lukas und Matthäus, während Mk und Joh darüber schweigen und die außerkanonischen Kindheitsevangelien (Kindheitsevangelium des Thomas u.a.[1]) rein legendarische Ausschmückungen von Lk 1–2 und Mt 1–2 sind. All das, was Menschen heute von einer Biographie erwarten, nämlich entwicklungsgeschichtlich und -psychologisch erklärt zu bekommen, wie und warum Jesus von Nazaret im besten Mannesalter plötzlich auf die Idee kam, durch Galiläa zu ziehen und das Reich Gottes zu verkündigen, all das interessierte die frühen Christen nicht.

Dieses Desinteresse an der Vorgeschichte und der Entwicklung Jesu ist jedoch nicht etwas typisch Christliches, sondern wurzelt »in einer allgemeinen kulturgeschichtlichen Einstellung der ganzen Antike«[2]. Erst seit der Neuzeit beginnen wir uns ein entwicklungsgeschichtliches und psychologisches Bild von einer Person zu machen, fragen nach ihren inneren Grundeinstellungen und nach dem, was und wer sie geprägt hat. Für die Antike standen dagegen die öffentliche Rolle und das nach außen gerichtete Wirken einer Person im Zentrum, während Erziehung, Bildung oder Charakter nur in Bezug auf dieses öffentliche Wirken interessierten. »Eine entwicklungsgeschichtlich angelegte Biographie ist der Antike fremd.«[3]

Daher erfahren wir so gut wie nichts über Jesu Entwicklung vor seinem öffentlichen Wirken, aber auch kaum etwas über seine mögliche Entwicklung während dieses Wirkens, da der biographische Rahmen, in den das Mk die Geschichte Jesu spannt, und den das Mt und das Lk übernehmen, nachträglich konstruiert wurde und den theologischen Interessen des Evangeliums entspricht (s. Kap. 1.1.3; 1.2).

3.1 Herkunft und Familie

Der Name *Jesus* ist die gräzisierte Form des aramäischen Jeschu oder Jeschua, die wiederum eine Kurzform von Jᵉhoschua bzw. Joschua (griech. Josua) ist und ›JHWH ist Rettung‹ bedeutet. Der

Name war im antiken Judentum sehr beliebt. Bei Josephus kommen ungefähr 20 Träger dieses Namens vor, in den Dokumenten des Babatha-Archivs allein in einer Familie vier: Schwiegervater, Ehemann, Sohn und Schwager (vgl. Kap. 2.3.1). Um Jesus daher von anderen Menschen gleichen Namens zu unterscheiden, wurde sein Herkunftsort Nazaret hinzugefügt. Im NT kommen verschiedene Varianten dieser Herkunftsbezeichnung vor (Jesus, der von Nazaret; Jesus, der Nazarener; Jesus, der Nazoräer), die alle auf die hebräisch-aramäische Form naz^{e}rat zurückgehen.

Dass Jesus aus *Nazaret in Galiläa* stammt und seine Familie dort zu Hause war, bestätigen nicht nur die vier kanonischen Evangelien (Mt 21,11; Mk 1,9; Lk 2,39.51; Joh 1,45 + die Varianten der Herkunftsbezeichnung u.a. Mk 1,24 par Lk 4,34; Mk 10,47; 14,67; Lk 24,19), sondern auch die Apostelgeschichte (z.B. Apg 2,22; 6,14; 10,38). Die Schwierigkeiten der Evangelien, die Messianität Jesu mit der Herkunft aus einem solchen ›Kaff‹ zusammenzubringen (s.u. zur Geburt Jesu), das in antiken jüdischen Quellen nirgends erwähnt wird, sprechen für die große historische Zuverlässigkeit der Angabe. Im 19. Jh. hat diese ›Nichterwähnung‹ sogar zu Zweifeln an der Existenz des antiken Nazaret geführt. Ausgrabungen dokumentieren jedoch die Besiedlung der Gegend schon in vorgeschichtlicher Zeit, die Besiedlung des Ortes selbst ab dem 2. Jahrtausend v. Chr. Nach einer Siedlungslücke ab der assyrischen Eroberung 722 v. Chr. wurde das Dorf in späthellenistischer Zeit wieder besiedelt (2. Jh. v. Chr.). 2009 wurden auch erstmals Überreste von Wohngebäuden aus frührömischer Zeit gefunden. Die Nichterwähnung des Ortes in antiken jüdischen Quellen ist daher allein seiner geringen Größe und Bedeutungslosigkeit geschuldet. Zur Zeit Jesu haben dort höchstens zwischen 200 und 400 Menschen gelebt, wohl vor allem von der Landwirtschaft.

Die *Eltern Jesu* heißen im griechischen NT *Josef und Maria*, beides beliebte jüdische Namen, die auf große Gestalten aus den Anfängen Israels verweisen. Der Name Josef erinnert an den zweitjüngsten Sohn Jakobs und einen der zwölf Stammväter Israels, der Name Maria (aram. Marjam; hebr. Mirjam) an Mirjam, die Schwester des Mose. Die Annahme, Josef sei beim öffentlichen Auftreten Jesu schon verstorben, hat einiges für sich. Es erklärt, warum er außerhalb der Kindheitsgeschichten im Unterschied zu Maria nur spärlich und allein bei Herkunftsangaben genannt wird (Joh 1,45; 6,42; Mt 13,55 ohne Namensnennung; vgl. Mk 6,3, wo Jesus als Sohn der Maria bezeichnet wird und der Vater fehlt). Über die Herkunft Marias wissen wir nichts, während Josefs Familie durchaus aus *davidischem Geschlecht* gewesen sein könnte. Darauf weist vor allem die unverdächtige Formulierung des Paulus in Röm 1,3 hin: »der dem Fleisch nach geboren ist als Nachkomme [wörtl. aus dem Samen] Davids«.

Nach Mk 6,3 par Mt 13,55 hatte Jesus mehrere *Geschwister*. Die Namen der vier Brüder sind uns im Unterschied zu denen der Schwestern überliefert: Jakobus, Judas, Joses (bzw. Josef nach Mt 13,55) und Simon (vgl. auch 1 Kor 9,5; Joh 2,12; 7,1–9). Sie weisen auf eine fromme jüdische Familie hin, die ihren Kindern die Namen des Erzvaters Jakob und seiner Söhne gegeben hat. Am Bedeutendsten war der Leiter der Jerusalemer Urgemeinde, der von Paulus Herrenbruder genannte Jakobus (Gal 1,19), der auch in den Ant 20,200/20,9.1 des Josephus erwähnt wird (s.o. Kap. 2.1.1).

Auffallend in der Jesusüberlieferung ist Jesu *konflikthaftes Verhältnis zu seiner Familie*. Sie scheint weder seine Verkündigung noch sein Verhalten akzeptiert zu haben. Nach Mk 3,21 wollten Jesu Angehörige ihn sogar mit Gewalt in den Schoß der Familie zurückholen, weil sie ihn für verrückt hielten (vgl. auch Joh 7,5). Diese Erfahrungen mögen dazu beigetragen haben, dass sich nach Mk 3,31–35 auch Jesus von seiner Familie distanzierte und stattdessen die Gemeinschaft seiner Schülerinnen und Schüler als neue Familie bezeichnete. Andere Stellen in den Evangelien bestätigen diese relativierende bis ablehnende Einstellung Jesu gegenüber seiner biologischen Familie (Mt 10,34–36 par Lk 12,51–53 und Mt 10,37 par Lk 14,26; Mk 10,29 f. par; vgl. auch Kap. 7.2.2). Erst nach Jesu Tod und Auferstehung erkannten einige Familienmitglieder seine Bedeutung und schlossen sich seinen Schülerinnen und Schülern an, unter anderem sein Bruder Jakobus (vgl. oben) und vermutlich seine Mutter. Gerade die Spannung zwischen der positiven Rolle, die die Familienangehörigen Jesu im frühen Christentum spielten, und der in Mk 3,21 dokumentierten Ablehnung Jesu durch seine Familie weist auf eine historische Erinnerung hin, die schon einige Jahre später bei Mt und Lk weggelassen wird.

Nach Mk 6,3 war Jesus vor seiner Berufung *tekton* (Mt 13,55 für Josef; Lk 4,22 vermeidet eine Berufsbezeichnung). Der Begriff ist am besten mit *Bauhandwerker* zu übersetzen, da der *tekton* im holzarmen Palästina vor allem mit der Bearbeitung von Stein und dem Bau von Holzlehmkonstruktionen zu tun hatte, weniger mit Holzbearbeitung. Die Vorstellung von Jesus als Zimmermann hat sich erst in unseren Breiten durchgesetzt. Den Beruf hat Jesus sicher – wie es üblich war – von seinem Vater erlernt (vgl. Mt 13,55) und ihn wohl spätestens ab dem 14. Lebensjahr ausgeübt, dem Alter, in dem die jungen Männer kopfsteuerpflichtig wurden. Da das Dorf Nazaret nicht ausreichend Verdienstmöglichkeiten bot, werden Jesus und sein Vater auch in den Nachbarorten und in der nur 6 km entfernten Stadt Sepphoris Arbeit gefunden haben. Der dörfliche Charakter von Nazaret wie die Vertrautheit Jesu mit der Landwirtschaft Galiläas in seinen Gleichnissen und Bildworten legt zudem nahe, dass die Familie Jesu zur Eigenversorgung auch Landwirtschaft im kleinen Rahmen betrieben hat (vgl. a. Kap. 4.2).

3.2 Geburtsort und Geburtsjahr Jesu

3.2.1 Kindheitserzählungen in den Evangelien

Im NT berichten nur Mt und Lk über Jesu Geburt und Kindheit. Beide Kindheitserzählungen stimmen darin überein, dass Jesus in Bethlehem unter der Herrschaft Herodes des Großen von der Jungfrau Maria geboren wurde, die mit einem Mann namens Josef verlobt war. Beide Geburtserzählungen werden zudem mit Motiven der Davidstradition gestaltet. Doch dann hören die Gemeinsamkeiten auch schon auf. Von der Gesamtdarstellung bis zur Ausgestaltung der Davidstradition sind die beiden Erzählungen nicht mehr miteinander zu vereinbaren. Nur zwei Beispiele:

Nach Lk 1,26; 2,4 wohnen Josef und Maria in Nazareth und müssen sich wegen der Steuerschätzung des Augustus auf den Weg in die Heimatstadt Josefs machen. Anschließend kehren sie nach einem Umweg über Jerusalem nach Nazareth zurück. Nach Mt 1 f. wohnen Josef und Maria in Bethlehem, müssen nach der Geburt Jesu aber wegen der Verfolgung durch Herodes nach Ägypten ziehen. Nach dessen Tod kehrt die Familie zurück, lässt sich aber nicht in Bethlehem nieder, sondern zieht nach Galiläa, in die Stadt Nazaret.

Während in Lk 2,8–20 Hirten auf Grund einer Engelankündigung das neugeborene Kind besuchen, sind es in Mt 2,1–12 Magier aus dem Osten, die einem wandernden Stern folgen.

Mt 1–2	Lk 1–2
Stammbaum Jesu	
Josef und Maria in Bethlehem zu Hause	Josef und Maria in Nazaret zu Hause;
Geburt Jesu	Zensus: Reise nach Bethlehem Geburt Jesu
Magoi-Erzählung	Hirtenerzählung
Flucht nach Ägypten + Kindermord in Bethlehem	Besuch im Jerusalemer Tempel (Beschneidung + Auslösung)
Rückkehr aus Ägypten + Ansiedlung in Nazaret	Rückkehr nach Nazaret
	12-jähriger Jesus im Tempel + Rückkehr nach Nazaret
	[Stammbaum Jesu in Lk 3,23–28]

3.2.2 Geburtsort

Schon relativ früh wurden in der historischen Jesusforschung die Kindheitserzählungen im Mt und Lk als theologische Legenden erkannt, die unabhängig voneinander Empfängnis und Geburt Jesu in das Licht seiner Messianität stellen. Insbesondere die Geburtserzählungen enthalten eine Fülle an Motiven und Anspielungen aus der Davidstradition:

Im Lk erinnert neben dem *Geburtsort Bethlehem* vor allem das Hirtenmotiv an David. Es erklärt in der Verkündigung des Engels zugleich, wieso Jesus nicht in Nazareth geboren wurde: »Heute ist euch in der Stadt Davids der Retter geboren; er ist der Messias, der Herr« (Lk 2,11). Im Mt zitieren die von Herodes nach dem Geburtsort des neugeborenen Königs der Juden befragten Schriftgelehrten die Textstelle Micha 5,1–3, wonach aus Bethlehem ein Fürst hervorgehen wird, der über sein Volk Israel herrschen wird. Auch das Motiv des Sterns stammt aus messianischer Weissagung und bezieht sich auf den Messiasstern aus Num 24,17: »Es wird ein Stern aus Jakob aufgehen und ein Zepter aus Israel aufkommen und wird zerschmettern die Schläfen der Moabiter und den Scheitel der Söhne Sets.« Ursprünglich war diese Weissagung auf David bezogen, zur Zeit des Mt wurde der Stern aber zur Metapher für den erwarteten Messias aus dem Geschlecht Davids. In diesem Zusammenhang ist auch auf den Beinamen ›Sternensohn‹ des Bar Kosiba hinzuweisen, der eben nicht bloß Anführer des zweiten Aufstands gegen Rom war (132–135 n. Chr.), sondern auch für den Messias gehalten wurde.

Im Unterschied dazu setzen Mk und Joh unausgesprochen voraus, dass Jesus in seiner *Heimatstadt Nazaret* geboren wurde. Bei Mk heißt Jesus betont der »Nazarener« (1,24; 10,47; 14,67; 16,6) und Nazareth ist seine Vaterstadt (6,1). Lk dagegen vermeidet diese Formulierung auf Grund seiner Kindheitsgeschichte und schreibt stattdessen, dass Jesus in Nazareth »aufgewachsen« sei (Lk 4,16). Im Joh erscheint vielen die Messianität Jesu gerade wegen seiner Herkunft aus Nazaret in Galiläa als unglaubwürdig. So antwortet Nathanael dem Philippus (Joh 1,45 f.): »Was kann aus Nazaret Gutes kommen?« Besonders interessant ist der Streit innerhalb des Volkes und des Hohen Rates über die Messianität Jesu in Joh 7,40–52. Die Skeptiker im Volk fragen: »Kommt denn der Messias aus Galiläa? Sagt nicht die Schrift, dass der Messias aus dem Geschlecht Davids und aus dem Dorf Bethlehem kommt?« (7,41 f.), während Nikodemus von anderen Mitgliedern des Hohen Rates belehrt wird: »Forsche und sieh: aus Galiläa steht kein Prophet auf!« (Joh 7,52). Da weder hier noch sonst im Joh Jesu Geburt in Bethlehem als schlagendes Gegenargument angeführt wird, weiß Johannes offenbar nichts davon.[4]

Fazit: Die theologische Begründung des Geburtsortes Bethlehem bei Mt und Lk, zusammen mit der Unkenntnis dieses Geburtsortes bei Mk und Joh und der selbstverständlichen Annahme, dass Jesus in Nazaret geboren wurde, sprechen auch historisch für Nazaret als den wahrscheinlicheren Geburtsort.

3.2.3 Geburtsjahr

Das Geburtsjahr Jesu wird zwar nirgends genannt, doch werden in den Geburtserzählungen und deren Kontexten bei Lk (1,5; 2,1 f.) wie bei Mt (2,1–18) verschiedene Herrscher erwähnt, deren Regierungszeiten in Beziehung zur Geburt Jesu gesetzt werden können. Darüber hinaus ist auch Lk 3,1–3.23 zu berücksichtigen, wo das genau datierte Auftreten Johannes des Täufers und die Altersangabe

Jesu bei seinem ersten öffentlichen Auftreten miteinander kombiniert werden können. Doch bei genauerer Analyse schwindet schnell die Hoffnung auf ein einigermaßen verlässliches Geburtsjahr, da nicht nur der legendarische Charakter der Erzählungen Schwierigkeiten bereitet, sondern mehr noch die Tatsache, dass eine Reihe von Einzelheiten nicht mit den historischen Fakten übereinstimmt.

Nach der lukanischen Kindheitsgeschichte (Lk 1–2) wird Jesus in der Regierungszeit Herodes des Großen (37–4 v. Chr.) und des Kaisers Augustus (30 v.–14 n. Chr.) geboren (Lk 1,5; 2,1). Das wäre weiter kein Problem, wenn das Lk dieses Ereignis nicht mit einem reichsweiten Zensus des Augustus verbunden hätte, der in Judäa vom syrischen Statthalter Quirinius (Lk 2,1 f.) durchgeführt worden sei. Hier sind dem Evangelisten gleich mehrere Fehler unterlaufen. Der erste betrifft die reichsweite Steuererhebung, die das erste Mal um 74/75 n. Chr. stattfand. Zudem ist es unwahrscheinlich, dass unter dem Klientelkönig Herodes die Römer überhaupt das Recht hatten einen Zensus durchzuführen. Der zweite Fehler betrifft den syrischen Statthalter Quirinius, der erst 6 n. Chr. dieses Amt antrat. Zu diesem Zeitpunkt aber war Herodes schon zehn Jahre tot. Allerdings ist die Verbindung zwischen Quirinius und einem Zensus nicht ganz falsch, denn tatsächlich hat er im Jahr 6/7 n. Chr. im Zuge der Eingliederung Judäas in die syrische Provinz den ersten lokalen römischen Zensus erhoben. Der dritte Fehler bezieht sich auf den vermuteten Ort der Steuerschätzung. Aus römischen Verwaltungsakten ist ein Zensus außerhalb des Wohnortes nicht bekannt, zumal wenn dieser Ort – wie im Lk – nur dadurch qualifiziert ist, dass irgendwann einmal die Familie von dort stammte.

Auch nach der *matthäischen Kindheitsgeschichte (Mt 1–2)* ist Jesus in der Regierungszeit Herodes des Großen geboren. Doch der in Mt 2,16–18 erzählte Kindermord von Bethlehem wird nirgends sonst in jüdischen Quellen erwähnt und hat auch darüber hinaus stark legendarischen Charakter. Zwar knüpft die Erzählung sicher an Wissen über Herodes an, der aus Angst um Konkurrenz selbst vor der Ermordung seiner eigenen Frau und seiner Söhne nicht zurückschreckte, doch im jetzigen Zusammenhang dient sie der Parallelisierung von Jesus und Mose (vgl. Ex 1,15 f.). Bis heute wird auch der wandernde Stern der Magier (Mt 2,2.9 f.) immer wieder für eine Datierung herangezogen. Selbst ernstzunehmende Wissenschaftler schrecken nicht vor astronomischen Erklärungen zurück. Grundsätzlich ist eine historische Erinnerung an ein solches Ereignis nicht auszuschließen, da astronomische und astrologische Spekulationen in der Antike weit verbreitet waren, doch fragt man sich, warum nur das Mt Kenntnis von einem solchen Ereignis in Zusammenhang mit der Geburt Jesu gehabt haben soll. Sehr viel wahrscheinlicher ist der Bezug des Mt auf das Erste Testament und den Messiasstern aus Num 24,17 (s.o. 3.2.2).

Nach Lk 3,23 war Jesus zu *Beginn seines öffentlichen Wirkens* etwa 30 Jahre alt. Diese Angabe ist aber historisch mit Vorsicht zu bewerten, da sie wahrscheinlich auf biblische Vorbilder anspielt, die im Idealalter von 30 Jahren ihre öffentliche Laufbahn begannen. Insbesondere wird der Verfasser von seiner theologischen Konzeption her an David (2 Sam 5,3) gedacht haben. Auf diesem Hintergrund helfen uns dann auch die präzisen zeitlichen Angaben, die Lk für den Beginn der Täufertätigkeit des Johannes macht, nicht viel weiter (Lk 3,1 f.).

Fazit: Trotz aller Scharfsinnigkeit lässt sich das Geburtsjahr Jesu nicht mehr genau ermitteln. Er wird irgendwann um die Zeitenwende in Nazaret geboren worden sein, möglicherweise noch in den letzten Regierungsjahren Herodes des Großen, zwischen 6–4 v. Chr. Aber auch das ist angesichts des legendarischen, durch und durch theologischen Charakters der Kindheitserzählungen nicht sicher.

3.3 Wirkungszeit und Wirkungsorte

3.3.1 Beginn und Dauer des öffentlichen Wirkens Jesu

Der *Beginn des öffentlichen Wirkens* Jesu steht in allen vier Evangelien in direktem Zusammenhang mit Johannes dem Täufer. Nicht nur werden uns zuerst Wirken und Verkündigung des Johannes vorgestellt, bevor Jesus das erste Mal auftritt, sondern dieses erste Auftreten des erwachsenen Jesus wird gleichzeitig als Begegnung zwischen Johannes und Jesus erzählt. Auch wenn damit schon die Gemeinsamkeiten zwischen den Evangelien enden, zählt doch die anfängliche Verbindung zwischen Jesus und Johannes dem Täufer zu den historisch gesichertsten Daten im Leben Jesu (vgl. Kap. 5.3). Daher liegt es nahe, über Johannes den Täufer an Informationen über den zeitlichen Beginn des Wirkens Jesu zu gelangen, zumal auch Flavius Josephus über den Täufer berichtet (Ant 18,116–119/18,5.2). Doch leider enthält uns Josephus genauere zeitliche Angaben vor, so dass wir allein auf Lk 3,1 f. angewiesen sind. Danach trat Johannes

im 15. Regierungsjahr des Kaisers Tiberius auf (14–37 n. Chr.). Je
nach Zählung der Regierungszeit des Tiberius könnte es sich dabei
um das Jahr 27/28 oder um 28/29 n. Chr. handeln. Wenn wir weiter
davon ausgehen, dass Jesus sich nicht gleich zu Beginn der Tauftätigkeit des Johannes taufen ließ und danach auch noch einige Zeit
beim Täufer blieb, kämen wir auf das Jahr 29 oder 30 n. Chr. für den
Beginn des Wirkens Jesu. Da die lukanischen Datierungen aber nicht
immer zuverlässig sind (s.o. zur Geburt Jesu), bräuchten wir zur Bestätigung der vermuteten Zeitangabe noch mehr Informationen.

Auf noch unsichererem Gelände als beim Beginn des öffentlichen
Wirkens Jesu bewegen wir uns bei der Frage nach der *Dauer seines
Wirkens*. Die Synoptiker machen dazu überhaupt keine Angaben,
während das Joh drei Pessachfeste erwähnt (Joh 2,13; 6,4; 11,55), so
dass dadurch der Eindruck entsteht, Jesus habe zwei bis drei Jahre
gewirkt. Der historische Wert der johanneischen Fest-Chronologie
tendiert allerdings gegen Null, da es sich um ein redaktionelles Ge-
staltungsmittel handelt.[5] Hinzu kommt, dass nicht wenige Forscher
Joh 6,4 für einen Einschub halten und für eine nur einjährige Wir-
kungszeit Jesu im Joh plädieren, von Pessachfest (2,13) zu Pessachfest (11,55). Dieser kurze Zeitraum seines öffentlichen Wirkens hat
auch historisch einiges für sich, da er nicht nur mit den synoptischen
Evangelien übereinstimmt, sondern auch gut zu anderen Faktoren
passt, sowohl zur drängenden Naherwartung Jesu und der Sammlung ganz Israels (vgl. Kap. 7), als auch zum oben angenommenen
Beginn seiner Verkündigung im Jahr 29 oder 30 und dem vermuteten
Todesjahr, 30 n. Chr. (s. 3.4.2).

3.3.2 Wirkungsraum und Wirkungsorte Jesu

Die synoptischen Evangelien stimmen darin überein, dass der bevor-
zugte Wirkungsraum Jesu das jüdische Galiläa war. Dieser Raum ist
noch weiter einzugrenzen, wenn wir uns die drei Hauptorte seines
Wirkens vergegenwärtigen: Kafarnaum, Chorazin und Betsaida mit
Kafarnaum als Zentrum und Stützpunkt. Alle drei liegen in der nordwestlichen Ecke des Sees Genezaret, oder wie das Mk schreibt, des
Meers von Galiläa. Eventuell ist noch das etwas südlicher gelegene
Magdala dazuzurechnen, die Heimatstadt Maria Magdalenas, und
natürlich der See selbst mit seinem unbesiedelten Ufer. Das gesamte
übrige Galiläa kommt dagegen in den Evangelien nur am Rande vor.
Vereinzelt werden Orte in Untergaliläa erwähnt: Nazaret, die Hei-

matstadt Jesu, in der er so gut wie keinen Erfolg hatte, Kana (Joh 2,1–10; 4,46; 21,2) und Naïn (Lk 7,11–17). Orte in Obergaliläa fehlen ganz, ebenso die Städte Sepphoris und Tiberias. Stattdessen erfahren wir noch von Aufenthalten Jesu in mehrheitlich heidnischen Gebieten wie der Dekapolis, die an das östliche Ufer des galiläischen Meeres grenzt, und in der Gegend um Cäsarea Philippi. Der Aufenthalt Jesu in der Nähe von Tyrus und Sidon entspringt dagegen wohl eher dem theologischen Interesse des Mk, das Jesu Begegnung mit der Syrophönizierin (Mk 7,24–30) dorthin versetzt, wo schon Elija die Witwe von Sarepta getroffen hat (1 Kön 17,8–24).

Aus diesem Befund lässt sich Folgendes schließen: Jesus hat sich mit seinen Schülern und Schülerinnen in einem recht kleinen Gebiet bewegt, das auch zu Fuß in relativ kurzer Zeit zu durchwandern war (vgl. Kap. 4.2.1). Lange Aufenthalte im Freien werden daher gar nicht so oft vorgekommen sein, so dass einiges für den vom Mk und Mt vermittelten Eindruck von Kafarnaum als Zentrum und Ausgangspunkt der Wanderungen Jesu spricht. Zudem hatten die Brüder Simon Petrus und Andreas in diesem Ort ein Haus und Jesus konnte dort unterkommen (vgl. Mk 1,29–31). Die Landesgrenzen spielten für die Verkündigung Jesu keine große Rolle, denn ein Teil der beschriebenen nordwestlichen Ecke des Sees von Genezaret gehörte zum Gebiet des Herodes Antipas (Lk 13,31 f.), ein anderer Teil mit Betsaida/Iulias, dem Heimatort des Simon und des Andreas östlich des Jordan, lag schon auf dem Gebiet des Herodes Philippus.

Jesus scheint mit Ausnahme Jerusalems und evtl. Jerichos größere Städte gemieden zu haben. In der Literatur wird immer wieder darauf hingewiesen, dass Sepphoris und Tiberias, die beiden größten galiläischen Städte nirgends in den Evangelien erwähnt werden und von Jesus wahrscheinlich auch nicht betreten wurden. Doch auch Städte, die erwähnt werden, betritt Jesus nicht. Er hält sich nach den Evangelien nur im *Gebiet* von Cäsarea Philippi und in den *Dörfern* der Dekapolis auf. Als Grund für die Vermeidung von Sepphoris und Tiberias wird häufig der hellenistische, wenig jüdische Charakter dieser Städte angeführt. Das lässt sich vielleicht noch für Tiberias halten, nicht jedoch für Sepphoris, das vor 70 n. Chr. eine durch und durch jüdische Provinzstadt war (Genaueres dazu in Kap. 4.2.2 + 4.2.3). Auch die Vermutung, Jesus hätte sich in den Städten fremd gefühlt, überzeugt nicht wirklich, da seine Bildsprache neben der ländlichen Welt auch die städtische Welt integrierte: von Marktplätzen und Stadtstraßen ist ebenso die Rede wie von Kaufleuten, Bankgeschäften und Gerichten. Eher kommen zwei andere Gründe in Betracht. Der eine betrifft den unter Herodes Antipas stärker gewordenen sozialen und wirtschaftlichen Antagonismus zwischen Stadt und Land zuungunsten des Landes. Jesu Interesse aber war es, die Sammlung Israels ganz unten beim Am-Haaretz, dem einfachen und ungebildeten Volk des Landes zu beginnen, und gerade jenen die Heilsbotschaft Gottes zu verkünden, denen es wirtschaftlich schlecht ging. Die prosperierenden Städte waren da nicht so wichtig. Jesu Vermeidung der Städte könnte aber auch einen ganz pragmatischen Grund gehabt haben. Die Gefahr für Jesus und seine Anhänger, frühzeitig als Unruhestifter aufgegriffen und gefangen gesetzt zu werden, war nämlich in den Städten wesentlich höher als auf dem Land. Und dass Herodes Antipas keine Skrupel hatte ihm unliebsame Personen auszuschalten, konnte Jesus am Schicksal Johannes des Täufers sehen.

Schließlich zeigt Jesu Aufenthalt in Jerusalem am Ende seines Lebens, dass er Städte nicht grundsätzlich mied. Unsicher ist, inwieweit Jesus das Evangelium auch in den Gegenden verkündete, durch die er von Galiläa nach Jerusalem zog, da sich die synoptischen Evangelien noch nicht einmal über die gewählte Route einig sind. Nach dem markinischen und dem ihm folgenden matthäischen Aufriss zieht Jesus am Jordan entlang über Jericho, um von Osten nach Jerusalem zu gelangen. Nach dem lukanischen Aufriss scheint er zunächst den kürzeren Weg über Samarien gewählt zu haben (vgl. Lk 9,51–56; 17,11–19), kommt dann am Schluss aber doch wieder über Jericho nach Jerusalem (Lk 18,35–19,10). Unabhängig davon, dass sowohl der geographische Aufriss des Mk als auch der des Lk ihren jeweiligen theologischen Konzeptionen geschuldet sind, müsste bei der Frage nach der Route geklärt werden, welchen Zweck der Weg haben sollte. Wenn Jesus direkt und ohne größere Zwischenaufenthalte von Galiläa an sein Ziel Jerusalem gelangen wollte, dann wäre in der Tat die Jordanroute die bessere gewesen. Wollte er jedoch auf seiner Reise nach Jerusalem die Menschen ganz Israels von der nahegekommenen Gottesherrschaft überzeugen, läge der Weg durch das Bergland Samariens nahe. Für Letzteres spricht insbesondere Jesu Konzept der Sammlung Israels, das wohl auch die Samaritaner als Teil Israels umfasst hat (vgl. Kap. 6.4.1 und 7.2). Der anfänglich kleine Wirkungsraum hätte sich dann nach und nach geweitet bis ins religiöse und nationale Zentrum Israels.

3.4 Todestag und Todesjahr Jesu

Das am besten dokumentierte Datum des Lebens Jesu ist sein Tod. Nicht nur christliche Quellen – allen voran die vier Evangelien – wissen von ihm, sondern auch nichtchristliche Quellen wie das Testimonium Flavianum des Josephus (Ant 18,63 f./18,3.3) und Tacitus' Notiz in den Annalen (Ann. 15,44.3). Beide berichten von der Hinrichtung Jesu unter Pontius Pilatus. Josephus erwähnt sogar die Kreuzesstrafe und die Beteiligung jüdischer Autoritäten daran (vgl. oben Kap. 2.1). Da in Kapitel 9 die Passion Jesu ausführlich behandelt wird, sei an dieser Stelle nur das Datum seines Todes diskutiert. Dabei hängt das Todesjahr von der Bestimmung des Todestages ab, so dass ich mit dem wahrscheinlichen Todestag beginne.

3.4.1 Todestag

Die vier Evangelien stimmen darin überein, dass Jesus an einem Freitag anlässlich eines Pessachfestes gekreuzigt wurde (Mk 15,42; Mt 27,62; Lk 23,54; Joh 19,31.42). Strittig ist jedoch, ob dieser Freitag auf den *Rüsttag des Pessachfestes* (14. Nisan) fiel oder auf *den ersten Tag des Pessachfestes* (15. Nisan).

Nach der *synoptischen Chronologie* wurde Jesus am ersten Tag des Pessachfestes gekreuzigt, da das letzte Mahl, das er zusammen mit seinen Jüngern einnahm, ein Pessachmahl war (Mk 14,12–16), oder terminologisch genauer, ein Sedermahl, das bis heute im Judentum am Vorabend des Pessachfestes eingenommen wird und mit dem das Fest beginnt. Nach der *johanneischen Chronologie* starb Jesus nicht am Pessachfest selbst, sondern am Rüsttag des Festes (Joh 19,14.31), das dann auf einen Sabbat gefallen wäre. Entsprechend war das letzte Mahl, das Jesus mit seinen Jüngern feierte, kein Pessachmahl, sondern ein besonderes Abschiedsmahl. Beide Passionschronologien verfolgen jedoch theologische Interessen, was die Frage nach ihrer Historizität erschwert. So wird nach Joh Jesu Tod mit der Schlachtung der Pessachlämmer im Tempel parallelisiert, und Jesus damit als geschlachtetes Pessachlamm gedeutet, während die Synoptiker das letzte Mahl Jesu und seinen damit antizipierten Tod analog zum Pessachmahl als Zeichen der Befreiung deuten.

Synoptiker				Johannes			
Todestag ist der erste Tag des Pessachfestes (15. Nisan) Das letzte Abendmahl war ein Pessachmahl				Todestag ist der Rüsttag des Pessachfestes (14. Nisan) Das letzte Abendmahl war kein Pessachmahl			
14. Nisan	15. Nisan	16. Nisan	17. Nisan	13. Nisan	14. Nisan	15. Nisan	16. Nisan
Donners-tag Rüsttag für das Pessach-fest	**Freitag** 1. Tag des Pessach-festes	**Sabbat**	*1. Tag der Woche:* »leeres Grab«	**Donners-tag**	**Freitag** Rüsttag für das Pessach-fest	**Sabbat** 1. Tag des Pessach-festes	*1. Tag der Woche:* »leeres Grab«
Pessach-mahl* mit den Jüngern	Todestag Grable-gung			Mahl und Fußwa-schung	Todestag Grable-gung		

Abb. 1 Todestag Jesu bei den Synoptikern und bei Johannes
* Im Judentum zur Zeit Jesu begann der neue Tag immer nach Sonnenuntergang.

Die Forschungsmehrheit tendiert heute zur johanneischen Chronologie, zumal Joh auch sonst in seiner Passionserzählung gegenüber den Synoptikern ältere Erinnerungen bewahrt zu haben scheint. Der Hauptgrund für die Kreuzigung Jesu am Rüsttag des Pessachfestes und nicht am Fest selbst ist ein politischer. Es ist kaum denkbar, dass ein einzelner Aufrührer – und als solcher ist Jesus wohl hingerichtet worden (s. Kap. 9.3.2) – an einem der höchsten jüdischen Feste verurteilt und hingerichtet wurde. Dies würde nicht nur bedeuten, dass nach Mk und Mt die Mitglieder des Hohen Rates diesen hohen Feiertag damit verbracht hätten, Jesus nachts zu verhören und am Morgen mit Pilatus zu verhandeln, anstatt mit ihren Familien das Pessachlamm zu essen. Darüber hinaus wäre es auch politisch im höchsten Grade unklug gewesen, an einem Wallfahrtsfest mit Massen von auswärtigen Pilgern, das zugleich als *das* Fest der Befreiung Israels aus der Knechtschaft gilt, einen Menschen hinrichten zu lassen, der von einigen seiner AnhängerInnen für einen Messiasprätendenten gehalten wurde. Das damit verbundene Problem wird selbst noch in der Einleitung der markinischen Passionsdarstellung (Mk 14,1 f.) benannt: denn die Hohenpriester wollten Jesus »nicht am Fest« ergreifen und töten lassen, »damit es im Volk keinen Aufruhr gibt«. Dieselbe Überlegung darf man auch Pilatus zutrauen, der ja eben deshalb zum Fest in Jerusalem und nicht in Caesarea maritima weilte, um im Falle eines Aufruhrs sofort eingreifen zu können. Hinzu kommt, dass die Römer grundsätzlich auf einheimische Festtage in den Provinzen Rücksicht nahmen und dann auch keine Gerichtstage abhielten.

3.4.2 Todesjahr

Mangels direkter Hinweise in den Quellen kommen auf den ersten Blick alle Regierungsjahre des römischen Präfekten Pontius Pilatus (26–36 n. Chr.) für das Todesjahr Jesu in Betracht. Nun haben wir aber das ›Glück‹, dass Jesus nicht an irgendeinem ganz normalen Wochentag hingerichtet wurde, sondern nach dem Zeugnis aller vier Evangelien und dem 1. Korintherbrief im Kontext eines Pessachfestes und eines Sabbats. Da das Pessachfest immer am ersten Frühjahrsvollmond gefeiert wird, besteht die Möglichkeit, durch astronomische und kalendarische Berechnungen relativ genau das gesuchte Jahr zu bestimmen. Voraussetzung ist allerdings, dass wir den (Wochen)Tag kennen, an dem das Fest damals stattfand. Entsprechend ergeben sich unterschiedliche Jahre, je nachdem ob Jesus am Rüsttag des Pessachfestes (14. Nisan) oder am Pessachfest selbst (15. Nisan) gestorben ist. Im ersten Fall (14. Nisan) kommen die Jahre 30 und 33 in Frage, im zweiten Fall (15. Nisan) die Jahre 27, 34 und evtl. 31. Da die johanneische Chronologie gegenüber der synoptischen die besseren Gründe hat, kommen nur die Jahre 30 und 33 in Frage, wobei die Forschungsmehrheit aus verschiedenen, hier nicht näher zu benennenden Gründen das Jahr 30 favorisiert.

Todesjahr

Zeitraum: Amtszeit des Pilatus (26–36 n.Chr.). Entsprechend dem möglichen Beginn (26 oder 29) und der kürzesten (1 Jahr) bzw. längsten Dauer des öffentlichen Wirkens Jesu (drei Jahre) ergibt sich eine Zeitspanne von etwa 27–34.

In den Jahren 30 und 33 war der 14. Nisan, der Rüsttag für das Pessachfest, ein Freitag.	In den Jahren 27 und 34 fiel der 15. Nisan auf einen Freitag. Möglich ist auch das Jahr 31.

Das Jahr *30 n. Chr.* hat als *Todesjahr* Jesu die größte Wahrscheinlichkeit für sich – andere Jahre sind aber nicht ausgeschlossen.

Literatur

Ebner, Martin, Jesus von Nazaret: was wir von ihm wissen können. Stuttgart: Kath. Bibelwerk 2007, 93–103. *(Frühere Ausgaben unter dem Titel: Ebner, Martin, Jesus von Nazareth in seiner Zeit. Sozialgeschichtliche Zugänge (SBS 196). 2., durchges. Auflage. Stuttgart: Kath. Bibelwerk 2004.)*

Theißen, Gerd / Merz, Annette, Der historische Jesus. Ein Lehrbuch. 3., durchges. und um Literaturnachtr. erg. Aufl. Göttingen: Vandenhoeck & Ruprecht 2001, 147–174.

4. Jüdisch-galiläische Kontexte

4.1 Jesus – ein Judäer aus Galiläa[1]

4.1.1 Christliche Probleme mit Jesu jüdischer Identität

Jahrhundertelang haben die Christen Jesus selbstverständlich als Gründer und Stifter einer gegenüber dem Judentum neuen Religion angesehen, nämlich ihrer eigenen, des Christentums. Dass Jesus aus dem Judentum stammte, blieb zwar in gewisser Weise präsent, doch dass er bis zu seinem Tod Jude war und zeitlebens zum Judentum gehörte, wurde ausgeblendet, negiert oder nicht ernst genommen. Selbst die historische Jesusforschung hat über 200 Jahre gebraucht, um Jesus dem Judentum wieder zurückzugeben, oder anders formuliert, zu erkennen, dass er nie etwas anderes war als ein galiläischer Jude des 1. Jh. n. Chr. Noch 1974 schrieb der Neutestamentler Ferdinand Hahn:

> An Jesu provokatorischem Verhalten am Sabbat, an seiner Ignorierung der rituellen Reinheitsforderungen, an seiner Haltung gegenüber den aufgrund von Gesetzesbestimmungen aus der Gemeinschaft ausgeschlossenen Kranken, an seiner Gemeinschaft mit denen, die das Gesetz nicht beachteten, zeigt sich, daß er nicht bereit war, als Jude jüdisch zu leben im Sinne des damaligen jüdischen Selbstverständnisses, gleich welcher Schattierung.[2]

Angesichts unserer bis heute lückenhaften Kenntnisse über *das* jüdische Selbstverständnis des 1. Jh. n. Chr., ist es schon erstaunlich, wie genau und umfassend Hahn glaubt, darüber Bescheid zu wissen. Noch erstaunlicher ist, dass er sogar weiß, dass Jesus als Jude nicht jüdisch leben wollte, uns aber eine Alternative vorenthält. Die Worte Hahns stehen beispielhaft für die Schwierigkeiten, die christliche Exegeten selbst bis vor kurzem noch mit der Zugehörigkeit Jesu zum Judentum hatten. Der Hauptgrund für diese Schwierigkeiten liegt nach Wolfgang Stegemann darin, dass die jüdische Identität Jesu den Christen die Einsicht abverlangt, dass der Gründer ihrer eigenen Religion bzw. ihr normativer Repräsentant bis zu seinem Tod einer anderen Religion angehörte, und zwar einer Religion, die schon sehr früh (ab dem 2. Jh.) aus christlicher Sicht als eine gegenüber dem Christentum inferiore Religion angesehen wurde. »In der Suche nach dem historischen Jesus war also die Wahrnehmung seiner jüdischen Identität mit der Infragestellung der eigenen religiösen *Über-legenheitsansprüche* (und natürlich zuvor der Aufgabe der antijüdischen Vorurteile) verbunden.« (Stegemann 180)

Erst mit den Theologinnen und Theologen der ›Third Quest‹ begann ein grundsätzliches Umdenken in der Jesusforschung (vgl. oben Kap. 1.4). Es wird nun nicht mehr nach seinem Verhältnis zum Judentum allgemein gefragt, sondern nach seiner Rolle und seiner Wirkung innerhalb des Judentums seiner Zeit und nach seinem Verhältnis zu verschiedenen jüdischen Gruppen und Institutionen. Damit wird nicht mehr die Differenz Jesu zum Judentum betont, sondern seine selbstverständliche Zugehörigkeit. Doch gibt es immer noch eine Tendenz pauschal zu qualifizieren und zu quantifizieren, z.B. Jesus als Juden zu bezeichnen, der am Rande des Judentums stand (J. P. Meier; G. Theißen), oder der ein inklusives und nicht exklusives Judentum repräsentierte (J. D. Crossan). Ich halte all diese Versuche mit Stegemann für unangebracht, da sie von objektiven Kriterien ausgehen, die wir nicht haben, z.B. wissen wir nicht, was das Zentrum oder das Selbstverständnis des antiken Judentums war. In den (synoptischen) Evangelien finden wir jedenfalls nichts, was die jüdische Identität Jesu in Frage stellen würde oder ihn und seine Gegner als bessere oder schlechtere Juden qualifiziert. Weil Jesus und seine Schülerinnen und Schüler so selbstverständlich Juden sind wie ihre Gegner, kommt es ja überhaupt zu Auseinandersetzungen über die richtige Form der Gesetzesauslegung (z.B. das Ährenraufen am Sabbat Mk 2,23–28).

4.1.2 Terminologische Probleme: Jesus – Jude, Judäer, Israelit, Galiläer?

Seit einiger Zeit wächst nicht nur in der Jesusforschung das Bewusstsein, dass das Judentum in der Antike anders wahrgenommen worden sein könnte als das Judentum heute. Das bezieht sich selbstverständlich nicht auf Einzelheiten, die sich natürlich im Laufe der Jahrhunderte verändert haben, sondern auf etwas viel Grundsätzlicheres, nämlich auf die Kategorisierung des Judentums als *Religion*. Ausgangspunkt ist eine Art Paradigmenwechsel in den Altertumswissenschaften, der besagt, dass es generell in der Antike keine eigene soziale Institution gegeben habe, die als ›Religion‹ im heutigen Sinn wahrgenommen wurde. Mehr noch, in den antiken Kulturen gab es noch nicht einmal ein Wort, das der heutigen Bedeutung des

Begriffs ›Religion‹ entsprach.[3] Stattdessen war ›Religion‹ ein Aspekt von Ethnizität, d.h. ›religiöse Praktiken‹ waren eingebunden in die zwei wichtigsten Institutionen der Antike: in Familie/Verwandtschaft und in den Staat bzw. in das Gemeinwesen.

Dementsprechend war auch das *antike Judentum* nicht eine Religion im heutigen Sinn, sondern ein *Ethnos*, ein Volk, das sich von anderen Völkern der Antike u.a. durch eine besondere Gottesverehrung auszeichnete. Diese neue Kategorisierung von Judentum macht auch verständlicher, warum bis heute noch Aspekte wie Land und Abstammung (z.B. dass Jude/Jüdin ist, wer von einer jüdischen Mutter geboren wurde) für das Judentum eine Rolle spielen. Dass das antike Judentum besser als Ethnos, denn als Religion verstanden werden sollte, zeigt sich auch an seinen Merkmalen, die als solche typisch für Ethnien, Völker bzw. Nationen sind und zum großen Teil auch bei Flavius Josephus genannt werden (Stegemann 224 f. u.ö.): gemeinsames Wohngebiet, gemeinsame Abstammung und Geschichte, gemeinsame Sprache, gemeinsame heilige Texte, gemeinsamer Tempel, gemeinsame Gesetze bzw. Verfassung, gemeinsame Sitten und Bräuche.

Auf dem Hintergrund dieser Überlegungen ist es für das Judentum der Zeit Jesu historisch angemessener, vom Volk der Judäer zu sprechen mit seinem geographischen Zentrum Judäa. In diesem Sinn war Jesus ein *Judäer*. Der Begriff ›Judäer‹ entspricht dem in antiken Texten, einschließlich des griechischen AT und des NT, vorkommenden Begriff ›ioudaios‹, der korrekt mit ›Judäer‹ übersetzt werden müsste und eben nicht wie in den meisten deutschsprachigen Übersetzungen des NT mit ›Jude‹. Allerdings besteht hierbei die Gefahr, dass die gerade mühsam erkannte Zugehörigkeit Jesu zum Judentum auf das antike Judentum begrenzt und die Beziehung Jesu zum heutigen Judentum wieder gekappt wird. Wie es aber trotz aller Diskontinuitäten eine Kontinuität zwischen dem antiken Volk der Judäer und dem heutigen Judentum gibt (ähnlich beim Christentum), so gibt es auch eine Kontinuität in der Zugehörigkeit Jesu zum heutigen Judentum. Trotzdem bleibt festzuhalten, dass ›Judäer‹ der historisch angemessenere Begriff für jüdische Menschen der Antike ist.

Von einigen Exegeten wird die Bezeichnung *Israelit* für Jesus und seine AnhängerInnen favorisiert mit der Begründung, dass der Begriff Judäa in der Antike ausschließlich eine Fremdbezeichnung für das jüdische Volk gewesen sei, während es sich selbst nur als Israel bezeichnet habe.[4] Ohne auf diese Argumentation näher eingehen zu können (dazu ausführlich Stegemann 193–198), ist für das NT selbst festzuhalten, dass der Begriff ›Israelit‹ in den Evangelien nur einmal in Joh 1,47 benutzt wird, während der Begriff ›Israel‹ tatsächlich relativ häufig vorkommt (Mt und Mk zwölfmal; Mk zweimal; Joh viermal). Im Unterschied zu ›Judäa‹ hat er aber selbst da, wo er sich auf ein geographisches Gebiet bezieht (z.B. Mt 2,20 f.), eine deutlich heilsgeschichtlich-religiöse Konnotation, keine politisch-ethnische Bedeutung. Daraus folgt, dass auch hier ›Judäer‹ der historisch angemessenere Begriff für jüdische Menschen in der Antike und damit auch für Jesus ist.

Einen weniger grundsätzlichen Eindruck macht die Bezeichnung Jesu als *Galiläer*. Der im NT nicht sehr häufig gebrauchte Begriff (Mk 14,70; Mt 26,69; Lk 13,1 f.; 22,59; 23,6; Joh 4,45; Apg 1,11; 2,7; 5,37) betont die regionale Herkunft und ist vor allem als innerjudäische Differenzierung zu verstehen, die auch mit einem bestimmten Dialekt verbunden war. Die Galiläer waren ebenso Judäer, wie die Westfalen oder die Rheinländer Deutsche sind. Entsprechend wird Jesus bei der Begegnung mit Menschen anderer Völker (z.B. von den Weisen in Mt 2,2 oder von Pilatus in Mk 15,2–5; Mt 27,11–14; Lk 23,2–5) als Judäer bezeichnet – wie die Westfalen und Rheinländer in Frankreich oder Italien als Deutsche –, während er innerjudäisch als Galiläer identifiziert wird.

4.2 Das Galiläa Jesu: Land, Geschichte, politisch-wirtschaftliche Situation

4.2.1 Land

Das Galiläa Jesu war ca. 1600 qkm groß (zum Vergleich: der Kreis Paderborn hat 1246 qkm; das kleinste Flächenbundesland Saarland 2500 qkm) mit einer Ausdehnung in Nord-Süd-Richtung von ca. 50–55 km und in West-Ost-Richtung von ca. 35–40 km.[5] Nach Josephus wurde es von Phönizien und Syrien eingeschlossen

> und hat nach Westen zu als Grenze die Stadt und den Bezirk Ptolemais sowie den Karmel, das Gebirge, das einst zu Galiläa gehörte, jetzt aber tyrisch ist. (...) Im Süden erstreckt sich das Gebiet von Samaria und Skythopolis bis zum Flusslauf des Jordan; nach Osten zu wird Galiläa durch die Bezirke Hippos, Gadara und der Gaulanitis begrenzt, (...) Die Nordgrenze Galiläas dagegen bilden Tyrus und das dazugehörige Gebiet. (Bell 3,33–38)

Nach Josephus gliedert sich Galiläa landschaftlich in zwei Teile: in das gebirgige und klimatisch rauere Obergaliläa im Norden (zw. 600 und 1200 m) und in das niedrigere Untergaliläa im Süden (zw. −200 und 600 m). Die um ca. 200 verfasste Mischna (mSchebi 9.2) unterscheidet als dritten Teil noch die Landschaft um den See Genezareth, die für Josephus zu Untergaliläa gehört. Nach Josephus ist ganz Galiläa äußerst fruchtbar (Bell 3,42–43), am fruchtbarsten war jedoch die Landschaft um den See mit fettem Boden und ausgeglichenem Klima, eine »Landschaft von wunderbarer Natur und Schönheit« (Bell 3,516). Diese Fruchtbarkeit des Landes erlaubte intensive Landwirtschaft und Viehhaltung, so dass die Gegend für antike Verhältnisse relativ dicht besiedelt war. Gerste und Weizen, Weintrauben und Oliven gediehen überall, Feigen nur in Untergaliläa und am See Genezareth wuchsen sogar Nussbäume und Palmen. Die meisten Menschen wohnten in kleinen Orten wie Nazaret mit kaum mehr als 400 Einwohnern, einige in Großdörfern wie Kafarnaum mit ca. 1000 Einwohnern und noch weniger in den beiden Städten Sepphoris/Zippori und Tiberias mit 8.000 und 12.000 Einwohnern.[6] Insgesamt lebten in Galiläa wohl etwa 150.000 bis 200.000 Menschen. Gegenüber Josephus, der sowieso ein Problem mit Zahlen hat und behauptet, dass selbst das kleinste Dorf mindestens 15.000 Einwohner zählte, sind die Archäologen in den letzten Jahrzehnten wesentlich vorsichtiger geworden. Bei 204 Orten, die Josephus in seiner Vita nennt, wäre das mindestens eine Bevölkerungszahl von etwa drei Millionen gewesen.

4.2.2 Geschichte Galiläas bis 63 v. Chr.: Galiläa, Land der Heiden (Mt 4,14)?

Bis in allerjüngster Zeit verteidigten selbst ernstzunehmende Exegeten die Vorstellung eines gegenüber Judäa stark hellenisierten, von einer »jüdisch-nichtjüdischen Mischbevölkerung«[7] bewohnten Galiläas. Unmittelbar damit verbunden ist die Annahme, dass Galiläer und Galiläerinnen sich durch eine laxere religiöse Observanz auszeichneten und sich überhaupt weniger im Gesetz auskannten.[8] Zu den milderen Vorurteilen gehören ihre gegenüber Judäa höhere wirtschaftliche Potenz oder ihr auf Grund des milderen Klimas heiterer Charakter. Das so gezeichnete, von Judäa stark unterschiedene Galiläa dient in der Regel als Rechtfertigung, um den Galiläer Jesus als einen besonders unorthodoxen, nichtnationalistisch eingestellten Juden darstellen zu können, in dessen Begegnung mit den zahlreichen HeidInnen in Galiläa (historisch wahrscheinlich ist aber höchstens die Begegnung Jesu mit dem Hauptmann von Kafarnaum Mt 8,5–13 par Lk 7,1–10) die frühchristliche Heidenmission wurzele. Eine wichtige Rolle in der beschriebenen Wahrnehmung Galiläas spielt die Wendung »Galiläa der Heiden« in Mt 4,14. Mit diesem Zitat aus Jes 8,23 kennzeichnete der Evangelist jedoch nicht die historische Situation im Galiläa der Zeit Jesu, sondern er wollte die christliche Heidenmission legitimieren, indem er sie auf Jesu Hinwendung zu den Heiden selbst zurückführte. Müsste also schon die redaktionelle Herkunft des Jesajazitates zu Vorsicht bei seiner historisierenden Interpretation anhalten, so umso mehr die Berücksichtigung der Ergebnisse der archäologischen Ausgrabungen in Galiläa in den letzten Jahrzehnten. Sie widersprechen nämlich deutlich den am Jesajazitat orientierten gängigen Vorstellungen vom frührömischen Galiläa.

Jes 8,23 bezieht sich auf die Situation Galiläas während und nach der *Eroberung des Nordreiches durch die Assyrer in den Jahren 733/22 v. Chr.* Nach 2 Kön 15,29 wurde damals ein Großteil der in den Kriegswirren noch übrig gebliebenen Bevölkerung von den Assyrern deportiert, ohne dass jedoch – im Unterschied zu Samarien – Bürger aus anderen Gebieten Assurs angesiedelt worden wären. Jüngste archäologische Grabungen haben diese Informationen mehr als bestätigt: absolut jeder ausgegrabene Ort aus dieser Zeit war zerstört oder verlassen worden. Nach Jonathan L. Reed[9] gibt es keinen einzigen Hinweis auf eine eingeborene Bevölkerung nach 733/22 v. Chr., wie immer wieder von verschiedenen Forschern behauptet wurde. Entsprechend blieb Galiläa in den folgenden Jahrhunderten ein sehr spärlich besiedeltes Land. Erst ab persischer Zeit (538–332 v. Chr.) ist für Obergaliläa das Eindringen phönizischer und ituräischer Siedler archäologisch nachzuweisen, in hellenistischer Zeit (ab 332 v. Chr. bis ca. 164 v. Chr.) dann die Neugründung einer Reihe von hellenistischen Städten an den Grenzen Galiläas (z.B. Ptolemais an der Mittelmeerküste und Skythopolis südlich des Sees Genezaret). In diesen Städten und ihrer Umgebung siedelten sich auch Juden an.

Die Situation änderte sich den archäologischen Funden nach schlagartig am *Ende des 2. Jh. v. Chr.* In Folge der hasmonäischen Eroberung Galiläas durch Aristobul I. (104–103 v. Chr.) kam es zu einer plötzlichen Zunahme von neuen Siedlungen im galiläischen Kernland, deren enge Verbindung zu Judäa und Jerusalem durch zahlreiche Funde überall in Galiläa bestätigt wurde. Nicht nur hasmonäische Münzen, judäische Architektur und Töpferware weisen auf eine Besiedlung Galiläas durch Judäer und Judäerinnen hin, sondern auch Kalksteingefäße (weil Stein nicht unrein werden kann), jüdische Ritualbäder (Mikwen), Bestattungspraktiken (z.b. Ossuare – Knochenkisten für die Zweitbestattung) und schließlich fehlende Schweineknochen, alles deutliche Indikatoren für jüdische Identität.[10] Auf der anderen Seite werden z.b. Orte, wo vorher »Fremdstämmige« lebten, verlassen und das Vorkommen von phönizischen Münzen bricht plötzlich ab.

Diese Beobachtungen werden von Archäologen wie Reed heute so interpretiert, dass sich mit der hasmonäischen Präsenz in Galiläa bisherige heidnische Bewohner Galiläas in ihre angestammten Wohngebiete zurückzogen oder sich wie die Ituräer beschneiden ließen (Josephus, Ant 13,318 f./13,11.3), während umgekehrt Siedler und Siedlerinnen aus Judäa in das Gebiet einströmten. *Galiläa war von nun an judäisch.* Auch die Römer sahen dies so, als sie 63 v. Chr. Palästina unterwarfen und das Gebiet neu ordneten. Pompejus trennte alle nicht-judäischen, bisher zum hasmonäischen Reich gehörenden Gebiete ab, so dass als judäisches Kerngebiet nur noch Judäa, Galiläa und Peräa übrig blieben. Bestätigt wird die Jüdischkeit Galiläas schließlich durch die Tatsache, dass Herodes der Große (37–4 v. Chr.) überall in Palästina eine exzessive, an hellenistischen Vorstellungen orientierte Bautätigkeit entfaltete, selbst in Jerusalem, nicht aber auf dem judäischen Land und in Galiläa.

4.2.3 Hellenistische Inkulturation?

Die *hellenistische Inkulturation Galiläas* wird von ihren Vertretern besonders mit den Städten Sepphoris (hebr. Zippori) und Tiberias verbunden. So beschreibt Rudolf Hoppe Sepphoris/Zippori als »durch und durch hellenistisch geprägt, eine Stadt der Begegnung von Judentum und Hellenismus«[11]. Ganz anders sehen das führende biblische Archäologen wie Jonathan Reed, Eric M. Meyers oder Sean Freyne, auf deren Ergebnisse ich mich im Folgenden beziehe.[12]

Sepphoris/Zippori liegt ca. 6–8 km nördlich von Nazaret und war in römischer Zeit die Hauptstadt Galiläas. Nach der – archäologisch allerdings nur z.T. nachgewiesenen – Zerstörung durch Quinctilius Varus 4 v. Chr. baute Herodes Antipas die Stadt wieder auf. Dort residierte er auch, bis er zwischen 17–22 n. Chr. *Tiberias* am See Genezaret erbaute und dorthin seine Residenz verlegte.

Beide Städte waren nun aber nicht mit den hellenistischen Städten der Umgebung zu vergleichen (wie Skythopolis oder Gadara), weder in der Einwohnerzahl (s.o. 4.2.1), noch im Bauprogramm oder in ihrer Bedeutung für die umliegenden Gebiete. Es waren keine unabhängigen hellenistischen Städte (Fachwort: poleis[13]), sondern bloße Verwaltungsstädte. Ihr provinzieller jüdischer Charakter ist auch daran zu erkennen, dass ihnen die typischen Merkmale hellenistischer Städte fehlten: kein Tempel, kein Gymnasium, keine Statuen etc. Vermutlich hatte die Stadt zur Zeit Jesu auch noch kein Theater, was aber umstritten ist. Für Sepphoris/Zippori gilt darüber hinaus wie für Galiläa insgesamt: es gibt keine Hinweise für eine größere Anzahl von nichtjüdischen Bewohnern, dagegen umso mehr Hinweise auf die jüdische Identität selbst ihrer wohlhabenderen Bewohner: Kalksteingefäße, Mikwen in jedem größeren Haus, jüdische Begräbnispraktiken und das Fehlen von Schweineknochen (s.o. 4.2.2). Etwas anders sah es in Tiberias aus, das von Herodes Antipas auf einem jüdischen Friedhof erbaut wurde. Hier wohnten nachweislich auch Menschen heidnischer Herkunft, u.a. Syrer, die in Antipas' Heer dienten.[14] Doch trotz einer ansatzhaft hellenistischen Hofhaltung des Antipas nahm der Tetrarch Rücksicht auf die Empfindlichkeiten seiner Untertanen und ließ z.b. keine Münzen mit seinem Bildnis prägen, wie es sonst in der hellenistischen Welt üblich war. Insgesamt ist davon auszugehen, dass die politische Insellage Galiläas, ohne direkte Verbindung zum judäischen Mutterland, zu einer starken Betonung der jüdischen Identität und einer partiellen Abschottung gegenüber der hellenistischen Umgebung führte.

Auf diesem Hintergrund ist es kaum vorstellbar, dass Jesus in Galiläa kynisch-heidnischen Wanderpredigern begegnet ist, oder dass gar angesichts eines vermuteten städtischen Umfelds in Untergaliläa kynische Lebensart und Philosophie »jüdische Gelehrsamkeit und Frömmigkeit ersetzt haben könnte.«[15]

4.2.4 Die wirtschaftliche Situation im Galiläa Jesu

Wie alle Gesellschaften des Mittelmeerraums waren Galiläa und Judäa *entwickelte Agrargesellschaften*. Ihr ökonomisches Rückgrat war die Landwirtschaft, von der die überwiegende Mehrheit der Bevölkerung lebte. Das galt auch für das fruchtbare Galiläa. Neben wenigen Großgrundbesitzern, die in der Regel in der Stadt wohnten, manche auch im Ausland[16], gab es eine Vielzahl von *Kleinbauern*, die sich und ihre Familien kaum von ihrem Ackerland ernähren konnten. So besaßen zwei Enkel des Jesusbruders Judas gegen Ende des 1. Jh. gerade mal je 5 ha Land.[17] Jonathan Reed geht davon aus, dass von 1 ha bebautem Acker zwei Personen mit Getreide versorgt werden konnten, so dass für eine antike Großfamilie, wie es die Familie Jesu mit mindestens neun Personen war, 5 ha gerade ausreichten. Wahrscheinlich wurde jedoch auf diesen 5 ha nicht nur Getreide angebaut, sondern es gab auch einen Olivenbaum und ein paar Weinstöcke. Entsprechend waren viele Bauern darauf angewiesen, Felder und Weinberge von Großgrundbesitzern dazu zu pachten (vgl. das Gleichnis von den bösen Winzern in Mk 12,1–12). Stegemann (254) vermutet sogar mit Verweis auf das Gleichnis von den Arbeitern im Weinberg (Mt 20,1–16), dass Kleinbauern sich während der Erntezeit als Tagelöhner bei Großgrundbesitzern verdingten. War diese Situation schon an sich prekär, weil durch Missernten, Krankheit oder Tod des Haupternährers etc. die Familie schnell in die Schuldenfalle geraten konnte, trug die hohe Abgabenlast noch zusätzlich zur Existenznot bei. Ca. 15% des Einkommens entfielen auf die religiösen Abgaben (Tempelsteuer, Zehnter), während die direkten Steuern, die Kopf- und die Bodenertragssteuer, die als Tribut an Rom weitergegeben werden mussten, ca. 12,5% des Einkommens ausmachten. Allerdings war der finanzielle Spielraum für den Landesfürsten ziemlich groß, wie das Beispiel Herodes des Großen zeigt, der zweimal die Bodenertragssteuer reduzierte (einmal um ein Drittel; Ant 15,365/15,10.4; das zweite Mal um ein Viertel; Ant 16,64 bzw. 16,2.5). Nicht zu unterschätzen sind schließlich auch die hohen indirekten Steuern (Markt- bzw. Umsatzsteuer, Salzsteuer, Kranzsteuer, Wege- und Brückenzölle), die allein dem Landesfürsten zu Gute kamen. Der genaue Prozentsatz der Abgabenlast ist nicht bekannt, doch wird er bei mindestens 30% gelegen haben.[18]

In einer ähnlichen Situation wie die Kleinbauern befanden sich auch die *Fischer* am See Genezareth. Die Fischerei und die Fisch verarbeitende Industrie waren neben der Landwirtschaft das zweite wirtschaftliche Standbein Galiläas und für Herodes Antipas und seine Steuerpächter ein lukratives Geschäft. Die berühmte Fischpaste aus Magdala (griech. Tarichäa) wurde bis nach Rom exportiert. Doch die Fischer und die Arbeiter in der Fischindustrie spürten in der Regel nur wenig vom wirtschaftlichen Erfolg. Stattdessen mussten die Fischer neben den üblichen Abgaben zusätzlich teure Lizenzen für die Fangrechte erwerben, die an manchen Orten regelmäßig kontrolliert wurden. Es gab zwar einige Fischer, die Tagelöhner beschäftigten (vgl. Mk 1,20), um die nötige Bootsbesatzung zusammen zu bekommen, doch viele andere waren auf familiäre oder nachbarschaftliche Hilfe angewiesen. Wie sehr die Fischer sparen mussten, zeigt ein 1986 im See gefundenes Fischerboot aus dem 1. Jh., das zwar gut verarbeitet ist, aber aus vielen verschiedenen, teilweise minderwertigen Hölzern zusammengebaut und mit Holz aus älteren Booten repariert wurde. Auch die sehr beengte Wohnsituation in Kafarnaum weist auf armselige Verhältnisse hin.

Trotz der für die Mehrheit der galiläischen Bevölkerung bedrückenden wirtschaftlichen Situation war die Aufstandsneigung im ersten Drittel des 1. Jh. n. Chr. gering. Dagegen sprechen auch nicht die Aufstände, die zwischen 4 v. und 66 n. Chr. von galiläischen Juden initiiert wurden. Abgesehen davon, dass dabei jeweils Personen aus derselben Familie eine führende Rolle spielten, sind uns gerade für die Zeit Jesu keine Aufstände überliefert. Die Situation in Galiläa scheint sogar noch etwas entspannter gewesen zu sein als in Judäa, wohl auch, weil im Unterschied zu Judäa die Römer in Galiläa mit seinem Herrscher Herodes Antipas militärisch nicht präsent waren.

4.3 Jüdische Gruppenbildung in Judäa und Galiläa

Im Judentum zur Zeit Jesu gab es eine Vielzahl von Gruppen und Bewegungen, die sich durch Herkunft, Interessen und Einstellungen stark unterschieden. Verbunden waren sie jedoch untereinander und mit der Mehrheit der Bevölkerung, die keiner bestimmten Gruppe angehörte, durch ihre Identität als Ethnos, als jüdisches Volk (s.o. 4.1), dessen typische Merkmale mehr oder weniger von allen Gruppen geteilt wurden. Zu diesen Merkmalen gehörten nicht nur gemeinsame Abstammung, gemeinsames Wohngebiet, gemeinsame Sprache und gemeinsame heilige Texte mit dem Gründungsmythos des Volkes, wie er in der Tora und den vorderen Prophetenbüchern Josua und Richter niedergelegt ist, sondern in besonderer Weise die Verehrung des Einen Gottes JHWH, der sein Volk erwählt und ihm das Land Israel als Erbe zugewiesen hat. Eng mit dem Monotheismus verbunden war die ebenfalls für die Antike ungewöhnliche Bilderlosigkeit des JHWH-Kultes sowie seine Beschränkung auf ein einziges zentrales Heiligtum, den Tempel in der Stadt Jerusalem. Alle Gruppen bezogen sich schließlich auf die Tora, die mindestens seit persischer Zeit (ab 538 v. Chr.) nicht nur als heiliger Text, sondern auch als gemeinsame Verfassung des jüdischen Gemeinwesens angesehen wurde. Sie war der Maßstab für ein gelingendes Leben des Volkes mit seinem Gott und die Wurzel für typisch jüdische Sitten und Bräuche: z.b. die Beschneidung der Männer, die Einhaltung des Sabbat sowie diverser Speise- und Reinheitsvorschriften. Gemeinsam war den Mitgliedern des judäischen Volkes auch eine eigene Geschichte bis hin zu dem im 1. Jh. noch nicht lange zurückliegenden Kampf um die eigene Identität gegen die seleukidische Religionspolitik (167–164 v. Chr.).

Bei den jüdischen Gruppen im 1. Jh. unterscheiden wir zwischen *zwei Typen*: (1) den Gruppen priesterlichen Ursprungs und (2) den so genannten Erneuerungsbewegungen oder religionspolitischen Gruppen, die sich noch einmal in ältere und jüngere Erneuerungsbewegungen aufteilen lassen. Im Unterschied zu den Gruppen priesterlichen Ursprungs waren die religionspolitischen Gruppen freie Zusammenschlüsse Gleichgesinnter, so dass Personen, die zum ersten Gruppentyp gehörten, auch Mitglieder in Gruppen des zweiten Typs sein konnten.

4.3.1 Priester und Leviten

Priester und Leviten zeichneten sich dadurch aus, dass sie primär Dienst im Jerusalemer Tempel verrichteten und aufgrund ihrer Abstammung jeweils eine geschlossene Gruppe bildeten. Nur ein Mann, der aus einer Priester- oder Levitenfamilie stammte, durfte auch Priester- oder Levitendienst verrichten. Die *Leviten* leiteten sich vom Stamm Levi ab, die *Priester* von Aaron, dem Bruder und Begleiter des Mose. Da Mose nach Ex 2,1 aus einer levitischen Familie stammte, gehörten die Priester als Nachfolger Aarons ebenfalls zum Stamm Levi, unterschieden sich aber von den Leviten dadurch, dass nur sie den eigentlichen Altardienst verrichten und damit die Opferhandlungen im Jerusalemer Tempel durchführen durften. Die Leviten waren ihnen nachgeordnet und verrichteten Hilfsdienste, zu denen u.a. Dienste als Türwächter, Musiker und Sänger gehörten. Leviten waren aber auch in allen Bereichen der Tempelverwaltung tätig, nicht zuletzt im Bildungswesen.

Innerhalb des judäischen Volkes waren die Priester die privilegierteste Gruppe, dicht gefolgt von den Leviten. Denn selbst diejenigen, die nur geringen oder keinen Grundbesitz hatten, waren auch in schlechten Zeiten wirtschaftlich relativ gut versorgt, da sie nicht nur einen Teil der Tempelsteuer erhielten, sondern auch Teile der

Tier- und Speiseopfer, die Erstlinge der Tiere und Früchte usw. Trotzdem gab es nicht unbeträchtliche Besitzunterschiede und damit auch Unterschiede, was den politischen Einfluss betraf. Auf der einen Seite standen priesterliche Familien, die die einflussreichsten und einträglichsten Positionen in Erbfolge besetzt hielten, insbesondere das Hohepriesteramt, auf der anderen Seite Priesterfamilien der unteren Dienstklassen sowie Leviten, die wirtschaftlich weniger zu verlieren hatten und politisch deshalb oft radikaler waren. So wurde die makkabäische Bewegung von einer ländlichen Priesterfamilie angeführt, und auch Eleazar ben Simon gehört hierher, der im ersten jüdischen Krieg durchsetzte, dass der Hohepriester durch Los bestimmt wurde.

In den Evangelien werden beide Gruppen nur selten erwähnt (sechsmal ›Priester‹; zweimal ›Levit‹ mit Lk 10,30–35 als prominentestem Beispiel), einzig der Hohepriester spielt in der Passionserzählung eine bedeutendere Rolle. Häufiger kommt die Gruppe der *Schriftgelehrten* vor, die zur Zeit Jesu noch vornehmlich aus Priestern und Leviten bestand, obwohl auch schon vereinzelt pharisäische Laien als Schriftgelehrte wirkten. Zu ihren Aufgaben gehörten neben der Unterweisung in der Tora die theoretische Weiterbildung des Rechts und je nach politischen Verhältnissen die Rechtsprechung, besonders außerhalb Jerusalems. In den Evangelien werden verschiedene Differenzierungen zwischen Schriftgelehrten vorgenommen. So gibt es neben Schriftgelehrten ohne bestimmte Gruppenbindung auch Schriftgelehrte der Pharisäer (Mk 2,16) und neben galiläischen Schriftgelehrten solche aus Jerusalem (z.B. Mk 3,22 ff.). Letztere stehen Jesus immer feindlich gegenüber, was die Passionstradition stark unterstreicht, in der sie fester Bestandteil der Gegner Jesu sind. Schließlich gibt es neben Jesus feindlich gesonnenen Schriftgelehrten auch Sympathisanten wie z.B. in Mk 12,28–34 par.

4.3.2 Die älteren religionspolitischen Gruppen

Zu den älteren religionspolitischen Gruppen gehören die Sadduzäer, Essener und Pharisäer, die in unterschiedlichen antiken Quellen erwähnt werden. Am ausführlichsten berichtet Flavius Josephus über sie. Er bezeichnet sie zum einen als »Parteien«, zum anderen als »philosophische Schulen«, letzteres wohl nicht nur als Zugeständnis an seine heidnischen Adressaten, sondern auch um deutlich zu machen, dass es diesen Gruppierungen nicht nur um politische Interessenvertretung ging, sondern auch um eine gemeinsame Lehre und Praxis. Ihre Anfänge reichen alle in die Zeit des hasmonäischen Königtums zurück (Ende 2. Jh. v. Chr.).

Nach den Evangelien hatte Jesus in Galiläa vor allem Kontakt mit *Pharisäern*, während die *Sadduzäer* ihm wohl nur in Jerusalem begegnet sind (Mk 12,18–27 par). Dagegen spricht auch nicht die Begegnung Jesu mit Pharisäern und Sadduzäern in Mt 16,1–4, die schon auf Grund der Verknüpfung von Pharisäern und Sadduzäern (vgl. auch Mt 16,5–12) auf das Konto des Evangelisten gehen dürfte und die Situation Ende des 1. Jh. widerspiegelt. Von allen jüdischen Gruppen waren sie am ehesten für seinen Tod mitverantwortlich. Die *Essener*, obwohl bei Josephus am ausführlichsten vorgestellt (vgl. Bell 2,119–161), kommen weder in den Evangelien, noch in anderen neutestamentlichen Schriften vor. Aus diesem Grund werden sie im Folgenden nicht eigens vorgestellt, zumal die noch bis vor kurzem vertretene Hypothese von der essenischen Identität der Siedlung Qumran am Toten Meer und der in den umliegenden Höhlen gefundenen Handschriften ins Wanken geraten ist.

Die in ihren religiösen und politischen Ansichten konservativste Gruppe waren die *Sadduzäer*. Ein großer Teil von ihnen gehörte dem Jerusalemer Priesteradel an, aus dem zur Zeit Jesu vier Familien immer wieder den Hohenpriester stellten. Von allen Gruppen vertraten sie am stärksten Oberschichtsinteressen und waren mit ihrem großen politischen Einfluss um ein gutes Verhältnis zur römischen Besatzungsmacht bemüht. Als Repräsentanten des Tempels und seiner Ordnung und aufgrund ihrer Herkunft waren sie am wenigsten zugänglich für Neuerungen. So akzeptierten sie nur die schriftliche Tora und lehnten im Unterschied zu den Pharisäern deren aktualisierende mündliche Auslegung ab. Weder glaubten sie an eine Auferstehung der Toten (vgl. Mk 12,18–27) noch an ein Endgericht, in dem die Taten der Menschen vergolten werden.

Gegenüber den vom Priesteradel dominierten Sadduzäern waren die *Pharisäer* als eine Laienbewegung mit nur einzelnen Priestern als Mitgliedern geradezu ungewöhnlich offen. Sie selbst verstanden sich als »die genau Unterscheidenden«, und tatsächlich wird ihre Genauigkeit sowohl bei Josephus als auch bei Matthäus besonders herausgestellt. Akribisch beachteten sie die Reinheits- und Speisegebote, das Sabbatgebot sowie die Verzehntung selbst der unscheinbarsten agrarischen Produkte (vgl. Mt 23). Ziel war die Heiligung des ganzen Volkes und seines Alltags, was dadurch erreicht werden

sollte, dass das Volk die ganze Tora bewahrte, einschließlich der
Reinheitsgebote, die vorher nur Priester und Leviten einhalten mussten. Voraussetzung für die Umsetzung dieses Programms war die
Alphabetisierung breiter Volksschichten. Die Pharisäer bemühten
sich daher als einzige Gruppierung um eine breite Volksbildung. Ihre
theologische Position legitimierten sie mit Hilfe der mündlichen
Überlieferung, die sie gleichwertig neben die schriftliche Tora stellten. Ihre Versuche, das ganze Volk anzusprechen und als Anhänger
zu gewinnen, lassen trotz der Unterschiede eine gewisse Nähe zu
Jesus und den frühen Christen erkennen. Ähnlich wie diese vertraten
auch die Pharisäer die Vorstellung von der Auferstehung der Toten,
und die Vorstellung vom Zusammenwirken von Gott/Schicksal und
Mensch in der Welt (Ant 18,11–15/18,1.3) findet sich auch in Jesu
Gleichnissen (vgl. Mk 4,1–32). Auf Grund dieser Nähe zwischen
Jesusbewegung und Pharisäern und der damit verbundenen Konkurrenz erstaunt es wenig, dass sich Jesus in den Evangelien vor allem
mit den Pharisäern auseinandersetzt. Zu berücksichtigen ist jedoch,
dass die z.T. sehr negative Zeichnung der Pharisäer bei Mt und Joh
nicht die historische Situation zur Zeit Jesu widerspiegelt, sondern
die Konflikte zwischen Christen und Synagogengemeinden am Ende
des 1. Jh. in die Zeit Jesu zurückprojiziert.

4.3.3 Die jüngeren Erneuerungsbewegungen

Nach dem Tod von Herodes dem Großen (4 v. Chr.) und zum Teil als
Reaktion auf die desolate sozioökonomische und religiös-politische
Lage entstanden immer wieder neue, zum Teil jedoch nur kurzfristi-
ge Bewegungen und Gruppen. Zu unterscheiden sind prophetisch-
charismatische Bewegungen und religiös-politische Widerstands-
und Aufstandsgruppen.

Zu den *prophetisch-charismatischen Bewegungen* zählten die
Gruppe um Johannes den Täufer und die *Jesusbewegung*. Ihnen
folgten eine ganze Reihe weiterer *prophetischer Gestalten*, von denen einige durch die Weissagung spektakulärer heilsgeschichtlicher
Zeichen kurzfristig eine große Schar von AnhängerInnen um sich
sammelten.[19] So prophezeite z.B. ein gewisser Theudas, dass er
durch sein Wort den Jordan teilen werde, so dass alle, die ihm folgten, trockenen Fußes hindurch gehen könnten. Eine große Menschenmenge schloss sich ihm daraufhin an. Doch bevor sie den Jordan erreicht hatten, wurden sie von Soldaten des Prokurators

Cuspius Fadus (44–46 n. Chr.) brutal niedergemacht und Theudas wurde gefangengenommen und enthauptet (Ant 20,97–99/20,5.1).

Zu den *religiös-politischen Widerstands- und Aufstandsgruppen* gehörten an erster Stelle die *Zeloten*, deren Name (›Zelot‹ = Eiferer) auf ihr Vorbild, den Priester Pinchas aus Num 25,6–13, zurückweist. Unklar ist, ob sich diese Gruppen erst mit Beginn des jüdischen Aufstandes gegen Rom formierten oder ob sie ihren Ursprung in der von Josephus »vierte Philosophie« genannten Gruppe um Judas Galilaios hatten (Ant 18,23/18,1.6), die für die Aufstände 4 v. Chr. und 6 n. Chr. verantwortlich war. Immerhin kennen die synoptischen Evangelien im Kreis der Zwölf einen »Simon, den Eiferer« (Lk 6,15 par). Auch Paulus bezeichnet sich im Rückblick auf die Zeit seiner ›Christenverfolgung‹ als Zelot/Eiferer (Gal 1,14; vgl. a. Phil 3,6), jedoch ohne dass die Zugehörigkeit zu einer zelotischen Gruppe erkennbar wäre. Dagegen bestätigt er als früherer Pharisäer die auch aus dem Josephustext erschließbare Affinität zwischen Zeloten und Pharisäern. Die Zeloten erhofften den Anbruch der Alleinherrschaft Gottes (Theokratie) und der damit verbundenen absoluten Geltung der Tora einschließlich ihrer Sozialgesetzgebung, waren aber der Ansicht, dass der Mensch verpflichtet sei, aktiv, das heißt auch bewaffnet, bei ihrer Durchsetzung mitzuwirken. Eine entsprechende Rolle spielten sie daher im Jüdischen Krieg gegen Rom. In engem Zusammenhang mit zelotischen Aktivitäten nach dem Tod des Herodes und während des jüdischen Krieges sind schließlich so genannte *Messiasgestalten bzw. Königsprätendenten* wie Simon bar Giora oder Menachem zu sehen, die mit ihren Anhängern gewaltsam gegen die römische Herrschaft kämpften, um Israel von den Römern zu befreien.

Sowohl die prophetischen Gestalten als auch die zelotischen Gruppen, insbesondere die Messiasgestalten bzw. Königsprätendenten vermitteln einen Eindruck davon, wie Jesus von außen wahrgenommen worden sein könnte, welche Hoffnungen er bei seinen AnhängerInnen auslöste und welche Befürchtungen bei denjenigen, die die Aufrechterhaltung des Status quo als ihre Aufgabe ansahen. Gut vorstellbar ist zudem, dass die Welle der Erwartungen über seine deutliche Distanzierung von Gewaltanwendung und Wiedervergeltung einfach hinwegrollte (vgl. Kap. 9.3).

Literatur

Maier, Johann, Zwischen den Testamenten. Geschichte und Religion in der Zeit des 2. Tempels (NEB.AT 3). Würzburg: Echter 1990, 249–284. *(Ein, bis auf die Darstellung von Essenern und Qumrangemeinde, immer noch aktueller Überblick über die verschiedenen Gruppen im Judentum des 1. Jh.)*

Stegemann, Wolfgang, Jesus und seine Zeit (Biblische Enzyklopädie 10). Stuttgart: Kohlhammer 2010, 153–262. *(Nicht leicht zu lesen, aber mit weiterführenden intensiven Ausführungen zu den unter 4.1 und 4.2 behandelten Themen.)*

5. Jesus und Johannes der Täufer

Der Einfluss Johannes des Täufers auf Jesus von Nazaret ist nicht zu unterschätzen. Jesus hat sich nicht nur seiner Umkehrtaufe unterzogen, sondern hat auch wesentliche Züge der Umkehrpredigt des Johannes in die eigene Verkündigung integriert, so dass mit Fug und Recht davon ausgegangen werden muss, dass er zunächst ein Schüler des Täufers war, bevor er seine eigene Berufung als Verkünder und Bevollmächtigter der Königsherrschaft Gottes und als Sammler ganz Israels erkannte.

Auch noch das frühe Christentum ist sich der besonderen Rolle des Täufers bewusst, denn in den Evangelien ist er neben dem JüngerInnenkreis Jesu und den Personen der Passionserzählung die Gestalt, die am häufigsten erwähnt wird und auf die sich Jesus am meisten bezieht. Entsprechend kommt er in allen Überlieferungsschichten vor, im Mk (z.B. 1,1–11.14; 2,18; 6,14–29) und seinen synoptischen Seitenreferenten Mt und Lk, in der Logienquelle (z.B. QLk 3,7–9.16b–17 par), im lukanischen Sondergut (z.B. Lk 1,5–25.57–80) und im Joh (z.B. 3,23–36), bis hin zur Apg (1,5.22). Trotz unterschiedlicher, teilweise widersprüchlicher Täuferbilder stimmen die neutestamentlichen Täufertexte jedoch darin überein, dass sie am Täufer nur im Zusammenhang mit Jesus interessiert sind und wie selbstverständlich von der Überlegenheit Jesu ausgehen. Von dieser Tendenz ist der Bericht des Flavius Josephus gänzlich frei (Ant 18,116–119/18,5.2), er ist aber ebenfalls interessengeleitet, da sich Josephus an den Wertvorstellungen und Erwartungen seines hellenistisch-römischen Publikums orientiert und die eschatologische Umkehr- und Gerichtspredigt des Johannes vollständig ausblendet. Für beide Quellengruppen ist daher gleichermaßen Vorsicht bei der unbedarften Übernahme der berichteten Ereignisse als historische Tatsachen geboten.

5.1 Biographische Eckdaten Johannes des Täufers

5.1.1 Herkunft aus einem Priestergeschlecht?

Der einzige Text, der uns Auskunft über die Herkunft Johannes des Täufers gibt, ist die Geburtslegende in Lk 1,5–25.57–80, in der alttestamentliche Motive auf die wunderbare Geburt des Täufers und ihre Ankündigung übertragen werden. Im lukanischen Kontext wird sie zudem mit der noch wunderbareren Geburt Jesu parallelisiert, so dass sie historisch nicht auszuwerten ist. Dies gilt dann selbstredend auch für die postulierte verwandtschaftliche Beziehung zwischen Jesus und Johannes. Gleiches trifft auf die Angaben zum Geburtsdatum (1,8: »unter Herodes, dem König von Judäa«) und zum Wohnort der Eltern (1,39: »eine Stadt im Bergland von Judäa«) zu. Dagegen wird die Herkunft des Johannes aus einem Priestergeschlecht allgemein als historisch zuverlässig (Lk 1,5) angesehen, da die Taufe zur Sündenvergebung eine bewusste Distanz zu den Sühne- und Reinigungsriten des Tempels zeige. Es wird dabei jedoch zu wenig beachtet, dass Sündenvergebung im Judentum des zweiten Tempels nicht ausschließlich an den Tempel gebunden war (vgl. z.B. schon Sir 3,30; 28,2) und daher eine zu starke Entgegensetzung von Tempelkult und Johannestaufe nicht angemessen erscheint (Genaueres unter 5.2). Für eine priesterliche Herkunft könnte aber die Mittlerfunktion des Johannes bei der Wassertaufe sprechen, ebenso wie seine Schriftkenntnis.

5.1.2 Ein Wüstenheiliger am Jordan: Wirkungsort und Selbststilisierung als Elija

Alle Evangelien stimmen darin überein, dass Johannes am Jordan oder an einem seiner Nebenbäche getauft hat (Karte im Anhang). Nach Joh 1,28 handelte es sich um Bethanien, jenseits des Jordan.[1] Die Wendung »jenseits des Jordan« weist auf das östliche Jordanufer hin, das zu Peräa gehörte, dem Herrschaftsgebiet des Herodes Antipas. Josephus bestätigt diesen Wirkungsraum, wenn er die Gefangenschaft und Enthauptung des Johannes in der Herodesfestung Machärus lokalisiert, die an der Ostseite des Toten Meeres liegt. Hätte Johannes auf der westlichen Seite des Jordan getauft, hätte Herodes keinen Zugriff auf ihn gehabt. Noch etwas genauer einzugrenzen ist die Taufstelle, wenn wir den in Mk 1,5 genannten Einflussbereich, Judäa und Jerusalem, einbeziehen. Mk sowie Josephus sprechen von Menschenmassen, die zu Johannes hinauszogen. Auch wenn beide Autoren etwas übertrieben haben dürften, entsprach ein solcher Zulauf zum Täufer wohl auch dessen eigenem Interesse, möglichst viele Menschen zur Umkehrtaufe zu bewegen und damit vor dem unmittelbar erwarteten Endgericht zu retten (s. dazu 5.2.2). Unter diesen Umständen musste der Taufort in einer Gegend liegen,

die von Jerusalem und den bewohnten Gegenden Judäas relativ gut
zu erreichen war. In Frage kommt hier besonders der Jordanüber-
gang südlich von Jericho, kurz vor der Mündung des Flusses ins Tote
Meer, wo die Straße von Jerusalem und Jericho den Jordan querte
und nach Osten verlief. Für dieses Gebiet spricht auch seine heilsgeschichtliche Bedeutung, an die Johannes u.a. in seiner Selbststilisie-
rung als Elija anknüpfte, denn an dieser Stelle führte Josua nach Jos
3,14–17 die Israeliten ins Gelobte Land hinein und stieg Elija nach 2
Kön 2,11 zum Himmel empor.

Zum Taufgebiet passen auch die ungewöhnliche *Kleidung und
Nahrung* des Johannes in Mk 1,6 par. Kamelhaarkleidung, lederner
Gürtel um die Hüfte und die Nahrung aus Heuschrecken und wildem
Honig entsprachen Kleidung und Nahrung der arabischen Wüstenbewohner, der Beduinen. Doch war das kein publikumswirksamer,
folkloristischer Zug, sondern hatte wie der Taufort symbolischen
Charakter. Wer in der Wüste lebt, kann sich nur von dem ernähren,
was die Wüste bietet, oder theologisch ausgedrückt, womit Gott ihn
versorgt. Nahrung und Kleidung des Johannes waren somit auf der
einen Seite Ausdruck seines unbedingten Gottvertrauens und kriti-
sierten die falschen Sicherheiten der Kulturlandbewohner. Auf der
anderen Seite erinnerte die Kleidung des Johannes auch an den
schon in den Königsbüchern als Wüstenbewohner gekennzeichneten
Propheten Elija, der nach 2 Kön 1,8 an seiner dichten Körperbehaa-
rung und seinem ledernen Gürtel um die Hüften zu erkennen war, an
anderen Stellen an seinem (Fell)Mantel (z.B. 1 Kön 19,19–21). Zusammen mit seiner Gerichtspredigt und der Ankündigung eines
kommenden Stärkeren ist daher gut denkbar, dass nicht erst die urchristliche Tradition, sondern Johannes selbst sich über Kleidung,
Nahrung und Taufort als Elija redivivus stilisiert haben könnte, der
ja nach jüdischer Tradition kurz vor der Endzeit wiederkommen
wird, um Israel zur Umkehr zu bewegen und vor dem Strafgericht zu
bewahren (vgl. Mal 3,23 f.; Sir 48,10).

5.1.3 Die Hinrichtung durch Herodes Antipas

Sowohl Josephus (Ant 18,116–119/18,5.2) als auch die Evangelien
(Mk 6,17–29 par) berichten über die Gefangennahme und Hinrichtung des Täufers durch Herodes Antipas. Nach Josephus geschah das
auf der Festung Machärus (Peräa), an der Grenze zum Nabatäerreich, was historisch besser zum Taufort des Johannes passt (s.o.) als

die in der Mk-Erzählung suggerierte Residenz des Herodes im galiläischen Tiberias. Ein genauer Zeitpunkt der Hinrichtung fehlt in beiden Quellen. Nach den synoptischen Evangelien fand sie einige Zeit vor Jesu eigenem Tod statt (ca. 30 n. Chr.), während Josephus sie mit der militärischen Niederlage des Herodes Antipas gegen den Nabatäerkönig Aretas verbindet (ca. 36 n. Chr.), die vom Volk als Strafe für die Hinrichtung des Johannes angesehen wurde. Über die Zeitspanne zwischen Hinrichtung des Täufers und militärischer Niederlage gegen Aretas äußert er sich nicht, so dass der von den Evangelien angedeutete ungefähre Zeitpunkt stimmen könnte. Andererseits fällt es schwer zu glauben, dass das Volk zwei zeitlich so weit auseinander liegende Ereignisse (6–7 Jahre) kausal miteinander verbunden haben könnte.

Umstände und Motive der Hinrichtung lassen sich nicht mehr im Detail rekonstruieren. Josephus deutet politische Motive an, bleibt aber recht vage, wenn er als Grund für Inhaftierung und Hinrichtung angibt, dass Herodes fürchtete, Johannes könne das Volk zum Aufstand gegen ihn bewegen. Die Erzählung in Mk 6,17–29 par ist dagegen zwar stark von legendarischen und märchenhaften Zügen überformt, liegt aber in Bezug auf die Kritik des Täufers an der Ehe des Herodes mit Herodias sicher nicht ganz falsch. Danach verurteilte Johannes die unrechtmäßige Ehe mit Herodias, einer Tochter des noch von Herodes dem Großen hingerichteten Mariammesohnes Aristobul und die Frau eines Halbbruders von Antipas (jedoch nicht des Philippus, wie Mk 6,17 meint). Nach Lev 18,16; 20,21 ist die Heirat der Schwägerin zu Lebzeiten des Bruders verboten und zieht als Fluch die Kinderlosigkeit nach sich. Durch diese Kritik stellte der Täufer Herodes und Herodias als Gesetzesbrecher bloß und untergrub ihr Ansehen beim Volk. Wahrscheinlich wird aber diese Kritik nicht der alleinige Grund für die Hinrichtung des Täufers gewesen sein, sondern ebenso seine eschatologische Umkehr- und Gerichtspredigt, die Herodes als Angriff auf seine Macht verstehen konnte. Denn das darin verkündete unmittelbar bevorstehende Endgericht, der apokalyptische Abbruch der gegenwärtigen Geschichte also, impliziert »auch die Entmachtung der momentan Regierenden« (Ebner 79). Dass nicht zuletzt auch die Römer die eschatologische Predigt des Johannes so hätten verstehen können, zeigt ihr Fehlen bei Josephus (Ant 18,116–119/18,5.2) sowie die Beobachtung, dass Josephus insgesamt eschatologische Themen in seinen Schriften vermeidet.

5.2 Taufe und Umkehrpredigt des Johannes

5.2.1 Die Taufe

Nichts ist so typisch für Johannes wie seine Wassertaufe. Alle Quellen stimmen in dieser Hinsicht überein und geben ihm – einschließlich Josephus (Ant 18,116/18,5.2) – den Beinamen »Täufer« (griech. baptistes). Dieser Name macht zugleich darauf aufmerksam, dass die Wassertaufe des Johannes etwas Besonderes im damaligen Judentum war, sozusagen das Alleinstellungsmerkmal des Johannes.

In dreierlei Hinsicht unterschied sie sich von anderen rituellen jüdischen Tauchbädern und Waschungen: (1) Während die rituellen Reinigungsbäder wiederholt vollzogen werden, fand die Johannestaufe nur *einmal* statt. Zwar wird vereinzelt auf die jüdische Proselytentaufe verwiesen, doch wurde diese abgesehen von ihrem uneschatologischen Verständnis mit großer Wahrscheinlichkeit im 1. Jh. noch nicht praktiziert. (2) Der Täufling vollzog seine Reinigung nicht selbst, wie bei den rituellen Reinigungsbädern, sondern *er wurde von einem anderen getauft, eben dem Täufer*. (3) Der größte Unterschied aber bestand in der Qualifizierung der Johannestaufe als »Taufe der Umkehr zur Vergebung der Sünden« (Mk 1,4); denn die rituellen Waschungen beseitigten kultische Unreinheit, keine Sünden. Sünden vergebende Kraft hatte im antiken Judentum bis 70 n. Chr. in besonderer Weise, wenn auch längst nicht ausschließlich, der Opferkult im Jerusalemer Tempel. Johannes lehnte mit seiner Taufe die an den Opferkult gebundene Sündenvergebung zwar nicht ab, relativierte sie aber, da angesichts des unmittelbar drohenden Endgerichts die Wassertaufe faktisch allein der Garant für das Bestehen im Gericht wird. Die Wassertaufe rettete jedoch nicht automatisch vor dem Gericht, sondern war an die Umkehrbereitschaft des Täuflings und seinen unbedingten Willen zu guten Werken gebunden, was sich z.B. im Sündenbekenntnis während der Taufe manifestierte. Die Taufe des Johannes war daher wohl als wirksame Zeichenhandlung gedacht, ähnlich den prophetischen Zeichenhandlungen, die den Umkehrbereiten den Nachlass der Sünden im zukünftigen Gericht konkret und leibhaftig zusagte.

5.2.2 Die Umkehr- und Gerichtspredigt

Sind sich alle Quellen über die Wassertaufe des Johannes einig, so ist das in Bezug auf seine Verkündigung nicht der Fall. *Josephus* beschreibt ihn als einen hellenistischen Tugendlehrer und Philosophen, »der die Juden anhielt, nach Vollkommenheit zu streben, indem er sie ermahnte, Gerechtigkeit gegeneinander und Frömmigkeit gegen Gott zu üben und so zur Taufe zu kommen« (Ant 18,117/18,5.2). Man fragt sich, warum die Taufe unter diesen Umständen überhaupt notwendig war, zumal sie nach Josephus gerade keine Taufe zur Vergebung der Sünden war, sondern ›nur‹ der sittlichen Reinigung des Leibes gedient hat, und mehr noch, warum Herodes einen solch tugendhaften Mann auf bloßen Verdacht hin töten ließ.

Die neutestamentlichen Zeugnisse Mk und Q geben auf beide Fragen eine überzeugendere Antwort, wenn sie Johannes als Propheten darstellen, der ganz Israel, angefangen von den Reichen und Mächtigen bis hin zu den Zollpächtern und Prostituierten (Mt 21,32), zu Buße und Umkehr aufrief. Während es jedoch Mk bei der bloßen Erwähnung der *Umkehrpredigt* belässt, überliefert uns die Logienquelle auch ihren harschen Wortlaut (Mt 3,7–10.12 par Lk 3,7–9.17).

Mt 3,7–10.12 (Q)	Lk 3,7–9.17 (Q)
[7] Ihr Schlangenbrut, wer hat euch gezeigt, dass ihr vor dem kommenden Zorn fliehen könnt? [8] Bringt also Frucht hervor, die der Umkehr würdig ist, [9] und meint nicht, bei euch sagen (zu können): Wir haben ja Abraham zum Vater. Denn ich sage euch: Gott kann aus diesen Steinen dem Abraham Kinder erstehen lassen. [10] Schon ist die Axt an die Wurzel der Bäume gelegt; jeder Baum also, der keine gute Frucht bringt, wird umgehauen und ins Feuer geworfen.	[7] Ihr Schlangenbrut, wer hat euch gezeigt, dass ihr vor dem kommenden Zorn fliehen könnt? [8] Bringt also Früchte hervor, die der Umkehr würdig sind, und fangt nicht an bei euch zu sagen: Wir haben ja Abraham zum Vater. Denn ich sage euch: Gott kann aus diesen Steinen dem Abraham Kinder erstehen lassen. [9] Schon ist die Axt an die Wurzel der Bäume gelegt; jeder Baum also, der keine gute Frucht bringt, wird umgehauen und ins Feuer geworfen. ...
[12] Schon ist die Worfschaufel in seiner Hand und er wird seine Tenne (von Spreu) reinigen und den Weizen in seine Scheune bringen; die Spreu aber wird er in unauslöschlichem Feuer verbrennen.	[17] Schon ist die Worfschaufel in seiner Hand, um seine Tenne (von Spreu) zu reinigen und den Weizen in seine Scheune zu bringen; die Spreu aber wird er in unauslöschlichem Feuer verbrennen.

Die Predigt des Johannes erinnert mit ihrer starken bildhaften Sprache an die ersttestamentliche Gerichtsprophetie. Wie sie schreckt auch Johannes vor Übertreibungen und Pauschalisierungen nicht zurück, so z.b. wenn er gleich zu Anfang seine AdressatInnen mit der Anrede »Schlangenbrut« (wörtl. »Abkömmlinge von Giftschlangen«) beleidigt. Als Prophet will und muss er schockieren und provozieren, weil er nur so seine Zuhörerschaft aufzurütteln vermag. Höhepunkt ist das Bild von den Steinen, aus denen Gott dem Abraham Kinder erwecken kann, ein Bild, das die selbstbezogene Heilsgewissheit der JudäerInnen und insbesondere der religiösen Elite radikal in Frage stellt. Die Abstammung von Abraham ist demnach im Gericht Gottes völlig unerheblich, gerettet werden nur die, die Früchte der Umkehr bringen.

Immer wieder ist zu lesen, dass Johannes ein Gerichtsprediger war, der keine Heilsverheißung kannte bzw. sie nur versteckt andeutete. Doch verglichen mit den ersttestamentlichen Unheilspropheten, z.B. mit Amos, ist das Gegenteil der Fall: die Heilsaussagen in der Johannespredigt sind deutlich zu erkennen und mit der Unheilsankündigung direkt verbunden. Angesichts der Schuldverfallenheit Israels und dem unmittelbar vor der Tür stehenden Zorngericht Gottes musste Johannes in seiner Predigt den Schwerpunkt auf die Unheilsbilder legen: denn die Axt ist *schon* an die Wurzel derjenigen Bäume gelegt, die bisher keine Frucht gebracht haben, und der kommende Stärkere hält *schon* die Worfschaufel in der Hand, um die Spreu vom Weizen zu trennen (das meint der Satz vom Reinigen der Tenne). Trotzdem bietet Gott, selbst in dieser Situation, noch die Möglichkeit der Umkehr an. Die Wassertaufe des Johannes unterstützt dabei den Umkehrprozess leiblich-sakramental, ist Zeichen der verlässlichen Zusage der Sündenvergebung Gottes und seines unbedingten Heilswillens. Zugleich bewahrt sie vor der Feuertaufe im Gericht, ja löscht geradezu das Gerichtsfeuer aus. Auf diesem Hintergrund ist die Predigt des Johannes zuallererst *Umkehrpredigt* und der Gerichtspredigt übergeordnet.

In dieser Umkehrpredigt kündigt Johannes einen *kommenden »Stärkeren«* an, der das Gericht durchführen wird und dem er sich selbst unterordnet. Die in den Quellen nahe gelegte Identifizierung dieser Gestalt mit Jesus von Nazaret, wird heute von der Forschung abgelehnt, da sie deutlich christliches Interesse widerspiegelt (s.u.). Zudem legt sich eine solche Identifizierung auch nur durch den jeweiligen Kontext nahe, nicht aber durch die Predigt des Täufers selbst. Doch wenn nicht Jesus, wen könnte Johannes mit dem »Stär-

keren« dann im Blick gehabt haben? Die anthropomorphe Rede über
den Stärkeren (hält Schaufel in der Hand; hat Schuhe an) spricht im
Kontext des Frühjudentums eher für eine (himmlische) Mittlergestalt als für Gott selbst, wobei offen bleiben muss, an welche Gestalt
der Täufer gedacht haben könnte. Vielleicht hat ja James Dunn
Recht, der vermutet, dass Johannes selbst nicht wusste, wer der
kommende Stärkere sein würde.[2]

Mk 1,7 f.	Mt 3,11	Lk 3,16
Es kommt einer nach mir, der stärker ist als ich; ich bin es nicht wert, mich zu bücken, um ihm seine Schuhriemen zu lösen. Ich habe euch mit Wasser getauft, er [aber = de] wird euch mit Heiligem Geist taufen.	Ich taufe euch [nur] mit Wasser zur Umkehr. Der aber nach mir kommt, ist stärker als ich, und ich bin es nicht wert, ihm die Schuhe auszuziehen.	Ich taufe euch [nur] mit Wasser. Es kommt aber einer, der stärker ist als ich, und ich bin es nicht wert, ihm seine Schuhriemen zu lösen.
	Er wird euch mit Heiligem Geist und Feuer taufen.	Er wird euch mit Heiligem Geist und Feuer taufen.

Stärker umstritten als die Frage nach der Identität des »kommenden
Stärkeren« ist in der Forschung das *Verhältnis zwischen Johannestaufe und der Geist- bzw. Feuertaufe des Kommenden.* Unter den
zahlreichen Deutungen sind drei hervorzuheben: (1) Der Täufer
kündigte nur eine Feuertaufe an, nämlich das Gericht. Dabei sind
Wasser- und Feuertaufe antithetisch aufeinander bezogen. Die ver-
heißene Geisttaufe ist christlicher Zusatz, da sie die Johannestaufe
abwertet. (2) Der Täufer kündigte nur die Geisttaufe an und knüpfte
dabei an prophetische Verheißungen einer Ausgießung des Geistes
für die Heilszeit an (z.B. Joel 1,3–5). (3) Die Geist- und die Feuertaufe in Q sind beide ursprünglich, da sie Rettung und Strafe im
Gericht symbolisieren, was sowohl dem Wirken des Täufers mit Ge-
richtsansage und Heilsangebot, als auch dem Bild von Weizen und
Spreu entspricht. Ich selbst tendiere leicht zur dritten Deutung. Am
wenigsten überzeugt mich die zweite Lösung, da sie die Vernich-
tungsbilder des Täufers, die immer mit Feuer in Verbindung stehen,
ausblendet und damit seine Gerichtsankündigung nicht ernst genug
nimmt.

5.2.3 Die Jünger Johannes des Täufers

Ähnlich wie Jesus hatte auch Johannes *Jünger*. Ein Prophet in der Einöde war auf Multiplikatoren angewiesen, die im Kulturland und in den Städten sein Anliegen verbreiteten und die Menschen dazu brachten, zu ihm zu kommen. Wahrscheinlich brauchte er auch Hilfe beim Taufen, wenn wieder einmal eine größere Menschenmenge ihren Weg zur Taufstelle fand. Über die Jünger des Johannes erfahren wir nur aus den Evangelien, wo sie in einer gewissen Konkurrenz zu den Jesusjüngern stehen. Danach lernten die Johannesjünger von Johannes beten (Lk 11,1), hielten ein bestimmtes Fasten ein (Mk 2,18 par), leisteten ihm persönliche Dienste (Mt 11,2 ff.; Mk 6,29 par Mt 14,12) und sprachen ihn mit Rabbi an (Joh 3,26).

5.3 Jesus als Schüler Johannes des Täufers

5.3.1 Die Taufe Jesu durch Johannes

Die Taufe Jesu durch Johannes gehört zu den sichersten historischen Fakten im Leben Jesu, die selbst die allergrößten Skeptiker in der Forschung für ursprünglich halten. Ein wesentlicher Grund dafür ist die Verlegenheit, die dieses Faktum den Evangelien bereitete, denn erstens zeigt die Taufe Jesu durch Johannes dessen Überlegenheit gegenüber Jesus an und zweitens suggeriert sie als Taufe zur Vergebung der Sünden, dass Jesus der Überzeugung war, die Vergebung der Sünden nötig zu haben, dass er also ein Sündenbewusstsein besaß.

Beide Schlussfolgerungen waren für die frühen Christen nur schwer zu verkraften, was dazu führte, dass die Evangelien die Taufe gegenüber dem unmittelbar anschließenden Berufungsereignis unterschiedlich stark abzuschwächen versuchten. Am sublimsten geht das Mk vor, das nur durch die erzählerische Platzierung von Taufe und Berufung Jesu in *Mk 1,9–11* unmittelbar nach der Ankündigung des kommenden Stärkeren durch Johannes zeigt, dass Jesus dieser angekündigte Stärkere ist. Mit keinem Wort deutet der Evangelist an, dass der Täufer weiß, wen er da tauft. Er kann es auch gar nicht wissen, da die Herabkunft des Gottesgeistes und die Himmelsstimme nur von Jesus selbst und vom Leser bzw. der Leserin wahr-

genommen werden. Die Unkenntnis des Täufers über Jesu wahres
Wesen wird am ehesten der Realität entsprochen haben.

Mk 1,9–11	Mt 3,13–17	Lk 3,21–22
[9]In jenen Tagen kam Jesus aus Nazaret in Galiläa	[13]Damals kam Jesus von Galiläa an den Jordan zu Johannes, um sich von ihm taufen zu lassen. (...)	[21]Es geschah aber bei der Taufe des ganzen Volkes:
und wurde im Jordan von Johannes getauft. [10]Und sofort als er aus dem Wasser hinaufstieg, sah er, wie die Himmel aufrissen und der Geist wie eine Taube zu ihm herabstieg.	[16]Als Jesus getauft worden war, stieg er sofort vom Wasser herauf; und, siehe, da öffneten sich die Himmel, und er sah den Geist Gottes hinunter steigen so wie eine Taube und auf sich kommen. [17]Und siehe, eine	und nachdem Jesus getauft worden war und betete, öffnete sich der Himmel, [22]und der Heilige Geist in leiblicher Gestalt einer Taube stieg auf ihn herab,
[11]Und eine Stimme aus den Himmeln sprach: Du bist mein Sohn, der geliebte, an dir habe ich Gefallen gefunden.	Stimme aus den Himmeln sagte: Dieser ist mein Sohn, der geliebte, an ihm habe ich Gefallen gefunden.	und eine Stimme aus dem Himmel sprach: Du bist mein Sohn, der geliebte, an dir habe ich Gefallen gefunden.

Diese eher sublime Aufwertung Jesu gegenüber dem Täufer hat
den anderen Evangelisten nicht mehr gereicht. Nach *Mt 3,13–17*
lehnt der Täufer zunächst die Taufe Jesu ab, da er weiß, dass Jesus
größer ist als er (V.14). Jesus muss ihn förmlich überreden. Entsprechend sind die Herabkunft des Geistes Gottes auf Jesus und
insbesondere die Himmelsstimme nicht für Jesus selbst gedacht,
sondern proklamieren seine Gottessohnschaft für die Umgebung:
»*Dieser* ist mein Sohn, der geliebte ...«. Merkwürdig ist die Taufe
Jesu in *Lk 3,21 f.* erzählt, da vom Kontext her der Täufer schon im
Gefängnis ist. Wird Jesus eventuell durch Gott selbst getauft? Im
Unterschied zur markinischen und matthäischen Version kommt

der Geist Gottes nicht *wie* eine Taube auf Jesus herab, sondern *in leiblicher Gestalt einer Taube* und damit auch für die Umgebung sichtbar. In *Joh 1,29–34* schließlich wird die Taufe Jesu nicht einmal mehr erwähnt. Jesus kommt nur zu Johannes, damit dieser von ihm als Geistträger und Sohn Gottes Zeugnis geben kann und ihn dadurch bekannt macht.

Historisch am ehesten denkbar ist das folgende Szenario: Jesus hörte von der Taufe und der Umkehrpredigt des Johannes und pilgerte wie viele seiner Landsleute zu ihm. Die Predigt des Johannes fiel bei ihm auf fruchtbaren Boden, so dass er seine Sünden bekannte, sich taufen ließ und sich verpflichtete, zukünftig sein Leben nach der Tora, dem Willen Gottes, auszurichten. Die erzählerische Verbindung zwischen Johannestaufe und Berufung Jesu ist daher nicht bloß reine Erfindung der christlichen Tradition, sondern weist auf die prägende Rolle des Täufers für Jesu eigenen Weg hin.

5.3.2 Indizien für Jesus als Johannesschüler

Es ist nun aus mehreren Gründen unwahrscheinlich, dass Jesus direkt nach der Taufe sein Berufungserlebnis hatte, wie die Evangelien suggerieren. Vielmehr dürfen wir davon ausgehen, dass sich Jesus nach seiner Taufe zuerst dem Täufer anschloss, d.h., dass er sein Leben mit ihm und den anderen Täuferjüngern teilte, die Täuferbotschaft verbreitete und wohl auch zusammen mit ihm taufte (s.o. 5.2 zu den Johannesjüngern).

Ein erster Hinweis darauf, dass Jesus Johannes nicht nur einmal bei seiner Taufe begegnet ist, sondern länger Kontakt zu ihm hatte, (1) ist die durchgängige, uneingeschränkte Hochachtung des Täufers durch Jesus, so z.B. in QLk 7,24–28a:

> [26]Ja, ich sage euch: weit mehr als einen Propheten [habt ihr gesehen].
> [27]Dieser ist der, über den geschrieben steht: Siehe, ich sende meinen Boten vor dir her; er wird deinen Weg vor dir her bahnen. [28]Ich sage euch: Unter den von Frauen Geborenen ist niemand größer als Johannes.

V. 27 ist dabei christliche Interpolation, die den Täufer als Wegbereiter Jesu deutet, während die Vv. 26 + 28a Jesus selbst zu Wort kommen lassen.[3] Zwei weitere Indizien für Jesus als Schüler des Täufers finden wir im Joh: (2) Nach Joh 1,35 ff. stammen die ersten

Jesusjünger aus dem Täuferkreis. Einer dieser Jünger ist Andreas, der Bruder des Simon Petrus. Diese Information ist am einfachsten dadurch zu erklären, dass sie zusammen mit Jesus, aber auf seine Initiative hin, den Täuferkreis verließen. (3) In Joh 3,22 wird darüber hinaus unbefangen berichtet, dass Jesus ebenso wie Johannes taufte, wenn auch nicht gemeinsam, sondern an einem anderen Ort. In Joh 4,1 f. wird diese Nachricht dann wieder halb zurückgenommen, denn jetzt tauft nicht Jesus, sondern seine Jünger. Die plausibelste Erklärung ist, »dass Jesus und seine Gefährten als Schüler des Johannes dessen Taufe zumindest zeitweise ebenfalls spendeten« (Schenke 94). Das vierte Indiz (4) ist die nach Ostern sofort praktizierte Taufe der Jünger Jesu, die religionsgeschichtlich nur auf die Johannestaufe zurückgeführt werden kann. Eine solche Übernahme der Johannestaufe als Eingliederungssakrament kann nur durch ihre uneingeschränkte Hochschätzung und Bejahung im Jesuskreis erklärt werden, eben weil sich Jesus selbst dieser Taufe unterzogen und selbst getauft hat (vgl. auch den Taufbefehl Jesu in Mt 28,19). Als letztes Indiz (5) ist die schon genannte Nähe der Botschaft Jesu zur Botschaft des Täufers zu nennen. Das gilt trotz der Unterschiede. Jesus knüpft an die Täuferbotschaft an, verändert sie dann aber nicht unwesentlich (vgl. dazu 5.4.3, sowie Kap. 6.4 und 6.5).

5.4 Die Vision vom Satanssturz und die Trennung Jesu vom Täufer

In den synoptischen Evangelien wird der Beginn des öffentlichen Wirkens Jesu mit einem visionären Erlebnis unmittelbar nach der Taufe verbunden (Mk 1,10 f. par). Nun sprechen zwar Form und vielfache intertextuelle Verweise auf ersttestamentliche Texte dafür, dass diese spezielle, als Vision und Audition sorgfältig gestaltete Berufungsszene eine nachösterliche Eintragung in das Leben Jesu ist,[4] doch ist es sehr wahrscheinlich, dass Jesus wie viele andere Propheten bis hin zum Apostel Paulus tatsächlich ein *visionäres Berufungserlebnis* hatte. Zusammen mit der Entdeckung seines *Wundercharismas* könnte es der entscheidende Anlass für Jesus gewesen sein, sich vom Täufer zu trennen und seinen eigenen Weg als Verkünder und Mittler der Reich-Gottes-Botschaft zu gehen.

5.4.1 Die Vision vom Satanssturz (Lk 10,18)

Die neuere deutschsprachige Exegese verbindet vor allem Lk 10,18 mit diesem *Berufungserlebnis*. Im Kontext der Rückkehr der 72 Jünger (Lk 10,17–20) sagt Jesus zu ihnen:»Ich schaute den Satan wie einen Blitz aus dem Himmel stürzen.« Da dieser Satz nur einmal in den Evangelien vorkommt, scheint er nach dem Kriterium der mehrfachen unabhängigen Bezeugung auf den ersten Blick eher nicht auf den ›historischen‹ Jesus zurückzugehen. Bei genauerem Hinsehen fällt jedoch auf: (1) Der Satz ragt formal aus seinem unmittelbaren Kontext Lk 10,19–20 heraus, weil Jesus hier von einer vergangenen Offenbarung in Ich-Form berichtet, in der allein Gott als der Handelnde gedacht werden muss. Dagegen spricht Jesus in den folgenden Sätzen die Jünger direkt an und erinnert sie, dass ihr Erfolg über die Dämonen allein von ihm und seiner Vollmacht abhängig ist. (2) Neben der visionären Szene nach der Taufe Jesu in Mk 1,10 f. par ist Lk 10,18 die einzige weitere in den Evangelien berichtete Vision Jesu, die im Unterschied zu Mk 1,10 f. zudem in ›Ich-Form‹ formuliert ist. (3) Seine ganze grundumstürzende Bedeutung entfaltet dieser zunächst so unscheinbar wirkende Satz aber auf dem Hintergrund frühjüdischer Vorstellungen von der Überwindung des Satans und der exorzistischen Fähigkeiten Jesu. Das vermutlich mit diesem Satz verbundene Erlebnis Jesu kann bisher jedenfalls am ehesten nachvollziehbar machen, warum Jesus im Unterschied zu Johannes das kommende Reich Gottes schon als gegenwärtig angebrochen verkündete und aus dieser Erkenntnis Schlussfolgerungen zog, die zur Trennung von Johannes führen mussten.

Nach frühjüdischen (und frühchristlichen) apokalyptischen Vorstellungen wird die Endzeit durch einen Himmelskampf zwischen göttlichen und satanischen Mächten eingeleitet, bei dem die satanischen Mächte schließlich besiegt und aus dem Himmel gestoßen werden (vgl. Offb 12,7–12). Die endgültige Heilszeit und damit die endgültige Überwindung des Bösen beginnt jedoch erst, wenn auch auf der Erde die Mächte Satans besiegt und vernichtet worden sind. Vor diesem Hintergrund behauptet Jesus in Lk 10,18 nicht mehr und nicht weniger, als dass diese Endzeit schon begonnen hat, da im Himmel die Mächte des Bösen endgültig besiegt wurden und der Satan, der Anführer der Mächte des Bösen, aus dem Himmel gestürzt wurde.

5.4.2 Standhaftigkeit in der Versuchung durch den Satan und Wundercharisma

Martin Ebner (87 f.) verbindet mit der Vision vom Satanssturz eine weitere Erfahrung Jesu, die in der Evangelienüberlieferung narrativ eng mit dem Ende der Täuferzeit verbunden ist, nämlich dass Jesus erfolgreich die Versuchungen des aus dem Himmel gestürzten Satans in der Wüste abzuwehren vermochte (Mk 1,13 par). Als Konsequenz erfährt er Tierfrieden und den Dienst der Engel, oder anders formuliert: den Himmel auf Erden. Im frühjüdischen Denken weist beides, Satanssturz und erfolgreich bestandene Versuchung, zurück auf die Schöpfung, auf den Urzustand der von Gott geschaffenen Welt und auf den Urzustand der Menschen vor dem Sündenfall. So wie Gott am Beginn der Schöpfung das Chaos besiegt hat, so ist sein Sieg über das dem Chaos entsprechende Böse im Satanssturz Zeichen der kommenden Heilszeit. Anders jedoch als Adam besteht Jesus die Versuchung durch den Satan/das Böse, so dass sich ab jetzt die Gottesherrschaft auch auf der Erde durchzusetzen beginnt.

Allerdings können das beschriebene visionäre Erlebnis und die erfolgreich bestandene Versuchung durch den Satan allein noch nicht Jesu eigenen, so unverwechselbaren Weg erklären. Es muss noch etwas hinzu gekommen sein, was für Jesus insgesamt typisch ist, vom Täufer aber nirgends berichtet wird, nämlich seine in den Evangelien so zahlreich und vielfältig bezeugten Exorzismen und charismatischen Heilungen (vgl. Kap. 7.1). Kurz: Erst die Erfahrung seines Wundercharismas hat Jesus die letzte Gewissheit gegeben, dass der Satan überwunden, die Heilszeit schon angebrochen ist und er selbst durch sein exorzistisches und heilendes Wirken die sich allmählich und unaufhaltsam durchsetzende Gottesherrschaft auf der Erde erfahrbar macht.

5.4.3 Die schon angebrochene Heilszeit und die Trennung Jesu vom Täufer

Die genannten Faktoren mussten Jesus schließlich zu einer anders akzentuierten Bewertung der vom Täufer verkündeten, unmittelbar bevorstehenden Endzeit und damit auch zu einer heilvolleren Botschaft führen. Da die erwartete, unmittelbar bevorstehende Wende im Himmel schon geschehen war, konnte Jesus daraus nur schließen, dass Gott den Menschen einen Heilsraum schaffen wollte, der das weiterhin drohende Gericht verzögerte und es ihnen ermöglichte umzukehren und in diesen Heilsraum einzutreten. Zugleich deutete er sein Wundercharisma und insbesondere seine exorzistischen Fähigkeiten als Zeichen, ja als Realsymbole der schon angebrochenen Königsherrschaft Gottes, die die Menschen mehr als Worte vom unbedingten Heilswillens Gottes sowie von der Dringlichkeit und der wohltuenden Wirkung ihrer Umkehr überzeugen mussten.

Jesus konnte daher nicht in der Wüste beim Täufer bleiben, sondern musste zu den Menschen in ihre Dörfer und Häuser gehen und vor allen denen Gottes unbedingten Heilswillen verkünden, die am wenigsten in Israels Gemeinschaft integriert waren. Auch passte zur frohen Botschaft von der schon angebrochenen Heilszeit nicht mehr die asketische Lebensweise des Täufers, sondern nur eine Lebensweise, die die Freude des Gottesreiches im gemeinsamen Essen und Trinken erfahrbar machte. Diese andere, nichtasketische Lebensweise Jesu spiegelt sich in der synoptischen Tradition in seinen Mählern und seinen Mahlgleichnissen wieder und nicht zuletzt negativ in der Beurteilung als »Fresser und Weinsäufer« (QLk 7,34) durch seine Gegner (vgl. Kap. 7.2.1). In der Folge musste Jesus dann auch den Umkehrgedanken von der Taufe lösen. Für ihn ist Umkehr allein an das Tun des Gotteswillens und damit an toragemäßes Handeln gebunden, dessen Kern am ehesten diejenigen erkennen, die ihm auf seinem Weg nachfolgen.

Die deutlichen Unterschiede in Jesu Verhalten und Predigt zu Täuferpredigt und -verhalten sind jedoch mit Martin Ebner nicht als Opposition zum Täufer zu sehen, »sondern im Gegenteil die konsequente Fortsetzung der Täufertheologie auf der Basis der neuen Grundüberzeugung« (Ebner 89). Wir sollten daher auch nicht von einem Bruch Jesu mit dem Täufer und seiner Bewegung sprechen – wie immer wieder zu lesen ist –, sondern von einer notwendigen Trennung beider. Wann diese Trennung stattgefunden hat, muss ebenso offen bleiben wie die Frage, ob der Beginn des öffentlichen Auftretens Jesu mit der Gefangennahme des Täufers durch Herodes Antipas zusammenfiel, wie die Evangelien vermuten (vgl. Mk 1,14 par u.ö.).

Literatur

Ebner, Martin, Jesus von Nazaret: was wir von ihm wissen können. Stuttgart: Kath. Bibelwerk 2007, 73–92. *(Früher unter dem Titel: Ebner, Martin, Jesus von Nazareth in seiner Zeit. Sozialgeschichtliche Zugänge (SBS 196). 2., durchges. Auflage. Stuttgart: Katholisches Bibelwerk 2004.)*

Müller, Ulrich B., Johannes der Täufer. Jüdischer Prophet und Wegbereiter Christi (Biblische Gestalten 6). Leipzig: Evangelische Verlagsanstalt 2002. *(Eine kompakte und informative Diskussion der geschichtlichen Persönlichkeit Johannes des Täufers inklusive einer ausführlichen Darstellung der Täuferbilder der Evangelien mit einem Ausblick auf die Rezeptionsgeschichte.)*

Schenke, Ludger, Jesus und Johannes der Täufer. In: Ders. (Hg.), Jesus von Nazaret – Spuren und Konturen. Stuttgart: Kohlhammer 2004, 84–105. *(Bei Ebner und Schenke finden sich zwei informative, jedoch unterschiedlich akzentuierte Beiträge zu Johannes, Jesus als seinem Schüler und der Trennung Jesu vom Täufer.)*

6. Die Reich-Gottes-Verkündigung Jesu

Im Zentrum der Verkündigung Jesu steht die Heilsbotschaft von der Königsherrschaft Gottes. Die zugrunde liegende griechische Wendung *basileia tou theou* begegnet uns in zahlreichen Jesuslogien und Gleichnissen der synoptischen Tradition, einschließlich denen des Thomasevangeliums. Zu den ältesten Belegen gehören die zehn Vorkommen in der Logienquelle und die 14 Vorkommen bei Mk. Lk bietet die Wendung dann noch sechsmal in seinem Sondergut, während das matthäische Sondergut sogar auf 25 Belege und das Thomasevangelium auf 22 Belege kommen. In späteren Texten des NT (z.B. im Joh nur in der Nikodemuspassage Joh 3,3.5) und im Urchristentum[1] tritt sie dagegen immer mehr zurück, da für die ersten nachösterlichen Gemeinden nicht mehr die Königsherrschaft Gottes, sondern die Wiederkunft Jesu als auferstandener, himmlischer Weltenrichter im Zentrum ihrer Hoffnungen stand. Während gegenüber dem Urchristentum also eine deutliche Differenz zu erkennen ist, greift die Rede Jesu vom Königtum Gottes jüdische Vorstellungen auf und ist – wie vieles andere – letztlich angemessen nur im Kontext seiner jüdischen Identität zu verstehen.

Nun ist sich die Forschung zwar über das ›Dass‹ der Reich-Gottes-Verkündigung Jesu einig, nicht aber in Bezug auf das ›Was‹. Die Differenzen beginnen bei der Deutung der Wendung *basileia tou theou* und enden noch lange nicht bei der Frage, ob das von Jesus verkündigte Königtum Gottes eher eschatologisch oder nicht eschatologisch gedacht werden muss und wenn es eschatologisch zu verstehen ist, in welchem Sinne.

6.1 Zum Sprachgebrauch

Das griechische *basileia tou theou* gibt das hebräische: *malkut JHWH* bzw. das aramäische: *malkuta dejahwä* wieder. Im Unterschied zur geläufigen deutschen Übersetzung *Reich Gottes* bezeichnet das erste Substantiv der griechischen wie der hebräisch-aramäischen Wendung nicht irgendein Reich bzw. irgendeine Herrschaft, sondern dezidiert das Reich/die Herrschaft eines Königs und damit eine legitime Herrschaft und keine Gewalt- oder Willkürherrschaft. Die gleichbedeutende Wendung *basileia tōn ouranōn* = ›Königsherrschaft bzw. Königreich der Himmel‹ kommt nur bei Mt vor. Abgesehen davon, dass sie nur bei Mt vorkommt, greift sie die rabbinische Wendung *malkuta schamajim* auf, die vor 80 n. Chr. nicht nachgewiesen ist, so dass Jesus diese Variante vermutlich nie benutzt hat.

Ein vieldiskutiertes Problem der deutschen Übersetzung ist die Frage, ob *basileia* eher die König*sherrschaft* oder das König*reich* meint. Die Tendenz ging lange Zeit in Richtung ›Königsherrschaft‹, in den letzten Jahren ist wieder eine Kehrtwende zu beobachten, hin zu ›Königreich‹. Neben vielen anderen plädiert besonders Ludger Schenke[2] vehement für die Bedeutung ›König*reich*‹ und führt drei Gründe für diese Sicht an:

(1) In enger Verbindung mit dem Ausdruck ›*basileia* Gottes‹ finden wir in der Jesusüberlieferung Verben mit raum-zeitlichen Konnotationen: Die *basileia* soll »kommen« (Lk 11,2) bzw. ist »nahe herbeigekommen« (Lk 10,9; Mk 1,15); man kann »in sie hineingehen« (Mk 9,47; 10,15.23 ff.), auch »hinein drängen« (Mt 11,12) und »in ihr zu Tisch liegen« (Mt 8,11), oder Personen, die eigentlich hinein gehören, werden aus ihr »heraus geworfen« (Mt 8,12 par Lk 13,28). Diese Verbzuordnung passt nicht zum Verständnis der *basileia* als ›König*sherrschaft*‹, sondern eher zu einem Verständnis von ihr als einem bestimmten Raum.

(2) Der griechische Begriff *basileia* wie der hebräisch-aramäische Begriff *malkut/malkuta* haben in profaner Verwendung durchweg die Bedeutung ›Reich‹ oder ›Königtum‹ im Sinne eines Gebietes, das von einem bestimmten Herrscher regiert wird (z.B. 1 Sam 20,31; 2 Chr 20,30; 36,22; Est 3,6; 5,1; 7,2).

(3) Auch in den Targumim, aramäischen Übertragungen hebräischer Bibeltexte, die zeitlich der Redeweise Jesu sehr nahe stehen, wird das aramäische *malkuta dejahwä* als ein fest umschriebenes *Reich* dargestellt, während die Verbalaussage dann benutzt wird, wenn es um das königliche Herrschen Gottes innerhalb der gegenwärtigen Weltzeit geht.

Diesen Beobachtungen zufolge ist die Übersetzung ›König*sherrschaft* Gottes‹ zu unpräzise, da sie zunächst einmal jedes Herrschen Gottes zum Ausdruck bringt. Auch in der jeweiligen, als gottlos erfahrenen Gegenwart herrscht Gott als Schöpfer und König, allerdings auf eine andere Weise als in der *basileia*. Im Unterschied zu diesem gegenwärtigen Herrschen Gottes, umschreibt die *basileia* in Jesu Verkündigung einen Vollendungszustand, der dann eintreten wird, wenn Gott allein und unbestritten als König herrscht und keine Macht ihm diese Herrschaft streitig macht. Nach Schenke muss dieser Zustand raum-zeitlich gedacht werden, da er ja in der Gegenwart noch nicht erreicht ist und auch noch nicht alles umfasst: »Es wird ein eschatologischer Heilsraum sein, in dem die Menschen eintreten und in ihm zu Tisch liegen können.«[3] Ergänzend ist zu betonen, dass dieser Heilsraum im jesuanischen Verständnis kein statisches Gebilde ist, sondern eine dynamische Wirklichkeit, die schon in der Gegenwart erfahrbar ist, sich immer weiter ausdehnt und schließlich die ganze Welt umgreifen wird. Die Übersetzung ›Königreich Gottes‹ sollte daher nicht dazu verleiten, sich darunter einen irdischen Staat der Neuzeit vorzustellen, mit festen Grenzen und womöglich grenzsichernden Wachposten.

6.2 Frühjüdische Voraussetzungen zum Verständnis der Reich-Gottes-Verkündigung Jesu

Nirgends in den Evangelien wird die Wendung ›*basileia* Gottes‹ erklärt, so dass wir daraus schließen müssen, dass die Zuhörerinnen und Zuhörer Jesu wussten, was er damit meinte. Zwei ganz bestimmte Vorstellungskomplexe wurden im Judentum zur Zeit Jesu mit dieser Wendung aufgerufen: Der eine Vorstellungskomplex bezieht sich auf die Rede vom Königtum JHWHs, wie sie sich in den Heiligen Schriften Israels findet, der andere Vorstellungskomplex auf ein jüngeres Phänomen, nämlich auf apokalyptische Erwartungen.

6.2.1 Theokratische und eschatologisch-apokalyptische Vorstellungen vom Königtum JHWHs

Die Vorstellung vom *Königtum JHWHs* begegnet uns in der Schrift verstärkt in nachexilischer Zeit, in der JHWH immer mehr die Rolle des fehlenden irdischen Königs einzunehmen beginnt (z.B. Ps 47; 48,2–4; 103,19; 145,11–13). Da er der wahre König Israels ist, braucht es keinen irdischen König. Nach dieser *theokratischen Vorstellung* vom Königtum JHWHs steht sein Thron im Jerusalemer Tempel, von dem aus er über Israel herrscht. Der Tempelkult ist dann die angemessene Antwort auf diese Herrschaft. Inhaltlich ist mit Gottes Königtum die Vorstellung verbunden, dass sie grundsätzlich eine gute Herrschaft ist, die besonders die Bedürfnisse der Armen und Randständigen Israels im Blick hat und damit in Kontrast zu irdischer Herrschaft steht. Eindrücklich formulieren das die JHWH-König-Psalmen. So wird Gott in Ps 145,7–10.13–15 als gütig, gerecht, gnädig und barmherzig beschrieben, als einer, der die Gebeugten aufrichtet und die Hungernden sättigt. Ein sozialpolitisch noch konkreteres Bild von der Königsherrschaft JHWHs zeichnet Ps 146:

> [5]Glücklich der, dessen Hilfe der Gott Jakobs ist, dessen Hoffnung auf dem HERRN, seinem Gott, steht, [6]der Himmel und Erde gemacht hat, das Meer und alles, was in ihnen ist; der Treue hält auf ewig. [7]Er schafft Recht den Bedrückten, er gibt den Hungrigen Brot. Der HERR macht die Gefangenen frei. [8]Der HERR öffnet die Augen der Blinden. Der HERR richtet die Gebeugten auf. Der HERR liebt die Gerechten. [9]Der HERR behütet die Fremdlinge, Waisen und Witwen hilft er auf; aber er krümmt den Weg der Gottlosen. [10]Der HERR wird regieren in Ewigkeit, dein Gott, Zion, von Geschlecht zu Geschlecht. Halleluja! *(Elberfelder Bibel, revidierte Fassung 2004)*

Die hellenistische Zeit (ab Ende des 4. Jh. v. Chr.) mit ihren Auseinandersetzungen um die Identität Israels gab schließlich den Anstoß zur Entwicklung *eschatologischer Vorstellungen* von der ›*basileia* Gottes‹. Insbesondere prophetische Kreise hatten Schwierigkeiten, in der von fremden Mächten dominierten Gegenwart Israels das Königtum JHWHs, das er zugunsten seines Volkes ausübt, zu erkennen. Eine Antwort auf diese Erfahrung lautete, dass JHWH sich erst in der Endzeit endgültig gegen alle widergöttlichen Mächte durchsetzen und seine Herrschaft vom Zion aus über die ganze Erde aufrichten würde und nicht nur Israel, sondern alle Völker an der ersehnten Heils- und Friedenszeit partizipieren würden (vgl. z.B. Jes 25,6–8; Mi 4,1–5). Noch mehr als in der theokratischen Vorstellung verdichten sich in den eschatologischen Vorstellungen vom Königreich Gottes die konkreten Hoffnungen von Menschen, »die eine Änderung und Überwindung ihrer gegenwärtigen Erfahrungen mit Herrschaft nur noch von einem Eingreifen Gottes erwarten, der – wie jetzt schon im Himmel – auch auf der Erde für eine gerechte Ordnung sorgen wird« (Stegemann 315 f.).

Eine Verschärfung erfuhr die *eschatologische Vorstellung* vom Königreich Gottes durch die Unterdrückungs- und Verfolgungserfahrungen der Makkabäerzeit (ca. 175–164 v. Chr.), deren theologische Aufarbeitung besonders in der *apokalyptischen Literatur* fassbar wird. Die ›Apokalyptiker‹ konnten Gottes rettendes und heilendes Handeln überhaupt nicht mehr in der Geschichte entdecken, so dass die Schlussfolgerung nahe lag, dass es innerhalb der Geschichte ›keinen Fortschritt auf Erlösung hin‹ gab, sondern nur eine unaufhaltsame Degeneration zum Bösen hin. Hoffnung ging allein von der Vorstellung aus, dass Gott in allernächster Zukunft diese von bösen Mächten beherrschte Weltzeit beenden und durch ein großes Gericht hindurch eine neue Weltzeit heraufführen würde, in der JHWH uneingeschränkt und ewig herrscht und in der die getöteten und drangsalierten Gerechten auferstehen und in (ewiger) Glückseligkeit leben. In diesem Sinn boten nicht nur die ersten Apokalypsen, sondern auch alle nachfolgenden ihren Leserinnen und Lesern Trost und Hoffnung in einer Zeit der Bedrängnis und ermutigten sie, festzuhalten am Gott Israels und seinen Geboten (vgl. für die Makkabäerzeit bes. Dan 2;7–12 und äthHen 83–90).

6.2.2 Jesu Aufnahme der eschatologisch-apokalyptischen Vorstellungen vom Königtum Gottes

Jesus lebte wie sein Lehrer Johannes der Täufer ebenfalls in der Vorstellungswelt der Apokalyptik. Auch er erwartete das Ende der gegenwärtigen Geschichte und das Hereinbrechen einer neuen Weltzeit, in der nur noch Gott allein herrschen und alle Mächte des Bösen besiegt sein werden (vgl. Kap. 5.4, die Vision vom Satanssturz Lk 10,18). Auch er ging von einem großen Gericht am Ende der Zeit aus und dachte in Dualismen: hier die Herrschaft des Satans – da die Königsherrschaft Gottes. Allerdings identifizierte Jesus die dämonischen Mächte nie mit einer tatsächlich existierenden imperialen Macht (wie z.B. Dan 7–12) oder mit den Nichtjuden an sich (wie z.B. PsSal 17,1–3), sparte also die menschliche Welt aus. Wir werden zudem sehen, dass auch er das kommende Königreich Gottes als Gegenentwurf zu allen menschlichen Reichen ansah. Gut vorstellbar ist, dass für ihn der oben zitierte Psalm 146 eine wichtige Rolle spielte. Eher ungewöhnlich für apokalyptische Literatur war jedoch die Gewissheit Jesu, dass die ›*basileia* Gottes‹ nicht nur unmittelbar bevorsteht, sondern schon begonnen hat, also schon in die gegenwärtige Weltzeit eingebrochen ist und sie zu verändern beginnt. Trotzdem war das paradoxe, typisch jesuanische ›Schon‹ und ›Noch nicht‹ der Gottesherrschaft keine Erfindung Jesu, sondern knüpfte an Vorstellungen an, die sich u.a. in Liturgien und Gebeten des zeitgenössischen Judentums finden. Im Gebet wurde geglaubt und erlebt, dass die ›*basileia* Gottes‹ gegenwärtig ist, obwohl sie in der Realität noch aussteht. Neu war jedoch Jesu Überzeugung, das zukünftige, die ganze Welt umfassende Königreich Gottes sei dabei, sich schon in der Gegenwart durchzusetzen.

6.3 Das zukünftige und schon gegenwärtige Königreich Gottes in der Verkündigung Jesu

Hatte sich nach dem Ende der 1. Phase der Jesusforschung die eschatologische Deutung der Reich-Gottes-Verkündigung Jesu durchgesetzt, sind in den letzten Jahren wieder vermehrt Stimmen zu hören, die eine nichteschatologische Deutung favorisieren (vgl. Kap. 1.2; 1.4.2). Tatsache ist, dass in den Evangelien sowohl futurische als auch präsentische Aussagen zur Königsherrschaft Gottes vorkommen, umstritten ist jedoch ihre Deutung. Die Vertreter und Vertreterinnen eines nicht-eschatologischen Jesus halten zum einen viele eindeutig dem eschatologisch-apokalyptischen Bereich zuzurechnenden Worte Jesu für Bildungen der frühchristlichen Gemeinden und damit für nicht jesuanisch, zum anderen interpretieren sie auf Zukunft bezogene Aussagen Jesu innergeschichtlich und nicht eschatologisch-apokalyptisch.[4]

Im Folgenden werde ich zunächst die in der Forschung mehrheitlich als präsentisch und futurisch kategorisierten Reich-Gottes-Aussagen Jesu vorstellen und diskutieren. In einem zweiten Schritt werde ich das Ergebnis kontextualisieren, d.h. mit weiteren Jesusworten vergleichen und mit Informationen aus Jesu Umwelt verbinden, die für oder gegen eine eschatologisch-apokalyptische Deutung vor allem der ›zukünftigen‹ Reich-Gottes-Aussagen sprechen.

6.3.1 Worte Jesu zur Gegenwärtigkeit des Gottesreiches

Als Hauptbeleg für die Gegenwärtigkeit des Königtums Gottes und als unhinterfragt authentisch gilt vielen das *Exorzismuswort* Lk 11,20 par Mt 12,27 f. Danach ist für Jesus die Austreibung der Dämonen kein bloßes Vorzeichen, sondern die Ankunft des Reiches Gottes selbst:

> Wenn ich aber die Dämonen durch den Finger [Mt = Geist] Gottes austreibe, dann ist das Königreich Gottes schon zu euch gekommen.

Wolfgang Stegemann (302–307) hat nun jüngst diesen Konsens in Frage gestellt, indem er sowohl die so sicher behauptete Authentizität des Logions, als auch die ins Zentrum gerückte Gegenwärtigkeit des Gottesreiches bezweifelt. Ist das Exorzismuswort authentisch, muss es in seinem unmittelbaren Kontext interpretiert werden und in die-

sem verteidigt Jesus seine Exorzismen als Zeichen der Herrschaftsmacht Gottes gegen die Behauptung seiner Gegner, sie seien Zeichen
der Herrschaftsmacht des Teufels (Mk 3,22–27; Mt 12,22–30 par).
Damit ist die Gegenwärtigkeit der Königsherrschaft Gottes zwar in
diesem Zusammenhang nicht belanglos, steht aber nicht im Zentrum,
so dass auf ihr nicht das ganze Argumentationsgewicht liegen darf.
Außerdem sollten wir dann nach Stegemann akzeptieren, dass Jesus
nicht nur seine Exorzismen, sondern auch die anderer jüdischer Exorzisten als Anbruch des Gottesreiches zu verstehen scheint.

Immer wieder werden die so genannten *Wachstumsgleichnisse* als
Beispiele für die Gegenwärtigkeit des Gottesreiches genannt. Zu ihnen gehören das Gleichnis von der selbstwachsenden Saat (Mk
4,26–29), das Gleichnis vom Senfkorn (Mk 4,30–32 par QLk 13,18
f.; Mt 13,31 f.; EvThom 20) und das vom Sauerteig (Lk 13,20–21
par Mt 13,33; EvThom 96). Schaut man jedoch genauer hin, spielt
die Gegenwärtigkeit des Gottesreiches in diesen Gleichnissen zwar
eine wichtige Rolle, zugleich weisen sie aber auf die Zukunft hin,
auf die Vollendung des Gottesreiches. Am klarsten wird das im
Gleichnis von der selbstwachsenden Saat formuliert (Mk 4,26–29),
das mit dem Satz abschließt:

[29]Sobald aber die Frucht reif ist, schickt er [der Mensch, der Samen
gesät hat] die Sichel; denn die [Zeit der] Ernte ist da.

Auch die in Q als Doppelgleichnis vorliegenden *Gleichnisse vom Senfkorn* und *vom Sauerteig* (Mt 13,31–33 par Lk 13,18–21) verbinden
sowohl Gegenwärtigkeit als auch Zukünftigkeit des Gottesreiches:

Mt 13,31–33
Womit sollen wir das Königreich Gottes vergleichen (...)? Es ist wie
mit einem Senfkorn, (...) das kleiner als alle Samenkörner auf der Erde
ist, doch wenn es gesät wurde, geht es auf und wird zur größten aller
Gartenpflanzen und macht große Zweige, so dass unter seinem Schatten die Vögel des Himmels wohnen können.[5]
Es [das Königreich Gottes] gleicht Sauerteig, den eine Frau nahm und
unter drei Sat[6] Weizenmehl verbarg, bis alles durchsäuert war.

Die Pointe beider Gleichnisse liegt weniger in der immer wieder be-
haupteten Gegenüberstellung von kleinem Anfang und herrlichem
Ende der *basileia*, sondern in der Kraft und der Unaufhaltsamkeit
des einmal begonnenen Prozesses. Seinen Hörerinnen und Hörern
sagt Jesus mit diesen Gleichnissen, dass der Anfang gemacht ist und
das Reich Gottes schon da ist. Zwar erst in Form eines winzigen

Samenkorns und eines bisschen Sauerteigs, doch so unaufhaltsam das Senfkorn zu einem Schatten spendenden großen Baum wächst und das bisschen Sauerteig eine riesige Teigmasse durchsäuert, so unaufhaltsam wird sich das Königreich Gottes durchsetzen. Auch hier ist der Blick nicht nur auf die Gegenwärtigkeit des Gottesreiches im unscheinbaren Anfang gerichtet, sondern ebenfalls auf seine, noch in der Zukunft liegende Vollendung: »bis alles durchsäuert ist«. Gegenwart und Zukunft werden von Jesus unlösbar miteinander verknüpft. Aus dieser Verknüpfung erwachsen Hoffnung und Zuversicht.

Nicht ganz unumstritten in seiner Authentizität ist das so genannte *Erfüllungswort* Mk 1,15 (par Lk 10,9), das ich in seiner erweiterten markinischen Fassung für ursprünglich halte:

> und [Jesus] sprach: Die Zeit ist [hat sich] erfüllt, *das Reich Gottes ist nahe gekommen.*

Da beide Sätze »die Zeit hat sich erfüllt« und: »das Reich Gottes ist nahe gekommen« im Griechischen im Perfekt stehen, zielen sie auf einen abgeschlossenen Vorgang, der in der Gegenwart nachwirkt. In Bezug auf die Gegenwärtigkeit des Gottesreiches ergibt sich jedoch zwischen ihnen ein Unterschied. Der erste Satz sagt, dass etwas zu einem guten, vollen Ende gekommen ist. Hinter dem deutschen Begriff ›Zeit‹ steht das griechische Substantiv *kairos*, das nicht die messbare Zeit meint, sondern den richtigen, angemessenen Zeitpunkt für eine bestimmte Sache. D.h., dass die von Gott bestimmte Zeit da und in der Gegenwart angekommen ist. Der zweite Satz stellt nun zwar ebenfalls die Abgeschlossenheit fest, allerdings steht diese in Spannung zum Verb ›nahe kommen‹ (griech. *engizō*), das besagt, dass das Gottesreich eben noch nicht endgültig angekommen ist. Entsprechend ist Mk 1,15 par nicht nur ein Wort über die Gegenwärtigkeit des Gottesreiches, sondern zugleich ein Wort über seine Vollendung in unmittelbarer Zukunft.

Die Gegenwärtigkeit des Königreiches Gottes betonen schließlich auch Jesusworte, die das Drängende der *basileia* in den Vordergrund stellen und ein entsprechend entschlossenes und schnelles Handeln in der Gegenwart fordern. Hierzu gehören die Gleichnisse vom Gastmahl (Lk 14,16–24 par Mt 22,1–14 par EvThom 64), vom Schatz im Acker und von der Perle (Mt 13,44–46; EvThom 109.76). Der Gastgeber des Festmahls kann nicht warten, bis alle Geladenen wirklich Zeit haben und frei sind von ihren Verpflichtungen. Wenn Gott zum Fest ruft, müssen die Geladenen kommen, ansonsten feiert er ohne sie (Lk 14,16–24 par). Noch radikaler erscheint die angemessene Reaktion auf das Auffinden von Schatz und Perle, nämlich sofort alles zu verkaufen, um diese Schätze zu erwerben. Auch hier gehören Gegenwärtigkeit und Zukünftigkeit des Gottesreiches zusammen, ein eschatologisches Verständnis fehlt jedoch.

6.3.2 Worte Jesu zur Zukünftigkeit des Gottesreiches

Das sicher bekannteste Wort Jesu zur Zukünftigkeit des Gottesreiches ist die zweite Vaterunserbitte: *dein Königreich komme (Lk 11,2/ Mt 6,10)*. Sie zielt eindeutig auf ein zukünftiges Reich und kann im Kontext der Aussagen Jesu über die Gegenwärtigkeit der *basileia* nur verstanden werden als die drängende, beharrliche Bitte um die baldige und endgültige Durchsetzung dieses Reiches als Heilsraum. Als jesuanisch erweist sie sich vor allem deshalb, weil das frühe Christentum – wie schon vermerkt – das Kommen des Königreiches Gottes mit der Wiederkunft Jesu als endzeitlichem Menschensohn und Richter verband (z.B. 1 Kor 11,26c; Mt 25,31–46).

Die Zukünftigkeit des Gottesreiches begegnet uns auch in den ersten drei, wohl auf Jesus selbst zurückgehenden *Seligpreisungen* der lukanischen Fassung (Lk 6,20 f.), die den Armen, Hungernden und Weinenden das Reich Gottes verheißen:

> [20](…) Selig die Armen, denn ihrer ist das Reich Gottes. [21]Selig die Hungernden, denn sie werden satt werden. Selig die Weinenden, denn sie werden lachen.

Gegenüber der kürzeren Lk-Fassung ist die bekanntere und längere Mt-Fassung (Mt 5,3–4.6) mit Sicherheit sekundär, da in ihr schon die Spiritualisierung einsetzt und nicht mehr die materiell Armen, Hungernden und Weinenden im Zentrum stehen. Ebenfalls sekundär ist vermutlich die auf die Jünger Jesu bezogene Anrede in der 2. Person Plural bei Lk. In der rekonstruierten Fassung verheißt Jesus all jenen eine definitive Wende ihres Geschicks, die am Rand der Gesellschaft leben und deren Gegenwart von Hunger und Elend bestimmt ist. »Soll diese Zusage nicht zynische Vertröstung sein, muss Jesus das Kommen des Reiches in allernächster Zukunft erwartet haben.«[7]

Auf das Gottesreich als eine zukünftige, noch ausstehende Größe weisen auch die so genannten *Einlassworte* hin, mit denen Jesus bestimmte Einlassbedingungen für die *basileia* formuliert: so werden

Menschen »in sie hineingehen«, die sie wie ein Kind annehmen (Mk
10,15 par), die ihre »bösen« Glieder entfernen (Mk 9,47 par) oder
die als verhasste Steuerpächter und Prostituierte die Botschaft des
Täufers ernst genommen haben (Mt 21,31 f.). Auf der anderen Seite
werden Menschen, die eigentlich hineingehören, aus ihr »heraus geworfen« bzw. kommen gar nicht erst herein (Mt 8,12 par: die selbstgerechten Frommen Israels; Mk 10,23 par: die Reichen). Jesus
macht mit diesen Sprüchen deutlich, dass das Eingehen in diesen
Heilsraum von bestimmten Bedingungen abhängig ist, die zusammengefasst als Tun des Willens Gottes bezeichnet werden können.

Schließlich sei auch noch auf das *eschatologische Abendmahls-
wort bzw. Verzichtswort* (Mk 14,25 par) hingewiesen, das am besten
als Todesprophetie zu verstehen ist:

> Amen, ich sage euch: Ich werde nicht mehr von der Frucht des Wein-
> stocks trinken bis zu dem Tag, an dem ich von neuem davon trinke im
> Reich Gottes.

Gleich ob Jesus hoffte, dass das Reich Gottes noch vor seinem Tod
hereinbrechen würde oder nicht, er war sich sicher, dass er erst wieder Wein trinken, d.h. an einem festlichen Mahl teilnehmen würde,
wenn sich das Königreich Gottes endgültig durchgesetzt hat.

6.3.3 Gegenwärtigkeit und Zukünftigkeit des Reiches Gottes im Kontext eschatologisch-apokalyptischer Vorstellungen

Auf Grund der dargestellten Quellenlage ist es äußerst unwahrscheinlich, dass Jesus die Gegenwärtigkeit des Gottesreiches isoliert ins
Zentrum seiner Verkündigung gerückt hat. Jesus war kein weltfrem-
der Utopist. Er wusste, dass die Gegenwart seiner Hörerinnen und
Hörer, die herrschenden sozialen und politischen Verhältnisse in Galiläa wie im römischen Imperium, aber auch die familiären und persönlichen Verwerfungen noch nicht einmal ansatzweise die Gegenwart des Königreiches Gottes widerspiegelten. Und trotzdem konnte
er in den kleinen, unscheinbaren Anfängen seiner Exorzismen und
Heilungen, seiner Mahlgemeinschaften, ja in der Schöpfung selbst
die Gegenwärtigkeit der *basileia* spüren und sie anderen erfahrbar
machen. Jesus war auch kein gottvergessener Macher, der glaubte,
aus eigener Kraft die Welt verändern zu können. Er lebte aus einer
inneren Gewissheit heraus, dass Gott selbst sein Königreich in aller-

kürzester Zeit herbeiführen und vollenden werde. Die in der Gegenwart sich Bahn brechende Herrschaft Gottes war nur der Anfang, der aber, wie die Wachstumsgleichnisse zeigen, beharrlich und unaufhaltsam zur endgültigen Aufrichtung des Gottesreiches drängte.

Eine solche Vorstellung ist per se eschatologisch, doch ist sie auch apokalyptisch? Die behandelten Texte liefern uns dafür keine überzeugenden Beweise. Darin haben die Vertreter eines uneschatologischen und unapokalyptischen Jesus Recht. Andererseits ist es äußerst unwahrscheinlich, dass Jesus sich vollständig von den apokalyptischen Vorstellungen seines Lehrers, Johannes dem Täufer, entfernt haben sollte.[8] Ebenso unwahrscheinlich ist es, dass die ersten Christen ihre apokalyptischen Vorstellungen, insbesondere die Vorstellung über die Auferstehung der Toten und über die erwartete Wiederkunft Jesu als endzeitlicher Menschensohn, völlig an Jesus vorbei entwickelt haben. Vor allem die Gerichtsworte als Rückseite der Reich-Gottes-Verkündigung gehören hierher. Sie können kaum – wie immer wieder versucht wurde – vollständig aus der Jesusüberlieferung ausgeschieden werden, da sie zusammen mit der Erwartung eines unmittelbar bevorstehenden, allein von Gott heraufgeführten Äons die gemeinsame Schnittmenge der Verkündigung Jesu mit der Botschaft des Täufers und der Vorstellung der ersten Christen bilden. Auch das Drängende in vielen Jesusworten ist nur auf dem Hintergrund eines Glaubens an die kurz bevorstehende grundlegende Wende in der Geschichte verständlich.

6.4 Das Königreich Gottes als gesellschaftlicher Gegenentwurf zur erfahrenen irdischen Herrschaft

Die Diskussion um das Verhältnis von Gegenwärtigkeit und Zukünftigkeit des Reiches Gottes steht leicht in der Gefahr, von der Frage abzulenken, was denn eigentlich dieses Reich inhaltlich auszeichnet und so attraktiv macht, dass Menschen ihr Leben verändern, um hineinzukommen. Neben der Tendenz zur Spiritualisierung und Theologisierung der Metapher im Christentum haben dazu die Reich-Gottes-Logien selbst beigetragen, die in der Mehrzahl einen recht formalen Eindruck vom Königreich Gottes hinterlassen und zu einer gewissen Ratlosigkeit in Bezug auf seine Inhalte führen: es ist nahe gekommen, steht noch aus und setzt sich allmählich durch. Entsprechend können Menschen die *basileia* suchen, in sie hineingehen, aber auch von ihr ausgeschlossen werden.

Anders als wir heute, wussten Jesu ZuhörerInnen, was Jesus mit der Wendung ›Königreich Gottes‹ meinte. Für sie war es weder ein theologisches, noch ein spirituelles Königreich, sondern eine Metapher für eine umfassende Wirklichkeit, die im Gegensatz steht zu jeder menschlichen Herrschaft und zur erfahrenen empirischen Wirklichkeit, die von Unterdrückung und Ungerechtigkeit, Krankheit und Tod geprägt war (s.o. Kap. 6.2). Dass dieses jede menschliche Gesellschaft und Sozialordnung transzendierende Königreich keine bloße Extrapolation aus frühjüdischen Reich-Gottes-Vorstellungen ist, sondern dass Jesus selbst diese Vorstellung teilte, zeigen neben den Reich-Gottes-Worten auch eine ganze Reihe weiterer Texte in den Evangelien, nicht zuletzt die Adressaten der jesuanischen Verkündigung.

6.4.1 Die Adressaten und Adressatinnen der Reich-Gottes-Verkündigung Jesu

Das in den Reich-Gottes-Worten Jesu angekündigte und in seinen Taten schon erfahrbare Heil gilt in besonderer Weise den deklassierten und unterprivilegierten Gruppen Israels, Menschen mit sozioökonomischen, physischen und moralischen Defiziten.[9] Zu den *Menschen mit sozioökonomischen Defiziten* gehören besonders diejenigen, die Jesus in Lk 6,20 f. selig preist: *die Armen, die Hungernden und die Weinenden*. Gemeinsames Merkmal dieser Menschen ist ihre fehlende Macht, ihre Perspektiv- und Chancenlosigkeit. Leitwort ist der Begriff ›Arme‹, dessen zugrunde liegender griechischer Begriff *ptochos* auf eine Armut verweist, die zu Hunger führt und Weinen macht. Mit ihm werden ›bettelarme‹ Menschen bezeichnet, die in absoluter Armut leben, d.h. Menschen, die am Rande, häufig sogar unterhalb des Existenzminimums leben und oft nicht wissen, was sie am nächsten Tag essen sollen (vgl. a. die Brotbitte des Vaterunsers: Mt 6,11 par Lk 11,3). Solche Menschen haben nichts mehr zu lachen, ihre Situation ist wörtlich zum Weinen. Unter ihnen befinden sich hoch verschuldete Bauern, Tagelöhner, bettelnde Behinderte, Waisen und Witwen ohne familiäre Unterstützung. Stegemann (347) benutzt für diese Gruppe von Menschen den von Antonio Gramsci stammenden Begriff ›Subalterne‹, der darauf verweist, dass sie

> nicht nur in wirtschaftlicher und sozialer Hinsicht, sondern vor allem auch in politischer Hinsicht keinen Zugang zu den Ressourcen [ein-

schließlich Bildungsressourcen; Erg. von mir] und Führungsinstitutionen ihrer Gesellschaft haben bzw. keine Mittel besitzen, sich öffentlich bemerkbar zu machen und auf die Ziele einer Gesellschaft einzuwirken.

Zu Menschen mit sozioökonomischen Defiziten gehören aber auch *Kinder* (griech. paidion), denen Jesus wie den Bettelarmen in Mk 10,14 par uneingeschränkt die ›*basileia* Gottes‹ verheißen hat. Bis heute sind Kinder in den meisten Gesellschaften rechtlos und vollkommen abhängig von ihren Bezugspersonen. Die strukturelle und physische Machtlosigkeit der Kinder, und nicht romantisierend ihre Offenheit und ihr Vertrauen, sind die Gründe für ihre uneingeschränkte Zugehörigkeit zum Königreich Gottes. Ihre niedrige soziale Position hat Jesus auch im Blick, wenn er die Kinder als Vorbild für seine JüngerInnen hinstellt (Mk 9,33–37 par).

Menschen mit realen physischen Defiziten werden in Jesusworten über das Königreich Gottes zwar nicht direkt angesprochen, profitierten aber ganz unmittelbar von der in Jesu Tun schon erfahrbaren, nahe gekommenen *basileia* Gottes. Hier sind zuerst *Besessene* zu nennen, deren Befreiung von dämonischen Mächten Jesus selbst als Zeichen des schon angebrochenen und sich unaufhaltsam ausbreitenden Gottesreiches deutet (Lk 11,20 par Mt 12,28). Daneben werden wir in besonderer Weise auch *Kranke und Behinderte* als Adressaten der Verkündigung Jesu ansehen müssen, da neben seiner exorzistischen Tätigkeit vor allem seine Fähigkeit Kranke zu heilen charakteristisch für ihn war. Die enge Verbindung zwischen Reich-Gottes-Verkündigung und Krankenheilungen zeigt Lk 10,9, wo Jesus seine Jünger auffordert, die Kranken zu heilen und ihnen zu sagen: »nahe gekommen ist zu euch das Königreich Gottes«. Selbst wenn der Kontext des Erfüllungswortes nicht authentisch jesuanisch wäre, ist er doch Reflex auf das Wirken Jesu, der den Kranken und Behinderten nicht nur Heil predigte, sondern sie auch heil machte (Näheres dazu in Kap. 7.1.3). Wie die (Bettel)Armen gehörten auch Kranke und Behinderte zu den unterprivilegierten und deklassierten Gruppen Israels, ein Phänomen, das wir bis heute kennen: nicht nur sind Menschen in Armut häufiger krank als Wohlhabende, sondern auch umgekehrt führten chronische Krankheiten und Behinderungen damals (und nicht selten noch heute) fast immer zu Armut und Ausgrenzung (Bartimäus in Mk 10,46–52; die blutflüssige Frau in Mk 5,25).

Adressaten und Adressatinnen der Reich-Gottes-Botschaft Jesu waren schließlich auch *Menschen mit moralischen Defiziten*. Dazu

gehörten Steuerpächter (veraltet: Zöllner; zum Begriff siehe Kap.
7.2.1), Prostituierte und Menschen, die in den Evangelien pauschal
als Sünder bezeichnet werden. Nach Mt 21,28–31 haben sie größere
Chancen in die *basileia* Gottes zu gelangen als die selbstgerechten
Frommen (im Kontext: Hohepriester und Älteste). Entscheidend ist
ihre Umkehr, die nicht allein durch die Verkündigung Jesu und des
Täufers angestoßen wurde, sondern in besonderer Weise durch Jesu
vorurteilslose Zuwendung zu ihnen u.a. im gemeinsamen Mahl:

Mk 2,15-17
[15]Und als Jesus in seinem Haus zu Tisch lag, lagen auch viele Steuerpächter und Sünder zusammen mit ihm und seinen Jüngern zu Tisch;
denn es waren viele, die ihm folgten. [16]Als die Schriftgelehrten der
Pharisäer sahen, dass er mit Steuerpächtern und Sündern isst, sagten
sie zu seinen Jüngern: Wieso isst er zusammen mit Steuerpächtern und
Sündern? [17]Jesus hörte das und sagte zu ihnen: Nicht die Starken brauchen den Arzt, sondern die, denen es schlecht geht. Ich bin nicht gekommen, um Gerechte zu rufen, sondern Sünder.

Keine direkten Adressaten der Reich-Gottes-Verkündigung Jesu und
seines aus dieser Botschaft erwachsenen Tuns waren dagegen *Nichtjuden* (anders Theißen/Merz 246). Sie kommen in der Wortüberlieferung
ausschließlich im Gerichtskontext vor und werden dort kontrastierend
Jüdinnen und Juden gegenüber gestellt, die Jesu Botschaft skeptisch
beurteilen oder gar ablehnen. So werden im Logion vom Gastmahl im
Reich Gottes (Lk 13,28 f. par Mt 8,10) diejenigen vom Mahl ausgeschlossen, die selbstverständlich meinen, ein Recht auf Teilnahme zu
haben, während Menschen aus allen Himmelsrichtungen mit Abraham, Isaak und Jakob und allen Propheten speisen dürfen. Jesus nimmt
hier das Motiv der Völkerwallfahrt zum Zion auf (u.a. Jes 25,6–8; Mi
4,1–5; vgl. 6.2), wendet es aber polemisch gegen die selbstgerechten
Frommen Israels. Wie im Doppellogion von den Niniviten und der
Südkönigin in Mt 12,38–42 par sowie im Weheruf über die galiläischen Städte in Lk 10,13–15 par sind die eigentlichen Adressaten Israels Fromme, nicht Nichtjuden, die zudem – wie die Beispiele zeigen
– Jesu Verkündigung und Wirken gar nicht kennen können.

6.4.2 Das Königreich Gottes als Transformation jeder menschlichen Rechts- und Sozialordnung

Schon die Adressaten der Reich-Gottes-Verkündigung Jesu weisen
eindrucksvoll auf die gegenüber allen menschlichen Reichen völlig an-

dere Sozialstruktur hin. Im Zentrum, quasi als Bürger und Bürgerinnen des Gottesreiches, stehen Menschen, die in den irdischen Gesellschaften am Rand stehen, übersehen und ausgegrenzt werden, Menschen, die materielle, psychische, physische und soziale Not leiden. Mit Recht weist Stegemann jedoch darauf hin, dass wir uns dieses Reich nicht zu westlich modern denken sollten (322.346). Radikaler Egalitarismus und demokratische Verfasstheit waren kaum Kennzeichen dieses Königreiches, da jede Vorstellung vom Göttlichen, auch wenn sie die Gegenwart radikal transzendiert, immer nur auf der Basis des kulturgeschichtlich, politisch wie sozial Bekannten gedacht und gehofft werden kann. Folgende Modelle haben auf die jesuanischen Vorstellungen vom Königreich Gottes vermutlich eingewirkt.

Das *patriarchale Familienmodell* hat allein auf Grund der nicht seltenen Familienmetaphorik in den Evangelien als Vorstellungsfeld für das Königreich Gottes eine Rolle gespielt. Jesus nennt Gott »Vater« (aramäisch: ›Abba‹) und betet im Vaterunser darum, dass das Königreich dieses Vaters kommen soll (Mt 6,9–13 par Lk 11,2–4).[10] Das Verhalten dieses göttlichen Vaters ist nicht nur in der Jesustradition (vgl. z.B. auch Mt 5,48 par Lk 6,36 oder Lk 15,11–35), sondern auch in ersttestamentlicher und frühjüdischer Tradition von Fürsorge, Güte, Barmherzigkeit und Vergebung, von Treue, Hilfe, Rettung und affektiver Liebe geprägt.[11] Ein Vater mit solchen Eigenschaften war noch für einen oikos, einen einzelnen überschaubaren Haushalt, denkbar, hatte jedoch mit diversen Herrscherideologien, in denen sich Kaiser oder König als pater patriae (Vater des Vaterlandes) verehren ließen, nichts zu tun. Auf der anderen Seite zeigt das Modell der ›familia dei‹ für die Jesusbewegung, dass anscheinend nur die Funktion des Vaters im patriarchalen Haushalt auf Gott übertragen wurde, während weitere Differenzierungen zwischen den Haushaltsmitgliedern fehlen. Zwar werden Mutter, Brüder und Schwestern genannt, doch ohne dass eine Hierarchie zwischen ihnen zu erkennen wäre (vgl. Mk 3,31–35 par und folgendes Kap. 7.2.2).

Das Familienmodell kann jedoch nur begrenzt die mit der Reich-Gottes-Metapher verbundenen Hoffnungen auf Veränderung der sozialen Verhältnisse, einschließlich der Heilung von chronisch Kranken und Behinderten erklären. Dafür wird in jüngster Zeit vermehrt die in den mediterranen Gesellschaften weit verbreitete *Patron-Klienten-Beziehung* als Modell herangezogen. In einer solchen Beziehung gewährt der Patron seinem sozial und wirtschaftlich niedriger stehenden Klienten unterschiedliche Wohltaten und in Notsituationen großzügige Hilfe. Umgekehrt erwartet der Patron von seinen Klienten entsprechende Loyalität ihm gegenüber. Auch Herrscher verstanden und verhielten sich als Patrone, z.B. Kaiser Augustus gegenüber der Bevölkerung Roms (Stegemann 334 f.) oder Herodes der Große gegenüber landlos gewordenen Bauern in seinem Herrschaftsgebiet sowie mehrfach bei Hungersnöten (Ant 15,299-316/15,9.1 f.). Für Stegemann stehen vor allem die Speisungswunder Jesu in dieser Tradition. Doch gerade die von Stegemann herangezogen Beispiele einschließlich der Speisungswunder gehen kaum auf den historischen Jesus zurück, sondern verweisen auf frühchristliche Traditionen.

Eher als die Patron-Klienten-Beziehung scheint mir das oben unter 6.2 erwähnte Modell des *JHWH-Königtums* Einfluss auf die soziale Dimension der Reich-Gottes-Verkündigung Jesu genommen zu haben. Hinter diesem Modell wird noch eine ältere altorientalische Vorstellung sichtbar, nämlich die vom König als fürsorglicher Hirte (vgl. Ez 34; aber auch Ps 23). Die Speisung von Hungernden, die Heilung von Kranken und Behinderten, das Insrechtsetzen von Armen, die Integration von Fremden, Witwen und Waisen, das alles kennzeichnet auch den Gott Israels. Kein Wunder, dass er am Ende der Tage Israel und allen Völkern ein großes Festmahl auf dem Zion bereiten wird (Jes 25,6–8). In einer Welt des Hungers und stets gegenwärtiger bedrohlicher Nahrungsknappheit ist das Bild vom Festmahl die schönste Metapher für das Königreich Gottes.

Mit den Vorstellungen vom JHWH-Königtum verbindet sich ein weiteres mögliches Modell für die Reich-Gottes-Verkündigung Jesu, nämlich die Vorstellung von der *Wiederherstellung Israels als 12-Stämme-Volk*, das gegenüber den anderen Modellen stärker national-politische und eventuell auch antiimperiale Aspekte betont. Die so verstandene Restauration Israels hat sicher auf die Rolle der Zwölf für die Jesusbewegung eingewirkt (s. Kap. 7.2.2), vielleicht auch Einfluss auf das für die Jesusbewegung so typische ›Positionswechselmotiv‹ genommen, das ein Verhalten fordert, das dem von Herrschern und Mächtigen ihren Untertanen gegenüber genau entgegen gesetzt ist (Mk 10,43 f. u.ö.): »Bei euch aber soll es nicht so sein, sondern wer bei euch groß sein will, der soll euer Diener sein, und wer bei euch der erste sein will, soll Sklave aller sein.« Direkte Kritik am römischen Imperium und seinen Stellvertretern ist hier und auch anderswo in der Jesusüberlieferung aber nicht zu erkennen. Erst wenn wir die Rolle Jesu für das sich durchsetzende, raumgreifende Gottesreich näher betrachten, wird verständlich, warum er von römischer Seite als König der Juden verurteilt und hingerichtet wurde (dazu Kap. 9). Nicht nur manifestiert sich in seinem Verhalten das gegenüber den gegenwärtigen Sozialordnungen gänzlich Andere des Königreiches Gottes, sondern er wird auch messianische Erwartungen bei seinen Anhängerinnen und Anhängern geweckt haben, die von der jüdischen Obrigkeit wie von römischer Seite entschieden bekämpft werden mussten (vgl. Kap. 9.3.2).

6.5 Das Gericht als Kehrseite der Reich-Gottes-Verkündigung Jesu

Auf Jesu Heilsbotschaft vom schon angebrochenen und in unmittelbarer Zukunft sich endgültig durchsetzenden Reich Gottes gibt es letztlich nur zwei mögliche Reaktionen, Annahme oder Ablehnung. Die angemessene Reaktion ist selbstverständlich die freudige Annahme der *basileia* (vgl. die Gleichnisse vom Schatz im Acker und der Perle Mt 13,44–46), die in der Regel eine Umkehr des betreffenden Menschen voraussetzt, eine radikale Hinwendung zum Willen Gottes und zu den Menschen, die eine heilende, sättigende und befreiende Zuwendung besonders nötig haben.

6.5.1 Die Adressaten und Adressatinnen der Gerichtsankündigung Jesu

Eine solche freudige Annahme des Königreiches Gottes mit den beschriebenen persönlichen, sozialen und ökonomischen Implikationen war von vornhinein nicht von allen Zeitgenossen Jesu zu erwarten. In der Jesusüberlieferung sind drei Gruppen auszumachen, deren unterschiedliche Distanz zur Reich-Gottes-Verkündigung Jesu auch unterschiedliche Konsequenzen nach sich zieht.

Nicht wenige *tun sich schwer mit der radikalen Annahme der basileia*: wie der reiche Jüngling in Mk 10,17–22 par und die Menschen in den Nachfolgeworten Lk 9,57–62 par wollen sie den letzten Schritt nicht gehen oder sie sehen wie die Eingeladenen im Gleichnis vom Gastmahl ihre eigenen Geschäfte für vorrangig an (Lk 14,16–24). Anders als die unter 6.4 genannten Adressaten und Adressatinnen der Reich-Gottes-Verkündigung Jesu haben sie aus ihrer Sicht alle etwas zu verlieren, Haus oder Vermögen, Beruf, Familie oder Ansehen.

Von ihnen zu unterscheiden sind Menschen, *die sich weigern das von Jesus verkündete Heil überhaupt zu hören, ja die ihn und seine*

Botschaft sogar bekämpfen. Zu dieser Gruppe gehören die Einwohner der Dörfer Kafarnaum, Chorazin und Betsaida (Lk 10,13–15 par), bei denen Jesus letztlich nicht den gewünschten Erfolg hatte. Dazu gehört die geistliche Elite Israels, die Schriftgelehrten, Gesetzeslehrer und Pharisäer, die Hohenpriester und Ältesten (z.b. Lk 11,37–52 par), deren selbstgerechte und heuchlerische Frömmigkeit Jesus geißelt. Und schließlich gehören dazu auch die Reichen und Satten, die sich keinen Deut um die Bettelarmen, Hungrigen und Weinenden kümmern (z.b. Mk 10,25 par: Kamel im Nadelöhr; Lk 6,24 f.: Weheruf über die Reichen, Satten und Lachenden). Auffällig ist, dass diese Menschen uns vor allem als Gruppe und nicht als Individuen begegnen. Dass trotzdem Menschen aus diesen Gruppen in die *basileia* eintreten können oder zumindest nicht weit von ihr entfernt sind, ist damit nicht ausgeschlossen, wie Mk 10,27 par und Mk 12,28–34 par zeigen.

Schließlich gehört eine Gruppe hierher, die von Jesus pauschal als *diese Generation* (z.B. Lk 11,29–32.49–51 par) angesprochen wird und mit der vermutlich das ganze gegenwärtige Israel gemeint ist. In Lk 11,29 nennt Jesus sie »böse« und klagt sie an, auf seine Botschaft und sein Wirken hin nicht umgekehrt zu sein, in Lk 11,49–51 beschuldigt er sie gar, mitverantwortlich zu sein an der Tötung und Verfolgung von gottgesandten Propheten.[12] Diese pauschale Gerichtsankündigung erinnert stark an die Gerichtspredigt des Johannes (vgl. Mt 3,8–10 par), wonach alle jüdischen Zeitgenossen Jesu damit rechnen müssen, im Gericht nicht zu bestehen. Alle haben daher dringend Umkehr nötig, auch und gerade die frommen IsraelitInnen und ihre geistlichen Führer, die sich in ihrer Heilsgewissheit häuslich eingerichtet haben.

6.5.2 Bilder und Metaphern des Gerichts

Auffallend oft besteht das Gericht in der Jesusüberlieferung in einem *selbstverschuldeten und selbstgewählten Ausschluss vom Königreich Gottes.* Besonders Personen, die sich weigern den letzten radikalen Schritt auf die *basileia* hin zu tun, müssen mit dieser Konsequenz rechnen. Das gilt für die Eingeladenen im Gleichnis vom Gastmahl (Lk 14,16–24 par EvThom 64), die sich mit ›wichtigeren‹ Dingen entschuldigen, ebenso wie für den reichen Jüngling (Mk 10,17–23 par), der sein Vermögen nicht loslassen kann, oder für diejenigen, die erst noch ihre Familienangelegenheiten regeln wollen

(Lk 9,57–62 par). Als Selbstausschluss dürfte auch das Wort vom Völkergastmahl (Lk 13,28 f. par Mt 8,11) zu verstehen sein, wie überhaupt die Einlassworte (s.o. Kap. 6.3). Dem selbstgewählten Ausschluss werden in den genannten Überlieferungen nicht selten Menschen gegenüber gestellt, die ursprünglich nicht für das Königreich Gottes vorgesehen waren bzw. die sich die Eingeladenen als Gäste nicht vorstellen können.

Für die zweite und dritte Gruppe der AdressatInnen seiner Gerichtsankündigung gebraucht Jesus häufiger die Metapher vom *Gericht*. So treten im Doppellogion von der Südkönigin und den Niniviten (Lk 11,31 f. par Mt 12,41 f.) wie in einem weltlichen Prozess Zeugen im Endgericht auf. Auch die angekündigte Vergeltung für die Tötung und Verfolgung gottgesandter Propheten im Weisheitswort (Lk 11,50 f. par) setzt ein Gericht voraus. Ob dagegen die Überlieferung vom Menschensohn als von Gott beauftragter Richtergestalt auf Jesus zurückgeht, wage ich zu bezweifeln. Am ehesten könnte das noch in Mk 8,38 der Fall sein, während es für das Gleichnis vom Weltgericht Mt 25,31–46 sicher auszuschließen ist. Mit der Gerichtsmetapher eng verwandt ist die Vorstellung von der *eschatologischen Rechenschaftsablegung*, die ein Bild aus der Geschäftswelt aufgreift und nur im Gleichnis vom klugen Verwalter (Lk 16,1–7) und im Gleichnis von den anvertrauten Talenten (Lk 19,15–24 par Mt 25,19–28) vorkommt (Theißen/Merz 244).

Im Unterschied zur Gerichtspredigt des Johannes (Mt 3,7–12 par Lk 3,7–9.17), wo Heil und Unheil mit dem Bild der *Ernte* ausgedrückt werden, ist dieses in der Jesusüberlieferung mit der endgültigen Durchsetzung des Gottesreiches verbunden (vgl. z.B. das Gleichnis vom Sämann, Mk 4,2–8; das von der selbstwachsenden Saat, Mk 4,26–29). Eine mögliche Ausnahme könnte Mt 13,24–30 sein, das Gleichnis vom Unkraut unter dem Weizen, das wie beim Täufer auch das Vernichtungsgericht im Blick hat. Besser zu Verkündigung und Wirken Jesu scheint das Gleichnis vom unfruchtbaren Feigenbaum (Lk 13,6–9) zu passen, den der Besitzer abhauen lassen will, für den der angestellte Winzer aber um Aufschub bittet. Dieses Gleichnis rechnet zwar mit einem Strafgericht im Bild der Ernte, doch liegt der Fokus auf dem Versuch alles zu tun, um dieses Gericht zu vermeiden. Beide Gleichnisse kommen aber nur jeweils einmal vor und könnten auch erst nachösterlich gebildet worden sein.

Als Gerichtsmetaphern dienen Jesus schließlich auch *unerwartet herein brechende Katastrophen*, wobei er sowohl auf mythische Bilder der eigenen Tradition (Sintflut + Vernichtung von Sodom und

Gomorrha: Lk 17,26–30 par Mt 24,37–39) zurückgreift, als auch aktuelle Ereignisse aufgreift, wie das Niedermetzeln von galiläischen Pilgern durch Pilatus, während sie im Tempel opferten oder den Einsturz eines Turmes mit mehreren Toten (Lk 13,1–5). Immer betont Jesus mit der Katastrophenmetapher die grundsätzliche Gerichtsverfallenheit aller seiner Zuhörerinnen und Zuhörer.

Fazit: Festzuhalten ist mit Theißen/Merz (246), dass die Gerichtspredigt Jesu wie die des Täufers ihre AdressatInnen verunsichern will. Im Licht des anbrechenden Gottesreiches ist ganz Israel vor Gott schuldig geworden. Niemand, auch nicht die frommsten und gerechtesten Judäer und Judäerinnen können sich von vornherein und selbstgewiss sicher sein, im Gericht gerettet zu werden und in das Königreich Gottes einzugehen. Ärgerlich ist die jesuanische Gerichtspredigt auch für gut situierte Menschen und solche mit entsprechendem gesellschaftlichem und politischem Einfluss, insbesondere angesichts der Tatsache, dass Menschen, die an unterschiedlichsten Defiziten leiden und bisher unterprivilegiert waren, ja sogar Sündern und Sünderinnen, das Reich Gottes zugesagt wird.

Die Gerichtspredigt Jesu zielt jedoch selbst in ihrer härtesten Variante (z.B. das Weisheitswort Lk 11,49–51 par) nicht auf die Verunsicherung an sich, sondern durch die Verunsicherung hindurch auf die Umkehr ihrer AdressatInnen. Wie grundsätzlich jeder Gerichtsprophet Israels, einschließlich Johannes des Täufers, will auch Jesus durch die Ansage des Gerichts dieses gerade verhindern und die AdressatInnen zur Umkehr von ihrem bisherigen Lebensweg bewegen. Und schließlich noch ein Letztes: die Gerichtsbilder, die Jesus benutzt, sind zwar bedrohlich, bleiben aber in der Schilderung von Strafen sehr zurückhaltend. Am konkretesten sind noch die Katastrophenbilder, während Höllenschilderungen – wenn überhaupt – allenfalls in Mk 9,42–48 par auf Jesus zurückgehen. Letztlich passt diese Zurückhaltung sehr gut zum absoluten Vorrang der Reich-Gottes-Verkündigung Jesu, die in seinem Wirken ihre überzeugende Fortsetzung findet.

Literatur

Stegemann, Wolfgang, Jesus und seine Zeit (Biblische Enzyklopädie 10). Stuttgart: Kohlhammer 2010, 296–353. (Ein *anspruchsvoller, ungemein belesener Zugang zum Thema, mit interessanten, im deutschsprachigen Raum bisher kaum rezipierten Positionen.*)

Theißen, Gerd / Merz, Annette, Der historische Jesus. Ein Lehrbuch. 3.,
durchges. und um Literaturnachtr. erg. Aufl. Göttingen: Vandenhoeck &
Ruprecht 2001, 221–255. *(Ein guter Überblick, allerdings ohne Einbeziehung der neueren amerikanischen Jesusforschung.)*

7. Die Realsymbole der Königsherrschaft Gottes

Wie im Zentrum der Verkündigung Jesu die Heilsbotschaft von der schon angebrochenen Königsherrschaft Gottes steht, deren endgültige Aufrichtung Jesus in allernächster Zukunft erwartet hat, so stehen im Zentrum seines Wirkens Handlungen, in denen das endgültig erwartete Heil insbesondere für die ganz Armen, die Subalternen Israels, schon gegenwärtig und geradezu leiblich erfahrbar wurde. Zu diesen Handlungen Jesu gehörten seine Exorzismen und Heilungen, die sicher nicht erst im frühen Christentum, sondern auch schon bei Jesu Zeitgenossen einen besonderen Eindruck hinterlassen haben. Zu diesen Handlungen gehörte aber auch alles, was im weitesten Sinn unter das Stichwort ›Sammlung Israels‹ fällt: die offene Tischgemeinschaft mit den Ausgegrenzten und Randständigen Israels, seine damit zusammenhängende Wanderexistenz, die Bildung einer Gemeinschaft von Gleichgestellten, die mit Jesus zusammen eine der Königsherrschaft Gottes entsprechende »Praxis umfassenden Heil-Seins«[1] zu leben versuchten und ihn bei der Reich-Gottes-Verkündigung unterstützten.

7.1 Die Wundertaten Jesu als Manifestation der anbrechenden Königsherrschaft Gottes

Westliche Menschen tendieren dazu, unser heutiges, von den Naturwissenschaften geprägtes Weltbild auf das Wunderverständnis der Antike zurückzuprojizieren und die biblischen Wunder im Allgemeinen wie die Wunder Jesu im Besonderen als Ereignisse zu verstehen, die entgegen der kritischen Vernunft Naturgesetze durchbrechen. Ein solches Wirklichkeitsverständnis war der Antike und damit auch der Bibel fremd. Die meisten Menschen damals sahen die Welt von göttlichen und widergöttlichen Mächten durchdrungen, die unablässig versuchen Mensch und Natur jeweils in ihrem Sinne zu beeinflussen. Entsprechend wurden *Wunder in der Antike* zwar auch als Aufsehen erregende Ereignisse verstanden, doch stand nicht – wie heute – ihre Außerordentlichkeit im Vordergrund, sondern das Wirken einer höheren Macht bzw. göttlicher Kräfte, deren Gegenwart im Wunder besonders intensiv erfahren wurde. Die *Wunder in der Bibel* partizipieren am antiken Wunderverständnis, betonen aber stärker

als die Umwelt das Heilshandeln Gottes an Israel (z.B. Exodus) und
an einzelnen Menschen (z.B. Wunder des Elija und Elischa). Die
Wunder Jesu stehen ebenfalls in dieser Tradition. Neu ist allerdings,
dass in ihnen nicht nur das Heilshandeln Gottes erfahrbar wird, sondern dass Jesus sie auch auf das Engste mit der Ankündigung des
Gottesreiches verbindet und sie als Realsymbole der schon angebrochenen Gottesherrschaft versteht.

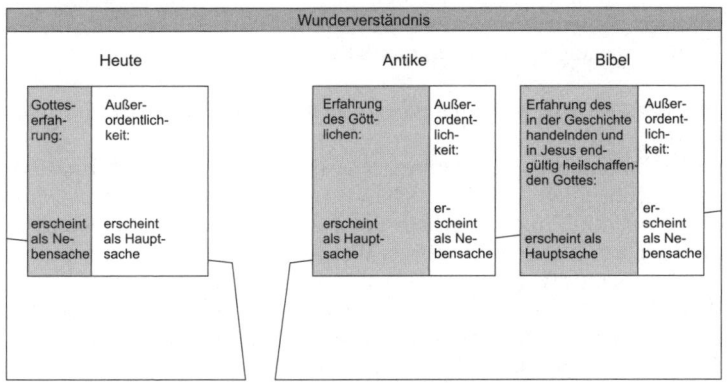

Abb. 2 Wunderverständnis Heute, in der Antike und in der Bibel

7.1.1 Die urchristliche Wunderüberlieferung und die Rückfrage nach dem Wundertäter Jesus

Dass Jesus Wunder gewirkt hat, ist in der Jesusforschung unbestritten. Zum einen wurden von ihm so viele Wundertaten erzählt wie
von keiner anderen Person des 1. Jh., zum anderen spricht auch die
Tatsache, dass er sich gerade darin von Johannes dem Täufer unterschied, von dem überhaupt keine Wundertaten überliefert sind, für
sein ausgeprägtes Wundercharisma.
    Auf der anderen Seite ist aber auch klar, dass
- wir nie den Wundern Jesu selbst, sondern immer nur Texten über
  sie begegnen.
- diese Texte in Form und Inhalt sowohl von jüdisch-alttestament-
  lichen als auch von hellenistischen Wundererzählungen und
  -motiven beeinflusst wurden.

- in diese Texte das Bekenntnis der frühen Christen von Jesus als dem Messias und dem Sohn Gottes eingeflossen ist.

Daraus folgt, dass keine Wundererzählung im NT die genaue Konstellation von Personen, Ort und Zeit, den genauen Handlungsablauf und die genauen Worte der möglichen Ursprungssituation wiedergibt. Daraus folgt weiter, dass einzelne Wundererzählungen und Wundergattungen nicht auf den historischen Jesus zurückgehen, sondern als narrative Entfaltungen des urchristlichen Christusbekenntnisses angesehen werden müssen.

Die Wunder Jesu in verschiedenen Evangelientraditionen und -gattungen
Die Erinnerung an die Wunder Jesu ist im Urchristentum breit bezeugt. Zum einen findet sie sich in verschiedenen *Evangelientraditionen* innerhalb und außerhalb des Neuen Testaments, angefangen vom Markusevangelium, dessen Wundererzählungen bis auf wenige Ausnahmen (z.B. Mk 7,31–37) von Mt und Lk übernommen wurden, über die Logienquelle (z.B. QLk 7,1–9), das Sondergut des Mt und des Lk (z.B. die Auferweckung des Jünglings von Nain Lk 7,11–17) bis zum Joh, das die spektakulärsten Wundertaten erzählt (Joh 2,1–11; 11,1–44). Der Befund in den *apokryphen Evangelien* ist dagegen sehr disparat. Während z.B. die Kindheitsevangelien von fantastischen bis absonderlichen Wundertaten Jesu erzählen (z.B. das Kindheitsevangelium des Thomas, Kap. 2.8–10), fehlen im *Thomasevangelium* Hinweise auf die Wundertätigkeit Jesu.

Zum anderen kommen die Wunder Jesu in verschiedenen Formen und *Gattungen* von Erzähl- und Redenstoff vor, am häufigsten in den eigentlichen *Wundererzählungen*. Diese werden klassisch in zwei Gruppen unterteilt, die Heilungen und Exorzismen auf der einen und die Naturwunder auf der anderen Seite. *Heilungen* und *Exorzismen* geschehen dabei an Menschen, während unter *Naturwunder* alle Wunder Jesu subsumiert werden, die im weitesten Sinn mit einer Beeinflussung oder Veränderung der Natur zu tun haben (z.B. Vermehrungserzählungen, Sturmstillung, Seewandel). Eine differenziertere Einteilung der neutestamentlichen Wundererzählungen hat Gerd Theißen schon 1974 vorgeschlagen.[2] Er unterscheidet sechs Wundertypen, die wiederum zu zwei Gruppen zusammengestellt werden können. Im Unterschied zur klassischen Einteilung benutzt er den Begriff ›Naturwunder‹ nicht mehr und führt außerdem die Kategorie ›Normenwunder‹ ein.

Nachwirkungen des historischen Jesus	Vorausgesetzter Osterglaube
Exorzismen	Rettungswunder
Therapien	Geschenkwunder
Normenwunder	Epiphanien

Neben den eigentlichen Wundererzählungen kommen Wunder im Erzählstoff auch noch in *Summarien* und *Apophthegmen*[3] vor, während sie im Redenstoff nur in *Logien* Jesu erwähnt werden. Für die historische Rückfrage nach Jesus sind vor allem Apophthegmen und Logien interessant, da Jesu Wundern in ihnen häufiger als in Summarien und Wundererzählungen auch Skepsis bis Ablehnung entgegen gebracht wird (vgl. z.B. die Nazaretperikope in Mk 6,1–6; die Beelzebulperikope in Mk 3,22–27; der Weheruf über Chorazin und Betsaida in QLk 10,13). Nur die Logien verbinden darüber hinaus Jesu Wundercharisma mit zentralen Themen seiner Verkündigung, so z.B. mit der Reich-Gottes-Verkündigung im Exorzismuswort QLk 11,20 oder mit seiner besonderen Zuwendung zu den ›Armen‹ Israels in QLk 7,18–23.

Die Analyse der Wundertaten Jesu in den Evangelien ergibt eine deutliche Tendenz, nur den *Exorzismen und Heilungen historische Authentizität* zuzusprechen:

• Sie kommen nicht nur in unterschiedlichen Überlieferungsschichten vor, sondern auch in unterschiedlichen Gattungen bis hin zum Redenstoff, während alle anderen Wundertypen nur in Wundererzählungen vorkommen.

• Sie sind rein quantitativ häufiger vertreten als die anderen Wundertypen (Heilungen 45 Mal; Exorzismen 30 Mal; alle anderen zusammen 20 Mal einschließlich fünf Totenerweckungen).

• Sie weisen eine größere Variabilität auf. In Heilungen und Exorzismen werden verschiedene Personen mit unterschiedlichen Leiden in verschiedensten Situationen erwähnt, während die anderen Wunderarten nur in höchstens drei Varianten erzählt werden.

• Exorzismen und Heilungen sind öfter Gegenstand von Kontroversen mit Skeptikern und Gegnern Jesu und zeichnen damit ein realistisches und kein überhöhtes Bild von Jesu Wunderwirken. Dem widerspricht nicht, dass Exorzismen nur in den ältesten Überlieferungen eine Rolle spielen, in späteren Texten jedoch fehlen (Sondergut des Lk; Joh). Gerade die Exorzismen waren wegen des mit ihnen verbundenen Magievorwurfs in der Antike sehr umstritten und standen immer in der Gefahr, falsch verstanden zu werden.

7.1.2 Exorzismen und Krankenheilungen als Kennzeichen der Wundertätigkeit Jesu

Exorzismen

Die Exorzismen Jesu sind nur auf dem Hintergrund eines Weltbildes zu verstehen, das selbstverständlich von der Existenz dämonischer Mächte ausgeht. In der jüdisch-christlichen Apokalyptik entwickelte sich sogar eine regelrechte Dämonologie, in der der ursprünglich als menschenfeindliches, himmlisches Wesen gekennzeichnete *Satan* (vgl. Sach 3,1; Ijob 1,6–2,7) zur höchsten, personal vorgestellten Macht des Bösen aufstieg. Sein Ziel ist es danach, zusammen mit seinen zahlreichen Helfershelfern, den Dämonen, die Menschen an Leib und Seele zu schädigen und sie von Gott und seinem Willen abzubringen. »Dämonische Besessenheit ... stellt ein kulturspezifisches Grenzphänomen dar«[4], das in einem mythisch geprägten Milieu psychopathische Erscheinungen und Angst machende Krankheitsphänomene erklären kann und den Betroffenen ermöglicht, in dieser Form ihre Not zu artikulieren und an die Hilfe von Exorzisten zu appellieren. Insbesondere in von fremden Mächten und Mentalitäten kolonisierten Völkern wie bei den Judäern des 1. Jh. entwickeln sich überdurchschnittlich häufig mentale, schizoide Störungen, die als dämonisch verursacht interpretiert werden können. Die Dämonen werden dabei als eine Art ›Hausbesetzer‹ des Menschen angesehen, die das ›Ich‹, die Identität des Menschen, aus seinem Körper vertrieben haben oder es zumindest unter Kontrolle halten. Nur ein Exorzist, der an diese Vorstellung anknüpft, kann erfolgreich sein.

Dass auch Jesus als ein solch erfolgreicher Exorzist wahrgenommen wurde, zeigen besonders die Auseinandersetzungen mit Gegnern und Konkurrenten über seine Exorzismen in Apophthegmen und Logien. Dazu gehört der Jesus von seinen Gegnern entgegen geschleuderte Beelzebul-Vorwurf, der so kompromittierend und ungeheuerlich war, dass er wohl kaum von christlicher Seite erfunden wurde: »Er hat Beelzebul und treibt mit dem Herrscher der Dämonen die Dämonen aus« (Mk 3,22; vgl. auch QLk 11,15). Auch der ungewöhnliche und nicht eindeutig zu klärende Name ›Beelzebul‹

für ›Satan‹[5] spricht für eine historische Reminiszenz. Jesus wird hier selbst teuflische Besessenheit vorgeworfen. Nicht Gottes Macht soll in seinen Exorzismen wirksam sein, sondern die Satans, des absoluten Gegenspielers Gottes. Als erfolgreicher Exorzist war er anscheinend in den Augen einiger religiöser Autoritäten so gefährlich, dass sie versuchten ihn auf diese Weise vor dem Volk zu diskreditieren und seinen Ruf zu ruinieren.

Jesu Verteidigung ist ein Kabinettstück an überzeugender Argumentationsstrategie:

> [23]Wie kann Satan Satan austreiben? [24]Und wenn ein Königreich in sich gespalten ist, kann dieses Königreich nicht bestehen. [25]Und wenn ein Haus in sich gespalten ist, kann dieses Haus nicht bestehen. [26]Und wenn der Satan gegen sich selbst aufsteht und gespalten wird, kann er nicht bestehen, sondern hat ein Ende. (Mk 3,23–26)

> [19]Wenn ich aber mit Beelzebul die Dämonen austreibe, mit wem treiben sie eure Söhne aus? (…) [20]Wenn ich aber mit dem Finger Gottes die Dämonen austreibe, ist das Königreich Gottes schon zu euch gekommen. (QLk 11,19 f.; vgl. a. Mk 3,27 par)

In Mk 3,23–26 weist Jesus den Vorwurf gegen ihn anhand unmittelbar einleuchtender Beispiele aus der Erfahrungswelt der Gegner als unlogisch zurück. In QLk 11,19 f. geht er sogar noch einen Schritt weiter und führt mit dem Hinweis auf die Exorzismen ihrer eigenen Söhne den Angriff seiner Gegner ad absurdum. Interessant ist in diesem Zusammenhang, dass Jesus sich hier nicht negativ von den Söhnen seiner Gegner absetzt, sondern Dämonenaustreibungen von wem auch immer grundsätzlich für positiv hält, da sie das Kommen der *basileia* Gottes beschleunigen. Das spricht ebenso für ihre Authentizität wie die niederschwellige Argumentation ohne christologischen Anspruch (vgl. Ebner 114 ff.).

Ob Jesus ein Magier war, wie von der Antike bis heute immer wieder behauptet wird,[6] hängt vor allem an der Begriffsdefinition von ›Magie‹. Wenn die Erzählungen über Jesu Exorzismen nicht ausschließlich Erzählmustern der Gattung Exorzismus folgen sollten, hat er sich zwar Praktiken bedient, die auch von anderen Exorzisten erzählt werden: Bedrohungen, Ausfahrworte, Befragungen, Einschickungen (Schweine), Rückkehrverbote der Dämonen, hat aber wohl keine magischen Mittel und Zauberformeln benutzt. Dagegen können wir mit Sicherheit ausschließen, dass Jesus ein Magier war, der Zauberei und Scharlatanerie trieb,[7] da die problematischen

Formen von Magie wie die Durchsetzung fragwürdiger Wünsche
oder die Schädigung von Menschen fehlen:

> Mit seinen Wunderheilungen deckt Jesus nur ein kleines Segment des-
> sen ab, was zum Repertoire eines antiken Magiers zählt. Liebeszauber,
> Verfluchung von Prozessgegnern, Rezepte zur Erlangung von Reich-
> tum und dergleichen mehr sind von Jesus nicht überliefert.[8]

Unabhängig von der konkreten Durchführung seiner Exorzismen,
über die wir letztlich nur wenig Genaues wissen, unterscheiden sich
die Exorzismen Jesu von den Exorzismen anderer jüdischer Wundertäter vor allem durch ihre *Verbindung zur Reich-Gottes-Verkündigung Jesu.* Darauf weist nicht nur das Logion vom Satanssturz hin
(Lk 10,18; dazu genauer Kap. 5.4), sondern auch das in der Beelze-
bulkontroverse überlieferte Gleichnis von der Bindung des Starken:
»Niemand ist in der Lage in das Haus des Starken hineinzukommen
und seine Besitztümer zu rauben, wenn er nicht zuerst den Starken
gefesselt hat. Erst dann wird er sein Haus ausrauben.« (Mk 3,27) Das
Bild bezieht sich auf das zur Zeit Jesu verbreitete Sozialbanditen-
tum, in dem Menschen, die nichts mehr zu verlieren hatten, in Ro-
bin-Hood-Manier in Häuser von Reichen eindrangen und sie aus-
raubten. Auch wenn dem Gleichnis eine gewisse Sympathie für
solches Vorgehen nicht ganz abzusprechen ist, steht vom Kontext
her jedoch der eschatologische Kampf zwischen den Mächten Satans und den himmlischen Mächten im Zentrum. Das aus der Apokalyptik stammende Bild von der Bindung Satans als Zeichen des Sie-
ges über ihn (vgl. z.B. äthHen 10,4 f.; 54,3–5; aber auch Offb 20,2)
greift Jesus auf, um deutlich zu machen, dass seine Exorzismen nur
gelingen, weil der Satan (›der Starke‹) im Himmel schon besiegt
wurde und sein Dämonen-Haus auf der Erde zur Plünderung freige-
geben ist. Sie sind daher für Jesus nicht nur Zeichen, sondern Realsymbole der unmittelbar bevorstehenden Heilszeit; denn die Vertrei-
bung des Bösen aus den Herzen und Köpfen der Menschen ist
notwendige Voraussetzung für das Kommen des Königreiches Gottes auf der Erde. Überall da, wo Dämonen vertrieben wurden, ge-
winnt das Gottesreich neuen Raum.

Krankenheilungen

Wie dämonische Besessenheit ist *Krankheit* nicht nur ein physisches
Übel, sondern immer auch gesellschaftliches Konstrukt und Spiegel
der gesellschaftlichen Entwicklung wie der sozialen Stellung der
Betroffenen. Arme Menschen sind im Durchschnitt nicht nur öfter

krank und sterben früher als Wohlhabende, sie werden auch häufiger von bestimmten Krankheiten heimgesucht. So sind heute wie zu Jesu Zeiten noch einige Formen von Blindheit besondere Kennzeichen von Armut, da sie mit mangelhaften hygienischen Verhältnissen und fehlendem Zugang zu entsprechenden Medikamenten und ausgebildeten Ärzten zusammenhängen. Wo es keine Ärzte gibt oder wo sie unbezahlbar sind, bleibt den Kranken oft nur die Hoffnung auf Wunderheiler, Schamanen oder Magier – auf medizinische Laien mit charismatischen Fähigkeiten.

Auch Jesu *Krankenheilungen* im ländlichen Galiläa des 1. Jh. und sein damit verbundener Ruf als erfolgreicher Heiler setzen ein solches Milieu voraus. Seine Heilungen selbst können am besten beschrieben werden als Übertragung einer besonders starken, heilkräftigen Energie auf die Kranken, eine Fähigkeit, die heutige psychosomatische Medizin wieder ernst nimmt. Obwohl wir wie bei den Exorzismen in den Heilungserzählungen die ursprüngliche Situation nur noch erahnen können, liegt es nahe, dass Jesus, wie charismatische Wunderheiler aller Zeiten, durch *heilende Berührungen* (z.B. Handauflegungen; vgl. die Heilung der Schwiegermutter des Petrus Mk 1,29–31) und *heilende Mittel* (im NT nur Speichel; vgl. die Blindenheilung Mk 8,22 f.) das Leiden oder die Krankheit der Menschen heilte, die zu ihm gebracht wurden oder selbst zu ihm kamen. Dabei war wohl weniger das Glaubensmotiv an sich für Jesus typisch, wie Theißen meint (266), als die überlieferte Zusage: »dein Glaube hat dich gerettet« (vgl. z.B. Mk 10,52). Denn jeder Heiler ist darauf angewiesen, dass die kranke Person ihm voll und ganz vertraut und ihm glaubt. Ohne diesen Glauben sind Heilungen nicht möglich, schon gar nicht so genannte Spontanheilungen, mit denen wir bei Jesus rechnen müssen. Die Abhängigkeit auch des jesuanischen Wundercharismas von der Einstellung seiner Umgebung zeigt glaubwürdig die Nazaret-Szene Mk 6,1–6, in der die Dorfbewohner ihn und sein Wundercharisma ablehnen, so dass er dort keine Wunder tun konnte, außer einigen Kranken die Hände aufzulegen und sie zu heilen (V. 5).

7.1.3 Reich-Gottes-Verkündigung und Jesu Wunder

Von den in den Evangelien überlieferten Wundertypen gehen nur Exorzismen und Krankenheilungen auf den historischen Jesus zurück. Alle anderen Wunder setzen den Osterglauben voraus und müssen als narrative Entfaltung des urchristlichen Bekenntnisses angesehen werden. Exorzismen und Krankenheilungen sind jedoch keine Alleinstellungsmerkmale Jesu, sondern werden auch von anderen antiken Wundertätern erzählt. Sie passen zudem gut zum sozialen und religiösen Kontext, in dem Jesus wirkte, d.i. zu einem ländlich-bäuerlich geprägten Milieu, das auf der einen Seite durch die römische Besatzung und den Einfluss hellenistisch-paganen Denkens auf viele, auch identitätsstiftende Lebensbereiche tief verunsichert war, auf der anderen Seite durch Besatzungsmacht und einheimische Eliten unterdrückt, ausgebeutet und klein gehalten wurde. Dämonenglaube und apokalyptische Vorstellungen prägten das Denken der in diesem Milieu lebenden Menschen und erklären zumindest teilweise die große Rolle der Exorzismen Jesu. Auf diesem Hintergrund verwundert es auch nicht, dass in den Evangelien die Grenze zwischen Krankheit und Besessenheit nicht immer klar gezogen wird (vgl. z.B. Mk 1,29–31 mit Lk 4,38 f.).

Im Unterschied zu anderen jüdischen Wundertätern seiner Umwelt wird durch die Exorzismen und Heilungen Jesu aber nicht allein Gottes gegenwärtiges Heilshandeln erfahrbar, vielmehr verbindet Jesus sie auf das Engste mit der Ankündigung der in kürzester Zeit erwarteten *basileia* Gottes. Dadurch werden sie zu Realsymbolen des Gottesreiches, so dass in Jesu heilendem und rettendem Handeln dieses Reich so erfahren wird, dass es schon als angebrochen geglaubt werden kann. In den Wundern Jesu liegt daher eine ungeheure Hoffnung auf die endgültige Überwindung jeglicher körperlicher, geistiger und seelischer Not. Eine rein spirituelle, auch bloß symbolische Deutung von Exorzismen und Heilungen greift zu kurz.

7.2 Die Sammlung Israels

7.2.1 Die offene Tischgemeinschaft Jesu mit den ›Verlorenen‹ Israels

Mähler Jesu und Mahlmetaphorik in den Evangelien
Neben seinen Exorzismen und Heilungen kennzeichnet kein anderes Verhalten Jesus so sehr wie seine offene Tischgemeinschaft mit den unterschiedlichsten Personen und Gruppen Israels. Dem entspricht eine Fülle von Texten in den Evangelien, die entweder von Mählern Jesu selbst erzählen oder in denen Jesus Mahlmetaphorik verwendet. Sie finden sich nicht nur in allen Traditionsschichten der Evangelien

(Mk, Q, Sondergut der Synoptiker, Joh) einschließlich des Thomasevangeliums, sondern auch in den verschiedenen Gattungen von Er-
zähl- und Redenstoff: von Wundererzählungen (z.b. die Speisung der
5000 in Mk 6,30–44 par) und Apophthegmen (z.b. das so genannte
Zöllnermahl Mk 2,15–17 par) über das letzte Mahl Jesu in den Passionserzählungen (Mk 14,17–26 par) und den nachösterlichen Christo-
phanien beim Mahl (z.b. die Emmauserzählung Lk 24,13–35) bis hin
zu Logien (z.b. vom Gastmahl im Reich Gottes QLk 13,28 f.) und
Gleichnissen (z.b. vom Gastmahl Lk 14,15–24 par).

Nun könnte man einwenden, dass das gemeinsame Essen für die
Menschen der Antike eine grundlegendere Bedeutung hatte als für
Menschen der westlichen Welt heute. Nach Matthias Klinghardt kul-
miniert das Leben von antiken Gruppen und Vereinen, auf der Ebene
zwischen Familie und öffentlichen Institutionen also, nicht einfach
im Gemeinschaftsmahl, sondern »das Mahl *ist* das Gemeinschaftsle-
ben.«[9] Das gilt nach Klinghardt auch für die Entstehung des Christentums (»Die Entstehung von Gemeinde und Gemeinschaftsmahl
fällt in eins.«[10]) und – ich möchte ergänzen – ebenso für die Jesusbewegung und ihre Mähler.

Trotz dieser Übereinstimmungen mit gemeinantiken Konventio-
nen unterscheiden sich die Mähler Jesu einschließlich der von ihm
verwendeten Mahlmetaphorik jedoch von sonstigen Mählern im jüdischen wie paganen Kontext durch ihre Offenheit gegenüber Personen, die nicht zur eigenen Gruppe gehören bzw. die aus dieser
ausgeschlossen wurden. Umgekehrt droht Jesus in Gleichnissen
und Logien denjenigen, die selbstverständlich dazuzugehören
scheinen, den (Selbst)Ausschluss vom Mahl an (z.B. QLk 13,28 f.;
Lk 14,15–24; vgl. a. Kap. 6.1; 6.3.1). Diese Besonderheit der Mähler Jesu hängt damit zusammen, dass er sie ebenso wie Exorzismen
und Krankenheilungen mit der Heilsbotschaft vom Königreich Gottes verbindet. In Jesu offener Mahlpraxis ist die Heil und Gemeinschaft schaffende Nähe Gottes schon jetzt auch für diejenigen erfahrbar, die nach Ansicht der religiösen und politischen Autoritäten
seines Volkes nicht dazugehören.

Zu Gast bei Steuerpächtern und SünderInnen
Obwohl Jesus mit allen möglichen Leuten zusammen gegessen hat,
mit seinen AnhängerInnen wie mit Gegnern und Skeptikern[11], mit
Armen und Reichen, Frauen und Männern, hat nichts die Gemüter
vieler Frommer so erregt wie seine *Mähler mit Steuerpächtern* (üblicherweise übersetzt mit ›Zöllner‹) *und SünderInnen*. Den damit

verbundenen Vorwurf gibt QLk 7,34 sehr authentisch wieder: »Siehe, [dieser] Mensch ist ein Fresser und Weintrinker, ein Freund von
Steuerpächtern und Sündern.«

Auch die markinische Überlieferung kennt diesen Vorwurf und
verbindet ihn mit einer im Kern sicher authentischen apophtheg-
matischen Szene, die auf die Berufung des Steuerpächters Levi
folgt:

> Mk 2,15–17
> [15]Und viele Steuerpächter und Sünder lagen zusammen mit Jesus und
> seinen Jüngern zu Tisch – denn es waren viele – und sie folgten ihm
> nach. [16]Und als die Schriftgelehrten der Pharisäer sahen, dass er mit
> Sündern und Steuerpächtern isst, sagten sie zu seinen Jüngern: Er isst
> [ja] mit Steuerpächtern und Sündern! [17]Als Jesus das hörte, sagt er zu
> ihnen: *Nicht* die Starken [Gesunden] brauchen den Arzt, *sondern* die,
> denen es schlecht geht. Ich bin *nicht* gekommen Gerechte zu berufen,
> *sondern* Sünder.

Dass Jesus mit *Steuerpächtern* zusammen gegessen hat und dadurch mit ihnen Gemeinschaft pflegte, ist unbestritten. Es handelte sich bei ihnen um eine genau abgrenzbare Berufsgruppe innerhalb des jüdischen Ethnos, die auf Grund ihres notorischen
moralischen Fehlverhaltens im zwischenmenschlichen Bereich
(Betrug, Wucher, Kollaboration mit der Besatzungsmacht) nicht
nur unbeliebt und verachtet waren, sondern als Sünder auch für
schwer bekehrbar gehalten wurden. In der Forschung umstritten
ist dagegen die Authentizität des Begriffs *SünderInnen*, da er im
Unterschied zum Begriff ›Steuerpächter‹ sehr allgemein ist. Doch
zumindest aus der Sicht der sich fromm wähnenden Zeitgenossen
Jesu ist eine solche Kombination gut denkbar, da für sie Sünder
bevorzugt mit anderen Sündern verkehrten, nach dem Motto:
›Gleich und gleich gesellt sich gern‹. Wenn Jesus also mit den sün-
digen Steuerpächtern aß, so ihre Schlussfolgerung, waren sicher
auch andere SünderInnen dabei.

Die Frage stellt sich in diesem Zusammenhang, warum sich Jesus
bevorzugt den Steuerpächtern zuwandte. Ein Grund könnte gewesen sein, dass dieser Berufsstand zwar zu Recht einen insgesamt
schlechten Ruf hatte, es aber trotzdem Steuerpächter gab, die weder
ihre Mitmenschen betrogen und ausbeuteten noch mit der Besatzungsmacht kollaborierten. Trotzdem wurden wahrscheinlich auch
sie ausgegrenzt und litten darunter. Dafür dass Jesus zunächst einmal diese zu Unrecht ausgegrenzten Menschen im Blick hatte,

könnte die Sentenz in Mk 2,17a sprechen, die im Unterschied zu V. 17b offen lässt, was genau mit ›schlecht gehen‹ gemeint ist (vgl. a. Mk 1,34, wo sich dieselbe griechische Wendung auf physisch Kranke bezieht).

Ein anderer Grund könnte gewesen sein, dass gerade die Steuerpächter in den Dörfern und Kleinstädten Galiläas am offensichtlichsten als Gruppe ausgegrenzt wurden und unter sich blieben. Da es Jesus angesichts des nahe bevorstehenden Gottesreiches auch um die Umkehr der SünderInnen und ihre Rückkehr in die Gemeinschaft Israels ging, lag es für ihn nahe, gerade diesen offensichtlich ›Verlorenen‹ Israels nachzugehen und sie dort aufzusuchen, wo sie sich aufhielten. Sowohl das Gleichnis vom verlorenen Schaf (QLk 15,3–7) als auch das Gleichnis von der verlorenen Drachme (Lk 15,8–10) legitimieren sein Verhalten, mehr noch, sie weisen es als genuin göttliches bzw. als ein ausdrücklich von Gott sanktioniertes Verhalten aus. Auf der anderen Seite müssen wir damit rechnen, dass ein solches Verhalten längst nicht immer erfolgreich war und von den Frommen Israels deshalb als anstößig empfunden werden konnte, weil es den Anschein erweckte, dass Jesus eine Umkehr der SünderInnen gar nicht für nötig hielt. Darauf hat Peter Fiedler mit einer Erzählung aus dem babylonischen Talmud überzeugend hingewiesen:

> Einige sittenlose Gesellen lebten in der Nachbarschaft von Rabbi Seïra. Er befreundete sich aber mit ihnen, um sie so zur Umkehr zu bewegen. Unsere Meister wurden darüber ärgerlich. Als die Seele Rabbi Seïras zur Ruhe einging, sagten sie [die Sünder]: Bis heute war der Kleine mit den verbrannten Schenkeln da, der für uns um Erbarmen flehte. Jetzt aber – wer fleht für uns um Erbarmen? Sie bewegten es in ihren Herzen und taten Umkehr. (bSan 37a)[12]

Auf einen letzten Aspekt für die anstößige bleibende Solidarität Jesu mit den Steuerpächtern könnte schließlich die Abwehr des älteren Sohnes gegenüber der vom Vater ausgerichteten Feier für den jüngeren, den ›verlorenen Sohn‹ in Lk 15,11–32 hinweisen: dass nämlich die Verlorenen, selbst wenn sie umkehrten, nicht selbstverständlich damit rechnen konnten von den Frommen Israels wieder in die Gemeinschaft aufgenommen zu werden. Das galt besonders für Menschen, die auch weiterhin einen von ihrer Umwelt gehassten Beruf wie den des Steuerpächters ausübten, den sie ja nicht einfach aufgeben konnten und wohl von Jesus her auch nicht mussten.

7.2.2 Teilhabe an der Sammlung Israels: JüngerInnenschaft und Zwölferkreis

Die Wanderexistenz Jesu

Wenn Jesus mit der Heilsbotschaft von der schon jetzt in seinem zuwendenden Handeln erfahrbaren Ankunft der Königsherrschaft Gottes gerade die Kranken und Besessenen, die Armen und Hungernden, die Ausgegrenzten und Verlorenen Israels erreichen wollte, konnte er nicht wie sein Lehrer Johannes an einem Ort bleiben und warten, bis alle zu ihm gekommen waren. *Er musste also seine sesshafte Existenz aufgeben und eine Wanderexistenz ohne festen Wohnsitz führen*, die nicht nur per se Bedürfnislosigkeit und Besitzlosigkeit einschloss, sondern auch zu einem radikalen Bruch mit seiner Familie führte. Bedürfnislosigkeit und Besitzlosigkeit hatte Jesus schon bei Johannes kennengelernt, der Bruch mit seiner Familie wurde aber erst mit seiner Rückkehr nach Galiläa offensichtlich. Mk 3,21 gibt uns in Verbindung mit V. 31–35 einen erhellenden Einblick in diesen Konflikt: »Als seine Verwandten davon hörten, kamen sie heraus, um ihn zu ergreifen; denn sie sagten: er ist von Sinnen.« Der Vers wurde von Mt und Lk wohl ob seiner Anstößigkeit nicht übernommen, denn von Mk 3,31–35 her scheinen zu den Verwandten, die sich für Jesu Verhalten schämen und ihn gewaltsam an seiner Sendung zu hindern versuchen, auch seine Mutter, seine Brüder und Schwestern zu gehören. Erst auf diesem Hintergrund ist Jesu radikale Distanzierung von ihnen verständlich; er verleugnet sie: »Wer sind meine Mutter und meine Brüder?« (V. 33) und setzt an ihre Stelle eine neue Familie mit Gott als Vater: »Wer den Willen Gottes tut, dieser ist für mich Bruder, Schwester und Mutter.« (V. 35) Diese *familia dei* wird die Herkunftsfamilie hundertfach ersetzen (vgl. Mk 10,28–30), mehr noch, in ihr wird es auch keine Hierarchien mehr geben, was insbesondere das Fehlen eines irdischen Vaters zeigt und die Setzung der Mutter an die letzte Stelle.

Der Bruch mit der Familie, den Jesus später auch von seinen Jüngern und Jüngerinnen verlangt, war daher also kein Willkürakt gegen sie, sondern die notwendige Reaktion auf die Forderungen und Erwartungen einer antiken patriarchalischen Familie an ihre Mitglieder, die mit der Heilsbotschaft Jesu und seiner Wanderexistenz nicht in Einklang zu bringen waren.

Schüler und Schülerinnen Jesu

Jesus muss schon relativ bald klar geworden sein, dass er angesichts der Kürze der Zeit für die Verkündigung seiner Heilsbotschaft vom schon angebrochenen und sich bald durchsetzenden Gottesreich Hilfe und Unterstützung brauchte. Das konnten nur Menschen sein, die bereit waren von ihm zu lernen, sich also auf ein Schüler-Lehrer-Verhältnis zu Jesus einzulassen. Ein solches Lehrer-Schüler-Verhältnis war im antiken (jüdischen) Umfeld Jesu keine Seltenheit: so hatten Pharisäer (Mk 2,18) und Schriftgelehrte Schüler, später dann die Rabbinen. Im paganen Milieu gab es verschiedene Philosophenschulen, die – wie der Name sagt – Schüler ausbildeten (Akademie des Platon, Stoa, Epikuräer); auch freie Propheten und Prophetengruppen hatten ihre Schüler, denen im griechisch-römischen Raum am ehesten die Kyniker entsprachen. Jesus selbst war Schüler Johannes des Täufers gewesen, der in der prophetischen Tradition eines Elija stand und sich vielleicht sogar als Elija redivivus stilisiert hatte (s.o. Kap. 5.1.2), so dass es nahe liegt auch das Verhältnis zwischen Jesus und seinen Schülerinnen und Schülern in Analogie zum Verhältnis zwischen Prophet und Prophetenjünger zu sehen. Das könnte durch die zwei Berufungserzählungen in Mk 1,16–20 (vgl. auch Mk 2,14 par) bestätigt werden, die formal wie inhaltlich nach der Berufungserzählung des Elischa durch Elija in 1 Kön 19,19–21 gestaltet wurden und in deren Zentrum jeweils der radikale Bruch der Berufenen mit Familie und Broterwerb steht.

Ob Jesus jemals auf Grund nur eines einzigen kurzen Zurufes Menschen zu seinen Schülern gemacht hat, ist allerdings fraglich. Das Johannesevangelium erzählt z.B. für Simon Petrus und Andreas eine etwas andere Geschichte als Mk 1,16–18. Danach wird Andreas durch das Wort des Täufers auf Jesus aufmerksam und überzeugt anschließend seinen Bruder Simon sich Jesus anzuschließen (Joh 1,35–42), und auch der in der synoptischen Tradition unbekannte Nathanael kommt durch Philippus zu Jesus (Joh 1,43–51). Schließlich begegnen uns in den Evangelien auch Menschen, die aus eigener Initiative den Entschluss fassen Jünger/Schüler Jesu zu werden, wie z.B. in QLk 9,57–60:

[57] (…) und jemand sagte zu ihm: ich will dir nachfolgen, wohin du auch gehst. [58]Und Jesus sagte zu ihm: die Füchse haben Erdhöhlen und die Vögel des Himmels Nester. Der Sohn des Menschen aber hat nichts, wohin er seinen Kopf legen kann. [59]Ein anderer sagte zu ihm: Herr, erlaube mir zuerst wegzugehen und meinen Vater zu beerdigen. [60]Er aber sagte zu ihm: folge mir nach und lass die Toten ihre Toten beerdigen.

Diese Erwartungen Jesu an seine SchülerInnen sind in ihrer Radikalität kaum zu überbieten und treffen sich darin mit den markinischen Berufungserzählungen. Nicht die schnelle, ungeprüfte Entscheidung für Jesus steht im Zentrum der Berufungstexte und damit auch hinter der Anspielung auf die Berufung des Elischa, sondern die Bereitschaft die Wanderexistenz Jesu mit ihren gravierenden Konsequenzen zu teilen: *Heimatlosigkeit, im schlimmsten Fall Obdachlosigkeit, die Aufgabe der bisher ausgeübten Tätigkeit und der Bruch mit der Herkunftsfamilie.* Dass Jesus seine zukünftigen SchülerInnen deutlich auf diese Konsequenzen hingewiesen haben muss, zeigen neben QLk 9,57 f. die Gleichnisse vom Turmbau und vom Kriegführen im lukanischen Sondergut (Lk 14,28–30.31 f.), die ursprüngliche, vom Mk-Kontext unabhängige Bedeutung der Bildworte vom ›neuen Flicken auf altem Kleid‹ und vom ›neuen Wein in alte Schläuche‹ (Mk 2,21.22 par)[13] und das von nicht wenigen Exegeten als authentisch angesehene Gleichnis vom Attentäter in EvThom 98:

> Jesus spricht: Das Königreich des Vaters gleicht einem Menschen, der einen mächtigen Menschen töten wollte. Er zückte das Schwert in seinem Haus und stach es in die Wand, damit er erfahre, ob seine Hand stark genug sei. Dann tötete er den Mächtigen.

Wer sich nicht genügend geprüft hat, ob die eigene Entschlossenheit und das Durchhaltevermögen für die Nachfolge Jesu reichen, muss dabei nicht nur mit dem Scheitern seiner Schülerschaft rechnen – so die unterschwellige Warnung –, sondern auch damit, dass ihn/sie die Herkunftsfamilie nicht mehr aufnimmt oder er/sie nicht mehr in den erlernten Beruf zurückkehren kann.

Frauen als Schülerinnen Jesu

Die synoptischen Evangelien stimmen darin überein, dass nicht nur Männer, sondern auch Frauen die Wanderexistenz Jesu teilten. Mt und Mk informieren uns darüber aber erst im Passionsbericht. So heißt es in Mk 15,40 f. (par Mt 27,55 f.; vgl. a. Lk 23,49):

> [40]Auch einige Frauen sahen von weitem zu, darunter Maria aus Magdala, Maria, die Mutter von Jakobus dem Kleinen und Joses sowie Salome; [41]sie waren ihm nachgefolgt, als er in Galiläa war und hatten ihm gedient. Auch viele andere Frauen waren zusammen mit ihm nach Jerusalem hinaufgezogen.

Etwas zentraler platziert Lk seine Information über die Wanderexistenz von Frauen in Lk 8,1–3:

[1](...) und er wanderte von Stadt zu Stadt und von Dorf zu Dorf und verkündete die Heilsbotschaft vom Königreich Gottes, und die Zwölf waren zusammen mit ihm [2]und einige Frauen, die von bösen Geistern und Krankheiten geheilt worden waren: Maria, die Magdalena genannt wurde, aus der sieben Dämonen ausgefahren waren, [3]und Johanna, die Frau des Chuza, eines Verwalters des Herodes, und Susanna und viele andere, die sie unterstützten mit dem, was sie besaßen.

Obwohl die genannten Frauen, allen voran Maria von Magdala, nirgends als Schülerinnen bezeichnet werden, ist schon allein auf Grund der *androzentrischen Sprache* der Texte[14] davon auszugehen, dass sie zur Jüngergruppe dazugehörten und dass daher alle Texte, die den Jüngern gelten, auch ihnen gelten. Inhaltlich sprechen für eine solche Schlussfolgerung mehrere Gründe:

- die von den Texten bezeugte *Wanderexistenz der Frauen*
- das Vorkommen auffallend vieler Frauen in der Erzählüberlieferung
- ›*geschlechtssymmetrische Paarbildungen*‹ in der Wortüberlieferung, das sind Doppelgleichnisse und Doppelsprüche mit einem männlichen und einem weiblichen Protagonisten, die sich auf die Wanderexistenz von Jüngerinnen und Jüngern beziehen. Dazu gehören z.B. die Perikope vom Nichtsorgen in QLk 12,22–32, in der eine männliche Tätigkeit (Feldarbeit) und eine weibliche Tätigkeit (Herstellen von Kleidung) als Beispiele gebracht werden, oder Mk 2,21.22 par über das Abfüllen von Wein (männliche Tätigkeit) und das Aufnähen eines Flickens (weibliche Tätigkeit) zur Reisevorbereitung.
- in den ältesten Logien über das *Zurücklassen der Familie* werden Brüder, Schwestern, Mütter, Väter und Kinder genannt (Mk 10,29 vgl. Mt 10,37), nicht aber die Ehefrauen. Erst im Lukasevangelium (Lk 14,26; 18,29b) – möglicherweise in Analogie zu kynischen Wanderpredigern – werden auch die Ehefrauen verlassen. Daraus lässt sich schließen, dass Männer *und* Frauen ihre Familien um Jesu willen aufgegeben haben, einzeln wie Maria von Magdala oder als Ehepaar wie Petrus mit seiner Frau (vgl. 1 Kor 9,5: »Haben wir nicht das Recht, eine Schwester mitzuführen wie die übrigen Apostel und die Brüder des Herrn und Kephas?«).
- die gemeinsame Mission von Ehepaaren im frühen Christentum (vgl. neben 1 Kor 9,5 auch die namentlichen Erwähnungen von Ehepaaren bei Paulus und in der Apg, z.B. Priska und Aquila in Röm 16,3 f.; 1 Kor 16,19; Apg 18,18–19.26)

Die Zwölf als Repräsentanten Israels

Die Evangelien und die Apostelgeschichte kennen eine Gruppe von zwölf Männern, die Jesus aus dem Kreis seiner Jünger auswählte, um sie bei sich zu haben und sie auszusenden (so Mk 3,14 par). Die Aufzählungen der dieser Gruppe zugehörigen Personen beginnen dabei immer mit Simon Petrus und enden mit Judas Iskariot, während in Bezug auf die sonstige Reihenfolge, die Namenszugaben und seltener die Namen Differenzen bestehen:

Einige Exegeten halten den Zwölferkreis für eine erst nachösterliche Einrichtung. Doch sprechen mehrere Argumente dagegen:

- Der Zwölferkreis wird in *unterschiedlichen Traditionen und Zusammenhängen* erwähnt: neben der Zwölferliste in Mk 3,16–19 par und Apg 1,13 kommt der Begriff ›die Zwölf‹ im markinischen Passionsbericht, im Joh, im Sondergut der Synoptiker und in 1 Kor 15,5 vor.
- Der Zwölferkreis spielt *nach Ostern* trotz der Apostelnachwahl in Apg 1,15–26 fast keine Rolle mehr. Nach seiner letzten Erwähnung in Apg 2,14 kommen in der Apg als Leitungsfunktionen nur noch Apostel und Älteste vor, bei Paulus leiten die ›Säulen‹ Jakobus, Kephas und Johannes die Jerusalemer Gemeinde (vgl. Gal 2,6.9).
- Die Zugehörigkeit des *Judas Iskariot* zum Zwölferkreis macht nur Sinn, wenn Jesus ihn selbst in den Kreis berufen hat. Insbesondere die Nachwahl des Matthias in Apg 1,15–26 wäre anders kaum zu erklären.

Das wichtigste Argument bezieht sich aber auf die Bedeutung und Funktion des Zwölferkreises innerhalb der Israelsymbolik. Traditionell stehen die Zwölf Stämme Israels *für die Gesamtheit Israels*, die durch die jeweiligen Stammväter repräsentiert werden. Für das jüdische Bewusstsein zur Zeit Jesu gab es jedoch diese Gesamtheit nicht mehr, da im Laufe der Geschichte Israels die Mehrzahl der Stämme verloren gegangen war und nur drei Stämme übrig geblieben waren: Juda, Benjamin und Levi. Jesus knüpfte nun mit der Bildung des Zwölferkreises an die in prophetischer und apokalyptischer Literatur erwartete *Sammlung und Wiederherstellung des ursprünglichen Zwölfstämmevolkes Israel* für die Endzeit an. Die Konstituierung dieses Kreises war daher für Jesus ein weiteres Zeichen für das schon jetzt angebrochene und sich in kürzester Zeit endgültig durchsetzende Königreich Gottes.

Mk 3,16–19	Mt 10,2–4	Lk 6,14–16	Apg 1,13
[16]und Simon, dem er den Namen Petrus zulegte, [17]Jakobus, den Sohn des Zebedäus, und Johannes, den Bruder des Jakobus – ihnen legte er den Namen Boanerges zu, das heißt Donnersöhne –, [18]und Andreas, Philippus, Bartholomäus, Matthäus, Thomas, Jakobus, den Sohn des Alphäus, Thaddäus, Simon Kananäus	[2]als erster Simon, genannt Petrus, und Andreas, sein Bruder, und Jakobus, der Sohn des Zebedäus, und Johannes, sein Bruder, [3]Philippus und Bartholomäus, Thomas und Matthäus, der Steuerpächter, Jakobus, der [Sohn] des Alphäus, und Thaddäus, [4]Simon Kananäus	[14](Es waren) Simon, den er auch Petrus nannte, und Andreas sein Bruder, und Jakobus und Johannes, Philippus und Bartholomäus, [15]Matthäus und Thomas, Jakobus, [der Sohn des] Alphäus, und Simon, genannt Zelot, [16]und	... Petrus und Johannes, Jakobus und Andreas, Philippus und Thomas, Bartholomäus und Matthäus, Jakobus, [der Sohn des] Alphäus, und Simon, der
[19]und Judas Iskariot, der ihn dann ausgeliefert hat.	und Judas Iskariot, der ihn dann ausgeliefert hat.	Judas, der Sohn des Jakobus, und Judas Iskariot, der zum Verräter wurde.	Zelot, und Judas, [der Sohn des] Jakobus.

Die Zwölf als exemplarische Jünger

Der *Zwölferkreis als Symbol der Sammlung und Wiederherstellung des Zwölfstämmevolkes Israel* sollte dieses Volk nicht bloß repräsentieren, sondern Jesus auch in seiner Sendung unterstützen (vgl. schon Mk 3,14) und mit ihm die Zwölf Stämme sammeln und neu zusammenzuführen. In der durch zwei Varianten bezeugten und darum sehr alten Aussendungsrede Mk 6,7–13 und QLk 10,2–16 par Mt 10,7–16 werden die Zwölf von Jesus mit der Vollmacht ausgesandt, nicht nur das nahe gekommene Königreich Gottes zu verkünden, sondern auch seine heilende und rettende Macht wie Jesus selbst in Krankenheilungen und Dämonenaustreibungen erfahrbar zu machen. Sie stehen dabei exemplarisch für alle Jünger und Jüngerinnen Jesu, wie Lk 9,1–6 mit der Aussendung der siebzig zeigt.

Die Ausrüstung der Zwölf für diesen Zweck zeichnet sich durch eine ›programmatische Bedürfnislosigkeit‹ aus,[15] die in der Q-Version der Aussendungsrede noch radikaler beschrieben wird als in der Mk-Version: sie sollen weder Geld, noch einen Proviantsack, noch Sandalen, noch einen Stock mitnehmen und die Mk-Version verweigert ihnen auch ein zweites Untergewand. Zur normalen Reiseausstattung in der Antike gehörten Schuhe, Mantel, Provianttasche, wenn möglich Geld und ein Stock zur Abwehr von wilden Tieren und Räubern. Außer dem Mantel, der auch als Schlafdecke für die Nacht diente, verweigert Jesus mit seiner Regel den Zwölf jede Sicherheit in Bezug auf regelmäßige Nahrung und physische Unversehrtheit. Sie sollen weder Nahrung kaufen noch sich im öffentlichen Raum erbetteln, sondern sie sollen um gastliche Aufnahme in einzelnen Häusern bitten. Ihr deutlich nicht aggressives Auftreten, ohne Stock, mit einen Friedenswunsch auf den Lippen, hat ihnen dabei sicher auch als Türöffner gedient. Das, was sie zu sagen haben,

> verkörpern sie durch ihre Kleidung und Ausrüstung. Man kann sie für total verrückt halten, für ›besessen‹ wie Jesus selbst, oder man kann nachfragen, wie sie zu einem derart unsicheren und täglich bedrohten Lebensstil gefunden haben. Dann aber hat das Gespräch über Gott und seine Herrschaft bereits begonnen ... (Ebner 134 f.)

Auffällig ist, dass Jesus sie zu zweit aussendet. Damit wird weniger die Sicherheit unterwegs gefördert als vielmehr ein grundlegendes menschliches Bedürfnis nach Austausch, Unterstützung, Halt und Korrektiv befriedigt, angesichts einer allein psychisch nicht einfach zu bewältigenden Situation immer neuer Fremdheit. Im Anschluss an die fehlende Distanzierung von der Ehefrau in den Nachfolge-

worten (s.o.) ist dabei die Überlegung von Martin Ebner bedenkens-
wert, dass es sich bei den ausgesandten Paaren des Zwölferkreises
nicht um zwei Männer gehandelt haben könnte, sondern um Ehepaa-
re. Wie zu den zwölf Stammvätern in der Anfangszeit Israels zwölf
Stammmütter gehört hätten, so wäre eine solche Konstellation auch
für die Zwölf um Jesus zu erwarten gewesen. In diesem Zusammenhang kann nach Ebner auch ein neues Licht auf das apodiktische jesuanische Scheidungsverbot fallen (s. dazu Kap. 8.2.1 und bes.
8.2.4), das dann nicht wie meistens angenommen an die sesshaften
JesusanhängerInnen gerichtet gewesen wäre, sondern zunächst an
den Zwölferkreis wie überhaupt an die, die Jesu Wanderexistenz teilten. Gleiches gilt für das Begehrensverbot aus Mt 5,28, das möglichen Liaisons innerhalb der Gruppe einen deutlichen Riegel vor-
schieben würde (Ebner 120–124).

Zum Schluss eine Bemerkung zu den immer wieder genannten
Ähnlichkeiten der Lebensweise der Jünger Jesu mit kynischen Wan-
derphilosophen: dass es Analogien gibt, ist nicht zu bestreiten und
wird insbesondere HörerInnen und LeserInnen der Evangelien außerhalb des jüdischen Kernlandes aufgefallen sein. Dass jedoch Jesus sich selbst oder seine JüngerInnen als Kyniker angesehen haben
könnte, ist angesichts der Tatsache dass nicht nur das galiläische
Land, sondern auch die Städte Galiläas ganz und gar jüdisch geprägt
waren (s. dazu Kap. 4.2.3) und wir keine Hinweise auf eine kynische
Präsenz im jüdischen Kernland zur Zeit Jesu haben, mehr als zwei-
felhaft.[16]

Literatur

Ebner, Martin, Jesus von Nazaret: was wir von ihm wissen können. Stuttgart: Kath. Bibelwerk 2007, 104–116 (*zu den Exorzismen Jesu*).117–124
(*zur Gruppe um Jesus*). (*Früher unter dem Titel: Ebner, Martin, Jesus
von Nazareth in seiner Zeit. Sozialgeschichtliche Zugänge (SBS 196). 2.,
durchges. Auflage. Stuttgart: Katholisches Bibelwerk 2004.*)
Theißen, Gerd / Merz, Annette, Der historische Jesus. Ein Lehrbuch. 3.,
durchges. und um Literaturnachtr. erg. Aufl. Göttingen: Vandenhoeck &
Ruprecht 2001, 198–208 (*zu Jüngern und Jüngerinnen Jesu); 256–284
(*zu Wundern*).

8. Leben aus der Tora: Das Ethos Jesu

8.1 Jesus und die Tora

8.1.1 Probleme der (christlichen) Forschung

Nach weitverbreiteter christlicher Ansicht zeigt sich am Verhältnis Jesu zur Tora des Mose am klarsten, was Jesus vom Judentum seiner Zeit unterschied: Während Jesu Verkündigung und Handeln im Liebesgebot kulminiere, bestehe demgegenüber die Tora, oder besser das Zerrbild von Tora, in der Aneinanderreihung von kleinlichen Gesetzesvorschriften, die penibel erfüllt werden mussten und bei Nichteinhaltung mit harten Strafen geahndet wurden. Jesus selbst wird als Überwinder einer menschenverachtenden jüdischen Gesetzlichkeit und ihrer Vertreter hingestellt (vgl. a. Kap. 4.1.1). Diese klassische Verhältnisbestimmung von Jesus und jüdischer Tora wird in der christlichen Exegese nur noch selten vertreten,[1] bestimmt aber immer noch sowohl die kirchliche Praxis, von der Sonntagspredigt bis zum Religionsunterricht, als auch die Vorstellungen von kirchenkritischen und kirchenfernen Menschen in den unterschiedlichsten Medien. Sie ist mit Ingo Broer folgendermaßen zusammenzufassen: »Jesus hat das Gesetz grundsätzlich in Frage gestellt, es stellt für ihn und seine Nachfolger keine verbindliche Verhaltensnorm mehr dar.«[2]

Diese antithetische Verhältnisbestimmung von Jesus und jüdischer Tora wurde im Zuge der Third Quest in der deutschsprachigen Exegese abgelöst durch die Ansicht, dass Jesus das Gesetz zwar grundsätzlich als Norm akzeptiert hat, »es aber in einzelnen Fragen als nicht mehr dem Gotteswillen entsprechend betrachtet und deswegen eine andere, vom Gesetz abweichende Praxis befürwortet.«[3] Vertreter dieser derzeit dominierenden Verhältnisbestimmung sind u.a. Broer selbst und Theißen/Merz. Broer kommt zu dem Ergebnis,

> dass die Auslegung des Gesetzes nicht im Mittelpunkt der Verkündigung Jesu gestanden hat, wie es bei den Rabbinen der Fall war. Jesus wird sich sicher in vielen Punkten an die Bestimmungen des Gesetzes gehalten haben ... Dies besonders zu erwähnen, lag nicht im Interesse der Evangelisten. An einigen Gesetzesbestimmungen hat Jesus aber auch Kritik geübt und sich nicht nur praktisch über sie hinweggesetzt, sondern diese Praxis auch ausdrücklich gerechtfertigt.[4]

Broer sieht hinter der Gesetzeskritik Jesu die Barmherzigkeit Gottes, die

»dem historischen Jesus offenbar so lebendig vor Augen [stand] ... ,
dass er die Härten, die die rabbinische Gesetzesdiskussion im Laufe
der Zeit gezeitigt hatte, für unangemessen hielt und deswegen für sich
und seine Nachfolger demonstrativ ›außer Kraft setzte‹...«.[5]

Etwas moderater äußern sich Theißen/Merz über Jesu Verhältnis zur
Tora, die zwischen normverschärfenden und normentschärfenden
Aussagen unterscheiden (322–332). Normverschärfend interpretiert
Jesus ihrer Ansicht nach die ethischen Gebote der Tora, während er
rituelle Gebote wie das Sabbatgebot normentschärfend auslegt.
Zwar wird die Verbindung von Normverschärfung und -entschär-
fung als Zeichen für die ambivalente Einstellung Jesu zur Tora gedeutet (322 f.), doch im Unterschied zu Broer betonen Theißen/Merz
immer wieder, dass die Grundlage jesuanischer Ethik die Tora ist:

> Jesus steht auf dem Boden der Thora, indem er aus den Axiomen und
> Maximen der Thora heraus ethische Normen formuliert, die manchmal
> zu dem Buchstaben der Thora und dessen zeitgenössischer Auslegung
> in Spannung stehen. Er konnte die ›Schrift‹ instrumentell gebrauchen
> – nicht weil er unabhängig von ihr war, sondern weil er von ihren
> Grundüberzeugungen her die einzelnen Schriftstellen in ›Dienst‹
> nahm. (Theißen/Merz 350)

Eine bisher noch relativ kleine, aber wachsende Gruppe von Exegetinnen und Exegeten geht schließlich davon aus, dass Jesu Verhältnis
zur Tora völlig im Rahmen seiner Zeit blieb, dass er also die Mosetora und ihre Einzelgebote weder überboten, noch abgeschafft, noch
außer Kraft gesetzt hat. Mehr noch, nicht nur jüdische, sondern seit
Ed Parish Sanders auch christliche JesusforscherInnen wie Wolfgang Stegemann halten Jesus für einen toratreuen Juden, was ich im
folgenden zeigen werde.

8.1.2 Tora und Torainterpretationen im Frühjudentum

Ein Grundproblem christlicher Exegese bei der Verhältnisbestimmung von Jesus und Tora besteht in ihrem Verständnis von Tora und
Torainterpretation im Frühjudentum. Christen tendieren dazu, die
Tora wie ein modernes, kodifiziertes Gesetzbuch und damit als eine
feste, unumstößliche Größe zu betrachten. Hinzu kommt, dass die
solchermaßen bestimmte Tora ins absolute Zentrum des (antiken)
Judentums gerückt wird, so dass jede Abweichung von ihr zugleich

einen Schritt aus dem Verband des Judentums hinaus bedeuten muss, oder anders formuliert: wer die Tora nicht mit allen ihren Forderungen einhält, verliert das Heil. Christliche Exegetinnen und Exegeten tendieren darüber hinaus dazu, rabbinische Toraauslegungen, die frühestens um 200 n. Chr. in der Mischna verschriftlicht wurden, entgegen aller Warnungen von Experten relativ unbefangen in die Zeit Jesu zurückzuprojizieren, sie als besonders jüdisch zu qualifizieren und sie mit Jesu viel ›liberaleren‹ Weisungen zu vergleichen. Tatsächlich kennen wir aus dieser Zeit aber nur die Toraauslegungen (Halachot) des Jubiläenbuches und aus Qumran, und damit von Gruppen, die nicht repräsentativ für das palästinische Judentum des 1. Jh. waren. Bevor wir uns mit Jesu Toraverhältnis beschäftigen, muss daher geklärt werden, was im Frühjudentum unter *Tora* überhaupt verstanden werden konnte.

›Tora‹ bedeutet im Hebräischen zunächst: ›Weisung, Wegweisung, Unterweisung, Belehrung‹ und meint eine autoritative Unterweisung, die z.B. Vater und Mutter ihren Kindern, Priester den Laien und Weisheitslehrer ihren Schülern vermitteln. Von hier war der Schritt nicht weit auch die Weisung(en) JHWHs als *Tora* zu bezeichnen. Die prophetische wie die weisheitliche Literatur verstand sie dabei schon früh in Analogie zur menschlichen Weisung als Wegweisung zu einem gelingenden Leben. Im Laufe der Zeit verschob sich die Bedeutung mehr in den nomistischen Bereich, so dass die *Tora* zum schriftlich fixierten Gesetz Gottes wurde, das JHWH am Sinai erlassen hatte, und das seit der exilischen Zeit auch nach seinem Promulgator »*Tora* des Mose« hieß. Vermutlich ab spätpersischer Zeit (Mitte 5. bis Mitte des 4. Jh. v. Chr.), sicher jedoch erst bei Jesus Sirach (38,34b–39,1 und im Prolog der griechischen Übersetzung Z.1–2, 7–10, 24–25) wurde der Begriff dann auch für den gesamten Pentateuch einschließlich seiner erzählenden Teile verwendet. Ebenfalls bei Jesus Sirach ist die Identifikation der Tora mit der personifizierten göttlichen Weisheit (Sir 24,23; vgl. a. 15,1) greifbar, wodurch die Tora zum universalen Gesetz wird, das in der Schöpfung grundgelegt und damit allen Völkern zugänglich ist.[6] Zur Zeit Jesu wird der Begriff schließlich noch einmal um die mündlichen Überlieferungen (vgl. Mk 7,3 u.ö. die Wendung »Überlieferung der Älteren«) einschließlich ihrer Aktualisierung erweitert, so dass diese auch als *mündliche Tora* bezeichnet werden. Gerade letztere war aber zwischen den verschiedenen judäischen Auslegungsrichtungen äußerst umstritten (s.o. Kap. 4.3.2).

Der Überblick zeigt, wie offen der Begriff ›Tora‹ und seine griechische Übersetzung ›Nomos‹ (= Gesetz) im Frühjudentum verwendet werden konnten. Entsprechend wird in jüngster Zeit die oft behauptete zentrale Rolle der Mosetora für das Gottesverhältnis Israels vermehrt in Frage gestellt. Schon E.P. Sanders hatte 1985 in seinem Religionsmodell[7] die Tora nur noch als einen Bereich der gemeinsamen jüdischen Glaubensüberzeugungen und -praktiken neben Monotheismus, göttliche Erwählung und Sühnemittel gestellt und sie damit von ihrem zentralen Platz verdrängt. Noch stärker ist die Tora im Ethnizitätsmodell dezentralisiert, wo sie unter die Staatsverfassung (griech. políteuma) subsumiert wird (s. dazu oben Kap. 4.1.2). Allerdings bleibt in beiden Modellen unklar, was sie eigentlich mit *Tora* meinen bzw. wie sie diese Institution von Monotheismus, göttlicher Erwählung des Volkes, Tempelkult, Beschneidung etc. abgrenzen, im Ethnizitätsmodell noch zusätzlich von »heiligen Texten« oder »Gründungsmythen« (vgl. Stegemann 207–236, bes. die Übersichten zu beiden Modellen: 220.232 f.).

8.1.3 Grundsätzliche Stellungnahme Jesu zur Tora?

Eine grundsätzliche Stellungnahme des historischen Jesus zur Tora einschließlich ihrer Gültigkeit ist in den synoptischen Evangelien nicht zu erkennen. Im *Markusevangelium* fehlt der entsprechende griech. Begriff *nomos* ganz, er findet sich weder im Munde Jesu noch in dem seiner Gegner. Stattdessen spricht Jesus mal von der »Vorschrift des Mose« (1,44), vom »Buch des Mose« (10,3; 12,26), oder einfach über das, »was Mose geboten hat« (10,3). Er stellt die »Überlieferungen der Menschen« dem »Gebot bzw. Wort Gottes« (7,8.13) gegenüber. Seine Gesprächspartner, ob Gegner oder Sympathisanten, sprechen ebenfalls einfach von »Mose«, vom »ersten Gebot« (12,28) oder davon, dass »etwas nicht erlaubt ist« (2,24). Im *Matthäus- und Lukasevangelium* kommt der Begriff entweder im jeweiligen Sondergut vor oder geht eindeutig auf das Konto des Evangelisten. Einzig QLk 16,16 f. wird auf den historischen Jesus zurückgeführt und als grundsätzliche Stellungnahme zum Gesetz diskutiert. Schwierigkeiten bereiten hier jedoch die unterschiedlichen Versionen bei Lk und Mt sowie ihr jeweiliges Verständnis.

QLk 16,16 f.	Mt 11,12 f.; 5,18
Das Gesetz und die Propheten [sind] bis Johannes; von da an wird die Gute Nachricht von der *basileia Gottes* verkündigt und jeder drängt mit Gewalt in sie hinein.	Von den Tagen Johannes des Täufers bis jetzt *bricht sich die basileia* des Himmels *mit Gewalt Bahn* [Alternativübersetzung: *der basileia wird Gewalt angetan*], *und Gewalttätige reißen sie an sich.* Denn alle Propheten und das Gesetz prophezeiten bis Johannes.
Es ist aber leichter, dass der Himmel und die Erde vergehen, als dass ein Häkchen vom Gesetz fällt.	Denn: Amen, ich sage euch: bis *der Himmel und die Erde vergehen,* wird nicht ein Iota und *ein Häkchen vom Gesetz* vergehen, bis alles geschehen ist.

Theißen/Merz (322) wollen in der kursiv markierten rekonstruierten Q-Fassung der beiden Logien eine ambivalente Einstellung Jesu zum Gesetz erkennen. Abgesehen davon, dass die Q-Fassung hochgradig hypothetisch ist und ihre Rückführung auf den historischen Jesus noch hypothetischer ist, ist nur schwer vorstellbar, wie ein und dieselbe Person von der ewigen Gültigkeit der Tora und gleichzeitig von ihrem Ende ausgehen kann. ›Stürmerspruch‹ wie ›Häkchenlogion‹ können daher kaum beide auf Jesus zurückgehen. Dafür spricht auch die Beobachtung, dass im Stürmerspruch nicht nur vom Gesetz, sondern auch von Propheten die Rede ist und damit das Gesetz als Teil der autoritativen Schriften Israels verstanden wird, während im ›Häkchenlogion‹ nur das Gesetz Thema ist, möglicherweise als das Mose am Sinai übergebene Gesetz. Insgesamt machen beide Logien eher den Eindruck schriftgelehrter und nicht jesuanischer Herkunft.

Gegen eine grundsätzliche Stellungnahme Jesu zur Tora und ihrer Geltung sprechen neben fehlenden Hinweisen in den Evangelien noch zwei weitere Gründe, nämlich (1) die vorgestellte Bedeutungsbreite des Begriffs ›Tora‹ und ihrer Synonyme und damit zusammenhängend (2) die judäische Identität Jesu. Gleich ob wir Sanders

Religionsmodell oder Stegemanns Ethnizitätsmodell zugrunde legen, in beiden Modellen ist die Tora ein bedeutender Faktor der kollektiven Identität der Judäer. Mehr noch: Der Faktor Tora, der mit ›Gesetz‹ und mit ›Buch‹ gleichgesetzt wird, ist nicht nur einer unter anderen, sondern weist insbesondere in seiner Bedeutung als Buch eine ganze Reihe von Überschneidungen mit anderen judäischen Institutionen auf. Neben Sitten und Bräuchen (im Judentum z.b. Speisegebote und Beschneidung) gehören dazu Tempelkult und Gründungsmythen (z.b. Exodusereignis und Wüstenwanderung), und nicht zu vergessen, da fundamental: der Glaube an den einen Gott JHWH und seine Erwählung Israels als sein Eigentumsvolk. All das ist nicht ausschließlich in der Mosetora bzw. dem Pentateuch niedergelegt, doch in der ›Tora‹ wird alles zusammengeführt und zusammengebunden. In ihr begegnet uns das Herzstück des judäischen Ethnos, aus dem das Volk lebt und seine Identität schöpft.

Es erscheint daher undenkbar, dass Jesus diese Grundlage seiner Identität in Frage gestellt hat und noch unwahrscheinlicher ist es, dass er damit überhaupt Anhängerinnen und Anhänger gewonnen hätte. Mit der Tora und ihrer Aktualisierung in den prophetischen Schriften ist Jesu Glauben an den einen Schöpfer- und Befreiergott JHWH verbunden, der das Heil seines Volkes will. In ihr wurzeln sein Gottesverhältnis, seine ethischen Grundsätze und seine Reich-Gottes-Verkündigung mit der Ausrichtung auf die Armen und Marginalisierten, aus ihr schöpft er wie selbstverständlich die Metaphorik seiner Verkündigung und die Symbolik seines Handelns (z.B. JHWH als Gastgeber seines Volkes, als Hirte und Arzt; die Zwölf als Symbol des Zwölfstämmevolkes). Und natürlich setzt er sich mit ihrer Interpretation durch seine Zeitgenossen auseinander. Kurz: Jesus verkündigt nicht die Tora oder ihre allgemeine Bedeutung, sondern er lebt aus ihr und mit ihr. Sie ist die Basis seiner Verkündigung und seines Wirkens, in ihr begegnet der Wille Gottes.

8.2 Jesu Interpretation von Torageboten

Jesus war kein Schriftgelehrter, sondern ein charismatischer Heiler, ein Weisheitslehrer und radikaler Umkehrprophet. Deshalb können und dürfen wir auch keine schriftgelehrte Toradiskussion von ihm erwarten, schon gar keine, in der es im engen Sinn um Gesetzesauslegungen geht. Er ähnelt in dieser Hinsicht Weisheitslehrern wie Jesus Sirach oder dem Autor der Weisheit Salomos,[8] aber auch den unbekannten Verfassern diverser apokalyptischer Schriften (z.B. äthHen). Diese legen vielleicht noch heilsgeschichtliche Ereignisse der Tora aus (z.B. das Exodusereignis) oder beziehen sich allgemein auf die Tora (vgl. Sir 24,23: ihre Identifizierung mit der Weisheit), nirgends jedoch findet sich in ihnen eine Gesetzesauslegung im engeren Sinn. Verglichen damit ist Jesus deutlich mehr an konkreter Toraauslegung interessiert.

In der Jesusforschung wird häufig unterschieden zwischen ethischen Geboten und rituellen oder kultischen Geboten, wobei Jesus dazu tendiert habe, ethische Gebote zu verschärfen und zu radikalisieren, kultische Gebote dagegen zu entschärfen (z.B. Theißen/Merz, s.o. 8.1.2). Auch wenn eine solche Unterscheidung grundsätzlich hilfreich ist, sollten wir uns doch bewusst sein, dass es sich um moderne Kategorien handelt, die nachträglich auf ein uns heute eher fremdes System übertragen werden. Ob ein Gebot im heutigen Sinne kultisch ist oder nicht, ist durchaus nicht immer eindeutig zu entscheiden. Das wird besonders am Sabbatruhegebot deutlich, das in seinem Kern ein wöchentliches Arbeitsverbot für alle ist – für Herren wie Sklaven, Männer wie Frauen, Kinder wie Haustiere, und damit enorme ethische Implikationen hat. Kultisch ist dieses Gebot nur insofern, als es in nachexilischer Zeit mit dem schöpfungstheologischen bzw. heilsgeschichtlichen Handeln JHWHs begründet und damit zu einem Zeichen enger Verbundenheit zwischen Israel und seinem Gott wurde. Ursprünglich hatte der wöchentliche Ruhetag keine kultischen Inhalte, sondern eine rein anthropologische und soziale Zweckbestimmung: »Sechs Tage darfst du dein Werk wirken, am siebten Tag aber sollst du aufhören [hebr. schabbat], damit ruhen dein Rind und dein Esel und aufatmen der Sohn deiner Sklavin und der Fremde« (Ex 23,12; vgl. auch 34,21). Auf diesem Hintergrund ist die gängige christliche Interpretation der jesuanischen Sabbatauffassung noch einmal neu zu überdenken.

In den Evangelien begegnen uns Äußerungen Jesu zu folgenden Geboten, die in der einen oder anderen Weise auch in der Tora zu finden sind:

- das so genannte Doppelgebot der Liebe mit dem Gebot der Gottesliebe als erstem und dem Nächstenliebegebot als zweitem Gebot (Mk 12,28–34 par)
- Wiedervergeltungsverzicht und Feindesliebe (Mt 5,38–48 par)
- Wiederheiratsverbot bzw. Scheidungsverbot (Mt 5,31 f. par; Mk 10,2–12 par)
- Schwurverbot (Mt 5,33–37)

- Tötungsverbot (Mt 5,21–22)
- Ehebruchsverbot (Mt 5,27–30)
- Sabbatruhegebot (Mk 2,28–3,6 par)
- Elterngebot (Mk 7,8–13 par; Mt 8,21 f. par)
- Reinheits- bzw. Speisegebote (Mk 7,1–15 par; Mt 23,25 f.)
- Zehntgebot (Mt 23,23 f.)
- Opfergebot (Mt 5,23 f.; 9,13; 12,7)

Auffällig ist, dass sich mehrere Äußerungen auf Dekaloggebote beziehen. Neben Tötungs- und Ehebruchsverbot, Sabbat- und Elterngebot gehört auch das Scheidungs- bzw. Wiederheiratsverbot dazu, da Jesus Wiederheirat mit Ehebruch gleichsetzt. Dabei ist nicht immer ganz klar, was von Jesus selbst stammen könnte und was nicht. In der Forschung ist umstritten, ob Jesus sich zum Schwurverbot, zum Zehnt- und Opfergebot geäußert hat, zumal wir nur aus dem Mt darüber erfahren. Denkbar wäre es. In allen drei Fällen geht er aber nicht über das im antiken Judentum Mögliche hinaus.[9] Schwierig zu entscheiden ist auch, ob er sich zur Reinheitstora einschließlich der Speisegebote geäußert hat. Die beiden in Frage kommenden Stellen (Mk 7,1–15 par; Mt 23,25 f.) kritisieren die pharisäische Praxis, wobei Mk 7,1–15 (+ 16–23) mit V. 15 grundsätzlicher argumentiert als Mt 23,25 f.: »Nichts, was von außen in den Menschen hinein kommt, kann ihn verunreinigen, sondern das, was aus dem Menschen herauskommt, macht den Menschen unrein.« Gegen die jesuanische Herkunft dieses Logions spricht vor allem sein Fehlen in den urchristlichen Auseinandersetzungen um die Einhaltung der Speisegebote durch Heidenchristen. Denn ein entsprechendes Jesuswort hätte wahrscheinlich nicht nur den antiochenischen Zwischenfall (Gal 2,11–14) verhindert, sondern auch die so genannten ›Jakobusklauseln‹ auf dem Apostelkonvent (Apg 15,20.29) überflüssig gemacht.

Bis heute wird in der Forschung immer wieder die auf Jesus zurückgeführte antithetische Einkleidung einzelner Weisungen in Mt 5,21–48 bemüht, um zu zeigen, dass Jesus sich »gegen das Gesetz richtet«.[10] Konkret geht es um die Weisungen aus Mt 5,21–22.27–30 zum Tötungs- und Ehebruchsverbot des Dekalogs (Ex 20,13f; Dtn 5,17 f.). Selbst wenn die antithetische Einkleidung dieser Weisungen von Jesus stammen sollte,[11] ist die obige, von Broer stammende Aussage falsch, denn schon Augustinus wusste: »Wer zu etwas Bestehendem etwas Fehlendes hinzufügt, will dadurch das schon Bestehende an sich nicht ändern. Er will es bestätigen und mehren.«[12] Und dass Jesus den unkontrollierten Zorn oder den begehrlichen Blick verboten hat, das Tötungsverbot und das Ehebruchsverbot dagegen aufgehoben haben könnte, wollen sicher auch Broer und andere nicht behaupten. Im Folgenden werde ich exemplarisch auf Jesu Auslegung des Sabbatgebotes, des Nächsten- und Fremdenliebegebotes sowie des Ehebruchverbotes eingehen und nach der Herkunft seiner Aussagen zu Besitz und Familie fragen.

8.2.1 Der Konflikt um das Sabbatruhegebot

Das Sabbatruhegebot ist das einzige Toragebot, dessen Auslegung und Praxis durch Jesus zu einem offenen Konflikt mit seinen Gegnern geführt hat. Im Zentrum stehen seine in den Evangelien relativ breit rezipierten Heilungen von nicht lebensgefährlichen Krankheiten am Sabbat: die Heilung eines Menschen mit verdorrter Hand im Mk (Mk 3,1–6 par), die Heilung einer gekrümmten Frau (Lk 13,10–17) und die eines Wassersüchtigen (Lk 14,1–6) im Lk und zwei Sabbatheilungen im Joh (5,9–18; 9,13–17; vgl. a. Joh 7,22–24). Von diesen Heilungen gilt die Erzählung von der Heilung eines Wassersüchtigen als lukanische Bildung, während der Sabbatkontext der zwei johanneischen Heilungserzählungen deutlich nachgetragen wirkt und damit wahrscheinlich nicht ursprünglich ist. Auch die Authentizität der beiden übrig bleibenden Heilungserzählungen in ihrer gegenwärtigen Form wird diskutiert (Lk 13,10–17; Mk 3,1–6), dennoch geht die Jesusforschung davon aus, dass diese Erzählungen authentische Jesusworte zur Rechtfertigung seiner Sabbatheilungen enthalten (vor allem Mk 3,4; Lk 13,15; 14,5 und evtl. Mk 2,27), so dass wir annehmen können, dass Jesus am Sabbat heilte und deswegen von seinen Gegnern kritisiert wurde.[13]

Immer wieder ist zu lesen, dass Jesus mit seinen Sabbatheilungen das Sabbatgebot gebrochen bzw. übertreten habe.[14] Dem widerspricht jedoch, dass wir im gesamten Ersten Testament und damit natürlich auch in der Tora keinen Hinweis auf das spezifisch Verbotene der Jesus vorgeworfenen Verstöße finden. Selbst in den strengen Sabbatregeln Qumrans und des Jubiläenbuches, den einzigen jüdischen Sabbatauslegungen vor 70 n. Chr., fehlen Hinweise zum Verbot ärztlicher Tätigkeit. Erst ab 200 n. Chr., in der Sabbathalacha der Mischna, werden bestimmte ärztliche Handlungen ver-

boten, die Heilung durch das Wort wie in Mk 3,1–6 gehört aber
nicht dazu. Nach einer Untersuchung von Werner Kahl ist zudem
für die Mischna nicht eine Tat an sich am Sabbat verwerflich, sondern ihre Funktion bzw. die Motivation zur Handlung. »Auch hier
gilt grundsätzlich: Handlungen, denen ökonomische Erwägungen
zugrunde liegen, sind verwerflich.«[15] Für Jesu Heilungen trifft diese Motivation aber ganz und gar nicht zu, so dass der Eindruck, den
Mk 3,1–6 vermittelt, durchaus zutreffende Erinnerungen wiederge-
ben könnte: dass es den Kritikern Jesu letztlich nämlich nicht um
das Sabbatruhegebot ging, sondern um die Desavouierung eines
unbequemen Charismatikers (vgl. auch Kap. 7.1.2, zur Beelzebul-
kontroverse).

Warum aber hat Jesus am Sabbat geheilt und damit seinen Gegnern eine Steilvorlage geboten? Vermutungen wie ›er wollte de-
monstrieren, dass immer und überall nur Gutes getan werden muss‹
sollten eher ausgeschlossen werden, da sie eher zu ihren bürgerli-
chen VertreterInnen passen als zum charismatischen Umkehrpro-
pheten Jesus. Am wahrscheinlichsten knüpfte er an eine im Frühjudentum verbreitete Sabbatvorstellung an und verband sie mit seiner
Botschaft vom nahe gekommenen Königreich Gottes. Von Gen 1 her
wurde der Sabbat im eschatologisch-apokalyptischen Denken des
antiken Judentums nicht nur als Vollendung der Schöpfung am Anfang verstanden, sondern nach der Urzeit-Endzeit-Korrelation auch
für das Ende der Welt erwartet, als endgültige Vollendung der Welt.
Jeder gegenwärtige Sabbat wurde damit zum Abbild und Symbol der
kommenden Heilszeit, in der es keine Krankheit, kein Leid, noch
sonst irgendeine Beeinträchtigung menschlichen Lebens mehr geben wird. Da für Jesus das Königtum Gottes, die Heilszeit, schon
begonnen hatte und in seinen Worten und Taten erfahrbar wurde,
musste er gerade am Sabbat heilen. Kranke oder behinderte Menschen sollten den Sabbat so feiern können, wie es seinem Wesen als
antizipierter Heilszeit entspricht: in Freude, Entspannung und Ruhe,
im Aufatmen von jeglicher Knechtschaft und Unfreiheit, als erfahre-
ne Gottesnähe. Dass Jesus demgegenüber das Verbot der harten körperlichen wie geistigen Arbeit von Mensch und Tier nirgends antas-
tet, passt ins Bild. Denn diese Art von Arbeit ist eben nicht
Kennzeichen des Heils und der Freiheit, sondern Kennzeichen von
Knechtschaft und Unfreiheit.

8.2.2 Die Weisungen zu Nächstenliebe, Fremdenliebe und Feindesliebe

Wir verbinden heute mit dem Begriff ›Liebe‹ etwas anderes als Menschen in der Antike. Für uns stehen positive Emotionen, Gefühle und unmittelbares Interesse gegenüber dem, was wir lieben im Vordergrund. Wir können daher nicht nur Verwandte und FreundInnen lieben, sondern auch ein Hobby, Tiere, gutes Essen etc. In der Antike gehörten zur ›Liebe‹ selbstverständlich auch Emotionen, doch in erster Linie meinen die griech. Begriffe *agapan* (lieben) oder *agape* (Liebe) das Eingehen und die Aufrechterhaltung sozialer Bindungen, während umgekehrt der Begriff *misein* (hassen) die Auflösung bzw. den Abbruch sozialer Bindungen bezeichnet. Wenn Lev 19,18.33 dazu auffordert, Nächste und Fremde, die im Lande wohnen, zu lieben wie sich selbst, muss ich keine besonderen Gefühle gegen einzelne Repräsentanten beider Gruppen hegen, sollte aber bereit sein sie in mein soziales Netz einzuschließen. Wenn umgekehrt Jesus von seinen Nachfolgerinnen und Nachfolgern verlangt die eigenen Familienangehörigen zu hassen (Lk 14,26), so fordert er sie damit auf, die Bindung zu ihnen aufzugeben und sich stattdessen an ihn bzw. an das Königreich Gottes zu binden. Im Hintergrund steht etwas für die Antike Typisches, nämlich das, was wir heute ›Reziprozität‹ nennen, »eine Form von Solidarität auf Gegenseitigkeit«, die nicht am Gewinn orientiert ist, sondern eine Symmetrie des Austausches voraussetzt, in der die wechselseitigen Leistungen sorgfältig aufgerechnet werden (Stegemann 292 f.).

Alle drei in der Jesusüberlieferung vorkommenden Gebote (Nächstenliebe, Fremdenliebe und Feindesliebe), setzen diesen Kontext voraus, überschreiten ihn aber. Das gilt schon für das *Nächstenliebegebot* in Lev 19,18, das eben keine Selbstverständlichkeit ausdrückt, sondern mich vom unmittelbaren Kontext her auffordert selbst denen meiner Landsleute Gutes zu tun – das Gute, das ich auch mir tun würde –, die mir geschadet oder mir Unrecht getan haben:

Lev 19,17–18
[17]Du sollst deinen Bruder nicht hassen in deinem Herzen. Du sollst deinen Nächsten zurechtweisen. So wirst du seinetwegen keine Sünde auf dich laden. [18]Du sollst nicht Rache üben an den Angehörigen deines Volks und ihnen nichts nachtragen, sondern du sollst deinen Nächsten lieben wie dich selbst. Ich bin der HERR. *(Zürcher Bibel)*

Einige Verse weiter, in Lev 19,33 f., werden dann auch die *Fremden* in das geforderte, die Reziprozität überschreitende Verhalten eingeschlossen:

> ³³Und wenn ein Fremder bei dir lebt in eurem Land, sollt ihr ihn nicht bedrängen. ³⁴Wie ein Einheimischer soll euch der Fremde gelten, der bei euch lebt. Und du sollst ihn lieben wie dich selbst, denn ihr seid selbst Fremde gewesen im Land Ägypten. Ich bin der HERR, euer Gott. *(Zürcher Bibel)*

Ist der in Lev 19,18 vorgestellte Nächste *nicht bereit* mir Gutes zu tun, so ist der Fremde in Lev 19,33 f. auf Grund seiner ökonomischen wie sozialen Abhängigkeit *nicht in der Lage* mir Gutes zu tun, mir also das zurückzugeben, was ich ihm gegeben habe. Wolfgang Stegemann hat mit Recht darauf hingewiesen, dass diese beiden zentralen Toragebote, die übrigens mehrfach in der Tora vorkommen (zum Gebot der Fremdenliebe vgl. Dtn 10,18 f.; Ex 22,20; 23,9), mit Jesu Anliegen übereinstimmen, aus der üblichen ausgeglichenen Reziprozität des eigenen Verhaltens auszusteigen und in Vorleistung denen gegenüber zu gehen, die mir feindlich gesinnt sind oder mir nichts zurückgeben können. Entsprechend sind das jesuanische *Feindesliebegebot* wie der *Vergeltungsverzicht* (Mt 5,38–48 par Lk 6,27–36) schon in Lev 19,18.33 f. enthalten, nur mit dem Unterschied, dass der Begriff ›Feind‹ fehlt. Dafür wird jedoch in Ex 23,4 f. und Spr 25,21 f. das angesprochene Du aufgefordert, dem Feind Gutes zu tun:

> Spr 25,21 f.
> ²¹Wenn dein Feind hungrig ist, gib ihm zu essen, und wenn er durstig ist, gib ihm zu trinken. ²²Denn so häufst du glühende Kohlen auf sein Haupt und der HERR wird es dir vergelten. *(Zürcher Bibel)*

Die übliche Behauptung, dass Jesus das Nächstenliebegebot durch das Gebot der Fremdenliebe und der Feindesliebe ausgeweitet, radikalisiert und universalisiert habe, ist daher in keiner Weise gerechtfertigt. Eine solche Weisung wie die Liebe zum Fremden in Lev 19,33 f. brauchte und konnte Jesus auch mit seinem Gleichnis vom barmherzigen Samaritaner (Lk 10,25–37) nicht überbieten. Er konnte aber die Liebe zum Fremden wieder stärker ins Bewusstsein rücken und abschwächende Interpretationen wie z.B. die griechische Übersetzung des Fremden mit ›Proselyt‹ (= ein zum Judaismus übergetretener Heide) als solche aufzeigen. Auch mit dem Feindesliebegebot und Vergeltungsverzicht knüpfte Jesus an die vorgestellten

Traditionen an. Die Begründung für die Feindesliebe bei Mt 5,46 f. wie Lk 6,32–34 ist nichts weiter als eine Konkretion des Nächsten- liebegebots in Lev 19,18, und das vierte (Mt 5,42) bzw. dritte Bei- spiel (Lk 6,30) für den Vergeltungsverzicht ist eine Konkretion nicht nur von Lev 19,18, sondern auch von 19,33: »dem der dich bittet, gib, und von dem, der sich von dir leiht, fordere das deine nicht zu- rück« (QLk 6,30). Selbst die zwei bzw. drei ersten, ungemein radi- kalen Beispiele für den Vergeltungsverzicht (Lk 6,29 par Mt 5,39b– 41) sind noch als Konkretisierungen von Lev 19,18 zu erkennen, gehen aber in ihrer »subversiven Kreativität«[16] weit über das hinaus, was üblicherweise an Verhaltensverweisen beim Vergeltungsver- zicht vorgeschlagen wurde:

> QLk 6,29
> Wer dich auf die Wange schlägt, halte ihm auch die andere hin; und wer von dir das Untergewand nimmt, lass ihm auch das Obergewand.

Hier zeigt sich besonders gut die unverwechselbare Individualität Jesu im Kontext des antiken Judentums. Statt das Böse einfach nur geschehen zu lassen, wie zunächst der nur in Mt 5,39a vorkommen- de Satz vermuten lassen könnte, fordert Jesus zu einer Art paradoxer Intervention auf, in dem das Gute, das nach Lev 19,18 auch dem Gegner erwiesen werden soll, in einer völlig unerwarteten, für den Gegner überraschenden Weise geschieht, und damit zur Unterbre- chung der Gewaltspirale beiträgt.

8.2.3 Das Ehescheidungs- bzw. Wiederverheiratungs- verbot

Fünfmal ist das *Ehescheidungsverbot* im NT überliefert, viermal in den synoptischen Evangelien (QLk 16,18 par Mt 5,32; Mk 10,10–12 par Mt 19,9) und einmal bei Paulus (1 Kor 7,10 f.). Allein schon sein Vorkommen in unterschiedlichen Kontexten mit unterschiedlichen Versuchen, es im jeweiligen Gemeindeumfeld lebbar zu gestalten, lässt auf jesuanische Herkunft schließen. Das bestätigt auch Paulus, der in 1 Kor 7,10 ausdrücklich darauf hinweist, dass das Verbot nicht von ihm, sondern »vom Herrn« (= Jesus) stammt. Der Kern des je- suanischen Verbots besteht in der Gleichsetzung von Ehescheidung und Ehebruch, wobei der ursprüngliche Adressat der Ehemann war, da nur er nach der im palästinischen Judentum vorherrschenden Rechtspraxis seine Frau entlassen konnte, sie aber nicht ihn. In der

Forschung ist umstritten, ob das Verbot ursprünglich nur aus einem apodiktischen Scheidungsverbot bestand: *wer seine Frau entlässt, bricht die Ehe,* oder ob es von Anfang an mit einem *Wiederverheiratungsverbot* verbunden war, z.B. in der folgenden verschärften Version: *jeder, der seine Frau entlässt, bricht die Ehe. Wer eine Entlassene heiratet, begeht Ehebruch.* Ich selbst halte das Wiederverheiratungsverbot für jünger, da es kasuistisch angelegt ist und das Ehescheidungsverbot interpretiert.

Doch aus welchem Grund hat Jesus die Scheidung verboten? In der Regel wird das Apophthegma, das Mk 10,10–12 par Mt 19,9 vorausgeht und das den schöpfungstheologischen Hintergrund betont, als sekundär angesehen. Das aber hat zur Folge, dass das Verbot völlig isoliert dasteht. Auch die Hypothese von Martin Ebner, das Verbot wolle verhindern, dass sich jemand Jesus anschließt, der eigentlich aus einer misslingenden Ehe flieht,[17] sagt nichts über die dahinter stehende theologische Motivation. Ich selbst glaube nicht, dass ein solches Wort ganz ohne jeden Kontext überliefert wurde. Da Jesus auch sonst gerne seine Weisungen schöpfungstheologisch begründet (vgl. oben 8.2.2 zum Sabbatgebot, oder zum Gebot der Feindesliebe Mt 5,45), spricht einiges dafür, dass der schöpfungstheologische Kontext in Mk 10,2–9 par Mt 19,3–9 auch der ursprüngliche Kontext des Verbotes ist. Danach forderte Jesus seine Jünger und Jüngerinnen mit dem Scheidungsverbot auf, den Traum von der unbedingten Treue und Verlässlichkeit gegen alle inneren wie äußeren Widerstände zu leben und damit dem Schöpfungsauftrag an den Menschen als Abbild des unverbrüchlich treuen und verlässlichen Gottes zu entsprechen (Gen 1,27). Dieser schöpfungstheologische Bezug zeigt zugleich, dass das jesuanische Scheidungsverbot eben nicht der Tora widerspricht, wie immer wieder zu lesen ist, sondern umgekehrt aus der Tora abgeleitet werden konnte.

8.2.4 Die Einstellung zu Besitz und Familie – gegen die Tora?

Zwei Themen, die typisch für Jesus sind, wollen – zumindest auf den ersten Blick – nicht so recht zu einem Ethos passen, das sein Zentrum in der Tora hat: Jesu Einstellung zu Besitz und Familie.

Eine nicht gerade positive Einstellung zu *Besitz und Reichtum* kennzeichnen Sätze wie Mk 10,25 par (»Leichter ist es, dass ein Kamel durch ein Nadelöhr geht, als dass ein Reicher in das Königreich Gottes hineingeht«) oder Logien wie Mt 6,24 par (»Niemand kann zwei Herren dienen ... ihr könnt nicht Gott dienen und dem Mammon«). Dazu kommen die Seligpreisungen der Armen, Hungernden und Weinenden und die Weherufe an die Reichen, Satten und Lachenden (Lk 6,20 f.24 f.), zahlreiche Gleichnisse über die Umkehrung des Geschickes von Reichen und Armen und nicht zu vergessen die Perikope über das Nicht-Sorgen (Mt 6,25–34 par). Demgegenüber werden Reichtum und großer Besitz in der Tora (und nicht nur da) zunächst einmal positiv gewertet, so z.B. bei den Erzeltern als Zeichen ihrer Gottesfurcht und Frömmigkeit. Erst in der prophetischen Tradition und der jüngeren Weisheit wuchs das Bewusstsein, dass viel Besitz und Reichtum zu Ausbeutung der Armen und Beugung des Rechts führen können und damit auch zur Abwendung von JHWH und seinem Willen. Ein solches Verhalten wurde dann nicht nur als Verstoß gegen das Nächstenliebegebot verstanden, sondern auch als Verstoß gegen das erste Gebot des Dekalogs (Ex 20,3–6; Dtn 5,7–10), da Reichtum und Besitz das ganze Denken und Handeln eines Menschen so in Beschlag nehmen können, dass daneben nichts anderes mehr Platz hat, auch Gott nicht. Daran knüpft mit Sicherheit der Mammonspruch in Mt 6,24 par (s.o.) an, aber auch das Ende der Nicht-Sorgen-Perikope mit der Aufforderung das Königreich Gottes zu suchen (Mt 6,34 par).

Schwerer ist die Einstellung Jesu zur *Familie* mit der Tora in Übereinstimmung zu bringen, insbesondere mit dem *Elterngebot*, das ja die Versorgung der alten Eltern sicherstellen will. Hierbei ist weniger die Aufforderung Jesu an einen potentiellen Nachfolger problematisch, ihm zu folgen und den toten Vater nicht zu begraben (»Lass die Toten ihre Toten begraben.« QLk 9,60 par), als vielmehr die in allen synoptischen Evangelien vorkommenden Nachfolgeworte vom Verlassen der Familie und damit eben auch der Eltern (Mk 10,28–30 par; QLk 14,26 par: das Logion vom Hassen der Familie). Die sicher sekundären Apophthegmata von der Jüngerberufung (Mk 1,16–20 par; Mk 2,14 par) weisen uns jedoch den Weg hin zum Propheten Elija und seiner Berufung des Elischa (1 Kön 19,19–21). Auch Elischa verlässt Vater und Mutter, um ein Jünger Elijas zu werden, stellt also seine Berufung zum Prophetenschüler höher als das Elterngebot. Zwei Faktoren sind darüber hinaus noch zu bedenken: Zum einen scheinen die Nachfolgeworte davon auszugehen, dass der Berufene noch Brüder und Schwestern hat, die sich um die alten Eltern kümmern können. Zum anderen erwartet Jesus für die allernächste Zeit die Durchsetzung des Königreiches Gottes, auf dessen Kommen hin er und seine Jüngerinnen und Jünger ganz Israel vorbereiten und sammeln. Von dieser Naherwartung her ist die Bindung an die Eltern, einschließlich ihrer Versorgung im Alter für Jesus nachrangig, und dies umso mehr, wenn die Eltern wie die Mutter Jesu nach Mk 3,20 f.31–35 die Kinder daran zu hindern versuchen, Jünger und Jüngerinnen des Königreiches Gottes zu werden.

8.3 Die Tora als Grundlage und Zentrum des jesuanischen Ethos

Jesu Verkündigung und Praxis richten sich ganz an der Tora aus, stehen jedoch in der Linie ihrer prophetischen und teilweise weisheitlichen Auslegungstradition und nur ansatzweise in der Tradition gesetzesgelehrter Auslegung. Entsprechend der prophetischen Auslegungstradition ist das Zentrum der Tora für Jesus das Gebot der Alleinverehrung JHWHs bzw. der Gottesliebe und das mit der Fremdenliebe eng verbundene Nächstenliebegebot, das nach zeitgenössischer jüdischer Auslegung in besonderer Weise den Willen JHWHs zum Ausdruck bringt. Beide Gebote verschmelzen in der Jesusüberlieferung zum so genannten *Doppelgebot der Liebe*, wobei Jesus nach Mk 12,28–34 par Mt 22,34–40 das Bekenntnis zum einen Gott mit dem Gottesliebegebot als erstes Gebot bezeichnet, das Gebot der Nächstenliebe als zweites, ihm gleiches Gebot. Der ihn fragende Schriftgelehrte in Mk 12,28–34 nimmt die Antwort auf und erweitert sie durch den an kultkritische prophetische wie weisheitliche Texte (z.B. Sir 34,21–35,21) erinnernden Satz, dass Gottes- und Nächstenliebe mehr sind als alle Opfer. Beide Stellen, zusammen mit der Einleitung zum Gleichnis vom barmherzigen Samaritaner (Lk 10,25–28), verstehen das Doppelgebot der Liebe als Zusammenfassung bzw. Kern der Tora, das damit als Maßstab für ein vor Gott gelingendes Leben angesehen wird. Ähnliche Verschmelzungen beider Toragebote sind breit im antiken Judentum belegt (vgl. Theißen/Merz 340–343) und zeigen, dass es nicht nur üblich war, eine Hierarchisierung von grundlegenden und weniger grundlegenden Geboten vorzunehmen, sondern dass es auch einen Konsens darüber gab, welche Toragebote als grundlegend für die Erfüllung des Gotteswillens angesehen wurden. Dass Jesus dabei z.B. die umfangreichen Opfer- und Reinheitsvorschriften der Priestertora nur streift bzw. sich auf sie nur in konkreten Einzelfällen bezieht wie bei der Aussätzigenreinigung (vgl. Mk 1,44 par), passt zu sonstigen weisheitlichen und eschatologischen Traditionen im antiken Judentum (s.o. 8.2) und sagt nichts über seine grundsätzliche Akzeptanz dieser Toraabschnitte aus.

Neben dem Doppelgebot der Liebe und ihren verschiedenen Implikationen spielt für Jesus die *Schöpfungstora* eine besondere Rolle, oder anders formuliert, schöpfungstheologische Vorstellungen, die ebenfalls in der Tora verankert sind: vom Sabbat über die Rolle von Mann und Frau bis hin zu schöpfungstheologischen Motivationen verschiedenster Weisungen wie z.B. der Aufforderung sich nicht zu sorgen und die Feinde zu lieben. Mit dieser Bedeutung der Schöpfungstora für Verkündigung und Praxis Jesu könnte auch der nicht zu leugnende universalistische Charakter einer Reihe von Jesusworten zusammenhängen. Und schließlich greift auch seine Eschatologie, die Überzeugung von der unmittelbar vor der Tür stehenden, endgültigen Durchsetzung der *basileia* Gottes, auf schöpfungstheologische Vorstellungen zurück.

Was Hubert Frankemölle für die antithetischen Weisungen der Bergrede formuliert,[18] trifft meines Erachtens auch für den historischen Jesus zu: Er forderte keine neuen Gesetze und Normen, sondern ein neues, an der Tora und dem darin erkennbaren Gotteswillen orientiertes Ethos »im Glauben an die Wirklichkeit der Nähe Gottes.« Seine Weisungen umschreiben »jene prophetische Vision von einer geschwisterlichen Welt, die gelingendes und befreites Leben grundsätzlich ermöglicht ...«, so dass er nichts anderes verkündet als die Sozialordnung Gottes, dessen Söhne und Töchter aufgefordert werden ihn nachzuahmen (Vgl. QLk 6,36 par Mt 5,48).

Literatur

Stegemann, Wolfgang, Jesus und seine Zeit (Biblische Enzyklopädie 10). Stuttgart: Kohlhammer 2010, 262–296. (*Ein anspruchsvoller, ungemein belesener Zugang zum Thema, mit interessanten, im deutschsprachigen Raum bisher kaum rezipierten Positionen.*)

Theißen, Gerd / Merz, Annette, Der historische Jesus. Ein Lehrbuch. 3., durchges. und um Literaturnachtr. erg. Aufl. Göttingen: Vandenhoeck & Ruprecht 2001, 311–358. (*Ein guter Überblick zur Ethik Jesu, der sich aber noch nicht ganz frei gemacht hat von der klassischen Verhältnisbestimmung von Tora und Ethos Jesu.*)

9. Der gewaltsame Tod Jesu am Kreuz und seine historischen Hintergründe

9.1 Die Quellen und ihre Historizität

Nichts ist historisch so gesichert wie die Kreuzigung Jesu auf Veranlassung des römischen Präfekten Pontius Pilatus. Darin stimmen christliche wie nichtchristliche Quellen aus dem 1. und 2. Jh. n. Chr. überein. Doch wer Genaueres wissen will, stößt schnell an Grenzen. Im Folgenden stelle ich kurz die infrage kommenden Quellen vor und diskutiere ihren Quellenwert.

9.1.1 Außerchristliche Quellen

Vier außerchristliche Quellen spielen für die Rückfrage nach Jesu Tod eine Rolle. Zwei von ihnen werden allgemein als unabhängige Quellen und damit als historisch relevant angesehen. Es handelt sich um den auf den jüdischen Historiker *Flavius Josephus* zurückgeführten Kern des so genannten ›Testimonium Flavianum‹ (Ant 18,63 f./18,3.3) und um einen vom römischen Historiker *Tacitus* verfassten Text aus seinen ›Annalen‹ (15,44.3). Bei Tacitus erfahren wir nur, dass Christus unter Kaiser Tiberius durch den Prokurator (sic!) Pontius Pilatus hingerichtet worden ist, Josephus erwähnt zusätzlich die Hinrichtungsart und nennt als Initiatoren der Hinrichtung die »Vornehmsten unseres Volkes«. Völlig gegensätzlich beurteilen beide Quellen die Rechtmäßigkeit der Hinrichtung. Während Tacitus daran nicht zweifelt, suggeriert Josephus durch die außerordentlich positive Darstellung Jesu das Gegenteil (Näheres dazu in Kap. 2.1).

Neben diesen beiden unbestritten relevanten Quellen besteht in der Forschung über zwei weitere Quellen kein Konsens: über eine Textstelle aus einem Brief des syrischen Stoikers Mara Bar Sarapion und über eine Baraita aus dem Traktat Sanhedrin des babylonischen Talmuds (bSanh 43a).[1] Nach *Mara Bar Sarapion*, dessen Brief gegen Ende des 1. Jh. datiert wird, ist die Hinrichtung des »weisen Königs« der Juden Ursache dafür, dass den Juden ihr Reich weggenommen wurde. Eine ähnliche Ursache-Wirkung-Erklärung ist uns auch im Mt überliefert, das ebenfalls aus Syrien stammt, so dass Bar Sarapion sein Wissen über den weisen König der Juden, den er übrigens nirgends mit Namen nennt, mit hoher Wahrscheinlichkeit durch

Vermittlung des syrischen Urchristentums erhielt. Stimmt die nicht ganz unumstrittene Datierung, wäre es das früheste heidnische Zeugnis über Jesus, das jedoch historisch keine neuen Erkenntnisse enthält.

Mit Sicherheit für sekundär halte ich die *Baraita aus dem babylonischen Talmud* (anders z.B. Niemand 358–364). Zwar werden Baraitot als tannaitische[2] Lehren und Aussagen außerhalb der Mischna definiert und gelten damit als relativ alt, doch Baraitot, die nur im babylonischen Talmud vorkommen, wie es bei bSanh 43a der Fall ist, werden von vielen Judaisten als fiktiv angesehen.[3] Unabhängig davon besteht der Text aus einer wilden Mischung von Fakten, die aus den Evangelien bekannt sind (Name des Hingerichteten: Jeschu; Todeszeit am Vorabend des Pessachfestes; [ausschließliche] Beteiligung von jüdischen Autoritäten; Erwähnung von Jüngern) und freien Erfindungen (Hinrichtungsart: Steinigung mit Aufhängung; Urteilsbegründung: Zauberei und Verführung Israels; Zusammenarbeit mit der Regierung – wörtl. Königsherrschaft; 40 Tage Haft etc.). Interessant ist allenfalls, dass bSanh 43a wie Mara Bar Sarapion von einer ausschließlich jüdischen Beteiligung am Tod Jesu ausgeht.

9.1.2 Christliche Quellen

Die ältesten christlichen Quellen zum gewaltsamen Tod Jesu sind die *authentischen Paulusbriefe* (zw. 50 und 56 n. Chr.). Doch sind in ihnen die Hinweise auf Jesu Tod sehr verstreut und durchgehend theologisch motiviert. Historisch kann man ihnen nur entnehmen, dass Jesus gekreuzigt worden ist (vgl. z.B. Gal 5,24; 1 Kor 1,13.23) und, falls 1 Thess 2,14–16 tatsächlich auf Paulus zurückgehen sollte, dass Judäer daran beteiligt waren.

Anders sieht es bei den vier *kanonischen Evangelien* aus. Von ihnen hat die Passionserzählung des Mk den höchsten Quellenwert, da hinter ihr ein sehr alter Passionsbericht stehen dürfte, der vom Evangelisten überarbeitet und mit weiteren Einzeltraditionen angereichert wurde. Auf die markinische Passionserzählung stützen sich dann die Passionsberichte des Mt und Lk, wobei für das Lk, auf Grund seiner gegenüber Mt größeren Abweichungen von Mk, eine mögliche Sondergutquelle diskutiert wird. Einen eigenen Weg scheint die Passionserzählung des Joh zu gehen. Ihre lange Zeit angenommene Unabhängigkeit von der synoptischen Tradition findet heute allerdings immer weniger BefürworterInnen, da die Gemeinsamkeiten zwischen der

Joh- und Mk-Passion einfach zu groß sind. Es dominieren zwei Erklärungsmodelle: für die einen gehen Mk- und Joh-Passion auf eine Passionserzählung mit gemeinsamem Grundbestand zurück, während für die anderen der Evangelist des Joh das Mk kannte und dessen Passionserzählung als Vorlage benutzte. Trotzdem bleiben größere Unterschiede zur markinischen Passionstradition, die erklärt werden müssen. Neben einer starken johanneischen Überarbeitung ist dabei auch mit der Verarbeitung eigener Traditionen zu rechnen.

Äußerst umstritten ist der Quellenwert des *apokryphen Petrusevangeliums*, eines griechischen Evangelienfragments aus dem 2. Jh., das mit der Händewaschung des Pilatus beginnt und nach Jesu Auferstehung mit dem Weggang der 12 Apostel aus Jerusalem endet. John Dominic Crossan vertritt gar die Hypothese, dass der von ihm rekonstruierte Grundbestand des Fragments – er nennt es Kreuzevangelium – älter ist als der markinische Passionsbericht und aus den 40er Jahren des 1. Jh. n. Chr. stammt.[4] Tatsächlich enthält er jedoch eine Reihe von Zügen, die wir sonst einem traditionsgeschichtlich späten Stadium zuordnen: z.B. die konsequente Bezeichnung Jesu als »Herr«, die Bezeichnung des Sonntags als »Herrentag«, die Steigerung des Auferstehungswunders durch riesige Engelwesen und mit einem sprechenden Kreuz, sowie die Grabwache als direkte Zeugen der Auferstehung. Mit der Mehrheit der NeutestamentlerInnen schließe ich daraus, dass das von Crossan rekonstruierte Kreuzevangelium nicht nur jünger als die kanonischen Passionserzählungen ist, sondern auch von ihnen abhängig.[5]

9.1.3 Die Passionserzählungen der Evangelien: Gemeinsamkeiten und Unterschiede

Es bleiben nur die kanonischen Evangelien als ernstzunehmende Quellen für eine weiterführende Rekonstruktion der Ereignisse, die zur Kreuzigung Jesu führten. Bei ihnen handelt es sich jedoch weder um relativ neutrale Gerichtsprotokolle, noch um Berichte von außenstehenden Personen, sondern um erzählerisch gestaltete, theologische Deutungen von Passion und Tod Jesu, die zudem geprägt sind durch die Auseinandersetzungen ihrer christlichen Adressaten und Adressatinnen mit ihrer jüdischen und heidnischen Umwelt.[6] Beides muss bei einer historischen Rekonstruktion der Ereignisse berücksichtigt werden. Des Weiteren sind Ablauf und Darstellung der Ereignisse mit zeitgeschichtlichen Informationen über römische und judäische Rechtsverhältnisse zu vergleichen und dürfen diesen nicht grundsätzlich widersprechen.

Alle Passionserzählungen beginnen mit dem Tötungsbeschluss der jüdischen Autoritäten und enden mit der Grablegung Jesu. Ab der Verhaftung Jesu werden zudem die mit den Synoptikern gemeinsamen Szenen im Joh nicht mehr in andere bzw. erweiterte Kontexte eingebunden.

Ereignisablauf	Mk	Mt	Lk	Joh
Tötungsbeschluss der jüdischen Obrigkeit	X	X	X	X
Salbung Jesu	X Kopfsalbung durch Unbekannte	X Kopfsalbung durch Unbekannte	—	X Fußsalbung durch Maria, die Schwester Marthas
letztes Mahl Jesu mit den Zwölfen	X Pessachmahl	X Pessachmahl	X Pessachmahl	X Kein Pessachmahl/ Fußwaschung
Gang zum Ölberg, Vorhersage der Verleugnung Petri	X	X	X	X
Verhaftung Jesu in einem Garten unter Beteiligung von Judas Iskariot	X Tempelpolizei	X Tempelpolizei	X Tempelpolizei	X + römische Soldaten

Verleugnung Jesu durch Petrus	X	X	X	X
Jesus vor jüdischen Autoritäten	Synhed-rion nachts	Synhed-rion nachts	Synhed-rion morgens	Hohe-priester Hannas + Kajaphas
Prozess Jesu vor Pilatus mit Pessach-amnestie (Barab-bas); Fehlen eines Urteilsspruchs; Gespräch des Pilatus mit Jesus	X —	X + zwei weitere Szenen —	X + Verhör vor Herodes Antipas —	X + Auftei-lung in mehrere Szenen X
Auslieferung zur Geißelung und anschließenden Kreuzigung durch Pilatus, Verspottung durch Soldaten, Kreuzestitulus	X	X	X	X
Kreuzigung und Tod Jesu an einem Freitag	X Am Pessach-fest	X Am Pessach-fest	X Am Pessach-fest	X Am Rüsttag vor Pessach
Grablegung durch Josef von Arimathäa	X	X	X	X + Nikode-mus

Stimmt der Ereignisablauf bei allen Evangelien auch im Wesentlichen überein, so gibt es in der konkreten Ausgestaltung der Szenen doch erhebliche Divergenzen. Der größte Unterschied besteht zwischen dem Prozess bzw. Verhör Jesu vor dem gesamten Synhedrion in den synoptischen Passionsberichten und den Verhören durch den ehemaligen (Hannas) und den gegenwärtigen Hohenpriester (Kajaphas) im Joh. Auffällig ist zudem, dass nach Mk und Mt der Prozess vor dem Synhedrion in der Nacht stattfindet, während das Lk von einem morgendlichen Verhör berichtet. Was den Prozess vor Pilatus betrifft, sind gegenüber dem Mk deutliche Ausweitungen in den drei übrigen Evangelien zu konstatieren, die eine stärkere Entlastung des Pilatus von der Verantwortung für den Tod Jesu auf der einen und eine entsprechend größere Belastung der jüdischen Autoritäten und des Volkes auf der anderen Seite zur Folge haben. Zur historischen Rekonstruktion der Ereignisse tragen sie jedoch kaum etwas bei. Ein weiterer Hauptunterschied zwischen den synoptischen Passionsdarstellungen und der des Joh besteht in der Datierung der Ereignisse: während Jesus nach den Synoptikern am Pessachfest selbst stirbt, geschieht dies nach Joh am Rüsttag (Genaueres dazu in Kap. 3.4).

Neben diesen Hauptunterschieden sind noch folgende Unterschiede historisch interessant:

- die Personen, die Jesus verhaften: Tempelpolizei bei den Synoptikern; Tempelpolizei + römische Soldaten unter Anführung eines Chiliarchen (Befehlshaber einer Kohorte) bei Joh
- Jüngerflucht bei den Synoptikern; Wegschicken der Jünger durch Jesus nach Joh
- Gründe für die Todeswürdigkeit Jesu in den Augen der jüdischen Autoritäten: Hinweise auf ordnungspolitische Gründe bei Joh (11,47–53) und Lk (23,2), Blasphemie bei Mk und Mt sowie indirekt Jesu Tempelkritik

Alle weiteren Unterschiede sind eher theologisch als historisch von Bedeutung, so u.a. Jesu Verhalten am Kreuz, die Personen unter dem Kreuz bzw. solche, die als Zeugen seines Todes angesehen werden oder die Geschehnisse um die Grablegung Jesu.

9.2 Die Rolle der Römer: Die Verurteilung Jesu zur Kreuzigung durch Pontius Pilatus

Es liegt nahe, bei der historischen Rückfrage mit dem unbestrittenen Faktum der Kreuzigung Jesu durch Pontius Pilatus zu beginnen und nach dem Delikt zu fragen, das dieser Strafe zugrunde liegen könnte. Hierzu gehören auch die Frage nach dem Ablauf des Prozesses und die Untersuchung der Rolle des Pilatus.

9.2.1 Die Kreuzesstrafe und das damit verbundene Delikt

Die Kreuzesstrafe galt in der Antike wegen der Länge des Todeskampfes (dazu unten 9.4) als eine der grausamsten Todesstrafen. Von der römischen Obrigkeit wurde sie daher in der Regel nicht bei Vergehen römischer BürgerInnen angewandt, sondern war für Sklaven und Sklavinnen, für Freigelassene sowie für Räuber und Piraten bestimmt. In den Provinzen wurde sie als stand- und kriegsrechtliches Mittel (lat. *coercitio*) eingesetzt, um antirömische Erhebungen niederzuschlagen oder einen befürchteten Aufstand im Keim zu ersticken. Für Judäa und Galiläa wissen wir, dass die römischen Statthalter dabei nicht gerade zimperlich vorgingen und nicht nur Aufrührer kreuzigen ließen (Genaueres bei Niemand 438–446).

Mehrere Indizien sprechen dafür, dass Jesus des Aufruhrs und des Hochverrats (lat. *perduellio*) angeklagt worden ist und wegen dieser Vergehen auch verurteilt wurde. Konkret wurde er als Königsprätendent hingerichtet, der nach der Logik des Imperiums die römische Herrschaft in Judäa in Frage stellte und mit seinen AnhängerInnen auf deren Ende hinarbeitete. Das zeigt zum einen die auffällige Häufung des Titels ›König‹ für Jesus in den Passionserzählungen (Mk 15,2.9.12.18.26.32), wovon allein vier auf das Konto des Pilatus gehen. Da dieser Titel für die Christologie der frühen Christen keine Rolle spielte, kann er kaum christliche Erfindung sein. Hierher gehört zum anderen das einmütige Zeugnis der Evangelien, wonach Pilatus am Kreuz eine Tafel mit Aufschrift ›Der König der Juden‹ (Mk 15,26 par) anbringen ließ. Der so genannte *titulus*, ein Schild mit Angabe des Verurteilungsgrundes (vgl. Joh 19,19), war bei Hinrichtungen möglich, aber nicht allgemein üblich. Gerade die Seltenheit seines Vorkommens in den Quellen spricht jedoch eher für als gegen seine Authentizität.

Zu diesen textinternen Beobachtungen passen auch unsere Kenntnisse über die mit der Kreuzigung bestraften Vergehen in Judäa während der römischen Besatzung. Nach Josephus (Bell 2,66–79; Ant 17,250–298/17,10.1–10) hat der syrische Legat Quinctilius Varus die Anführer der unkoordinierten Aufstände nach dem Tod Herodes des Großen (4 v. Chr.) samt ihren maßgeblichen Anhängern kreuzigen lassen. Obwohl Josephus die Aufstandsgruppen samt und sonders als Räuberbanden disqualifiziert, teilt er uns immerhin mit, dass einige dieser Anführer die Königswürde beanspruchten. Dazu zählte neben Simon, einem ehemaligen Sklaven des Herodes, der mit seinen Anhängern den Herodespalast in Jericho in Schutt und Asche

legte, der Hirt Athronges und der als besonders gefährlich einge-
schätzte Judas ben Hiskia aus Galiläa, der die Stadt Sepphoris be-
setzte und deren Waffenlager plünderte. In gewisser Weise gehören
wohl auch die beiden Judassöhne oder -enkel Jakobus und Simon
hierher, die zw. 46 und 48 n. Chr. gekreuzigt wurden, über deren
Vergehen Josephus aber nichts weiter berichtet. Interessant ist
schließlich, dass die von Josephus übernommene Perspektive der römischen Führung, die zwischen Königsanspruch und Räuberei kaum
unterschied, auch im Fall Jesu angedeutet wird, der als ›König der
Juden‹ zwischen zwei Räubern gekreuzigt wurde.

9.2.2 Der Prozess Jesu vor Pilatus

Anders als bei den Kreuzigungen während der Aufstände 4 v. Chr.
und der Unruhen im Vorfeld des jüdischen Krieges, die »einfach Folge eines formlosen Aktes von militärischem Standrecht bzw. von
Koerzition« (Niemand 417) waren, ging der Kreuzigung Jesu nach
dem Zeugnis aller Evangelien ein zumindest rudimentärer Strafprozess voraus, mit Anklageerhebung und einer richterlichen Sachverhaltsprüfung durch Verhör. Er entsprach damit einem Prozesstyp,
der als *cognitio extra ordinem* bezeichnet wurde und im Wesentlichen der Sachverhaltsprüfung durch den Richter diente. Gegenüber
dem ordentlichen Strafprozess wurde dieser wenig geregelte Prozesstyp vor allem in den kaiserlichen Provinzen angewandt. Die Anklage wurde von dritter, d.h. privater Seite formuliert, und der Richter entschied, ob sie zugelassen wurde. War das der Fall, konnte der
Angeklagte zu der Sache Stellung nehmen. Das Ergebnis war immer
ein Urteil des Richters, was jedoch nicht mit einem formellen Urteilsspruch identisch sein musste. Es reichte auch ein Geständnis des
Angeklagten oder der Befehl zur Freilassung oder Bestrafung. Der
Prozess Jesu vor Pilatus entspricht vom Ablauf her genau diesem
Prozesstyp: die Anklage wurde von der jüdischen Obrigkeit formuliert, der Angeklagte konnte sich verteidigen und am Schluss stand
das Urteil in Form der Herausführung zur Kreuzigung. Damit erklärt
sich auch das Fehlen eines ausdrücklichen Urteilsspruchs (vgl. dazu
Niemand 416–419).

Das einzig ungewöhnliche Ereignis innerhalb des von den Evangelien berichteten Prozesses ist die so genannte *Pessachamnestie*,
wonach Pilatus der Menge die Freilassung Jesu anbot, die diese aber
(durch Beeinflussung von Seiten der jüdischen Obrigkeit) ablehnte

und stattdessen die Freilassung eines gewissen Barabbas forderte (Mk 15,6-15 par). Die Historizität der Episode ist in der Forschung äußerst umstritten, da es außerhalb der Passionserzählungen nirgends einen Hinweis auf eine solche Amnestie gibt und das ganze Setting zudem sehr unwahrscheinlich ist (Woher kommt plötzlich die Menge? Warum schlägt die Menge und nicht die jüdische Obrigkeit den Freizulassenden vor? etc.). Andererseits ist die Person des Barabbas kaum erfunden, zumal er nach Mk 15,7 zwar an einem Aufruhr mit Mord beteiligt war, mit dem Mord aber wohl nichts zu tun hatte und daher gut zum Profil eines Amnestiekandidaten passte. Eine interessante Lösung schlägt Christoph Niemand vor (423–425). Danach hätte der älteste Passionsbericht nachträglich die Freilassung des Barabbas – die völlig unabhängig vom Prozess Jesu, aber ungefähr zeitgleich mit ihm vom Präfekten angeordnet wurde – mit diesem verknüpft. Der Kontrast zwischen beiden Gefangenen war umso größer, als Barabbas' Gnadengesuch wohl durch seine Familie und seine Freunde unterstützt wurde, während Jesus, dessen Anhänger alle geflüchtet waren, völlig alleine dastand.

9.2.3 Die Person des Pilatus

Zunächst einmal fällt auf: die Darstellung des *Pontius Pilatus* in den Passionserzählungen der Evangelien stimmt mit seiner Darstellung in anderen Quellen nicht überein. In den Passionserzählungen agiert er als schwacher Richter, der im Grunde von der Unschuld Jesu überzeugt ist und die Anklage der jüdischen Obrigkeit als fingiert erkennt, sich aber ihr und der von ihr eingespannten Volksmenge gegenüber nicht durchsetzen kann – ein Spielball in der Hand der Hohenpriester! Ein ganz anderer Pilatus tritt uns dagegen bei Philo von Alexandrien und Flavius Josephus entgegen. Nach Philo, der allerdings aus einem Brief des jüdischen Königs Agrippa I. an Kaiser Caligula zitiert, war seine Amtsführung von Bestechlichkeit, Räubereien, Gewalttaten, Misshandlungen und fortgesetzten Hinrichtungen ohne Gerichtsverfahren geprägt (Legatio ad Gaium 299–305[7]). Josephus berichtet von drei konkreten Konflikten um Pilatus, wobei zwei am Beginn seiner Amtszeit als Präfekt von Judäa standen und der dritte Konflikt, die brutale Niederschlagung einer anwachsenden samaritanischen Prozession auf den heiligen Berg Garizim, zu seiner Absetzung durch den syrischen Legaten Vitellius führte (36 n. Chr.) (Ant 18,35.55–64.85–89.115/18,2.2; 3.1–3; 4.1–

2; 5.1). Ein Beispiel für seine Rücksichtslosigkeit und Brutalität findet sich auch in Lk 13,1, wo von Galiläern berichtet wird, deren »Blut [Pilatus] mit dem ihrer Opfertiere vermischte«.

Die ungewöhnlich lange Amtszeit von zehn Jahren (26–36 n. Chr.) – nur sein Vorgänger Valerius Gratus schaffte ein Jahr mehr – zeigt jedoch, dass Pilatus aus römischer Perspektive durchaus erfolgreich agierte und mit dem Hohenpriester Kajaphas, der ebenfalls 36 n. Chr. abgesetzt wurde, gut zusammen gearbeitet haben muss. Ob sich Pilatus tatsächlich durch ungewöhnliche Rücksichtslosigkeit auszeichnete, sei dahingestellt, als römischer Präfekt war er verantwortlich für die Durchsetzung und Aufrechterhaltung der römischen Oberherrschaft, wenn notwendig auch mit Gewalt. Allenfalls ist eine gewisse durchgehende Verständnislosigkeit gegenüber jüdischen Traditionen und Institutionen zu konstatieren, worauf nicht nur die von Josephus erwähnten Konflikte hinweisen, sondern auch die Münztypen des Pilatus, die im Unterschied zu denen der anderen römischen Statthalter von Judäa alle ein heidnisches Symbol enthielten.[8]

Aus all dem folgt, dass Pilatus auch beim Prozess gegen Jesus kaum als zaudernder Richter oder gar als Marionette der jüdischen Obrigkeit agierte, zumal dieser Eindruck vor allem durch die Episode zur Pessachamnestie entstanden ist (s.o.). Die führenden Männer des Synhedrions klagten Jesus bei Pilatus wegen antirömischen Aufruhrs und Königsprätendentenschaft an. Da Pilatus angesichts des bevorstehenden Pessachfestes – *des* jüdischen Freiheitsfestes mit Massen von Festpilgern – sowieso mit Unruhen rechnen musste und deshalb mit militärischer Verstärkung in Jerusalem anwesend war, dürfte ihn die Anklage nicht überrascht haben. Zudem erwies sich der Angeklagte nach Darstellung von Mk 15,2–5 als ziemlich unkooperativ, so dass das Urteil des Pilatus schnell gefällt war.

9.3 Die Rolle der jüdischen Obrigkeit: Die Gründe für die Anklage Jesu vor Pilatus

Die oben erwähnte zunehmende Tendenz der Passionserzählungen, Pontius Pilatus zu entlasten und die eigentliche Verantwortung für den Tod Jesu der jüdischen Obrigkeit und dem von ihr aufgewiegelten Volk aufzubürden, führte im Laufe der christlichen Geschichte zur Behauptung einer jüdischen ›Kollektivschuld‹ am Tod Jesu, bis hin zu einer quasi metaphysischen Deutung seines gewaltsamen Todes, der als *Deizid*, als Gottesmord, *allen* Juden angelastet wurde. Eine besonders unrühmliche Rolle spielte das so genannte ›Blutwort‹ aus Mt 27,25: »das ganze Volk sagte: sein Blut [komme] auf uns und auf unsere Kinder.« Hatte der Evangelist dieses Wort noch auf die Folgen des jüdischen Krieges 70 n. Chr. für die Jerusalemer Bevölkerung bezogen, so wurde es im Laufe der christlichen ›Siegergeschichte‹ auch auf die Juden und Jüdinnen der jeweiligen Gegenwart übertragen und diente bei Bedarf zur Rechtfertigung gewaltsamer Akte bis hin zu Pogromen gegen sie.

Lange Zeit ist die christliche Jesusforschung der Darstellung der Evangelien gefolgt und hat die jüdische Führung als Hauptverantwortliche für die Kreuzigung Jesu ausgemacht. Mittlerweile wird diese Position kaum noch vertreten. Es gibt sogar Stimmen von christlicher wie jüdischer Seite, die eine jüdische Mitbeteiligung ganz ausschließen (zum Ganzen: Niemand 392–413). Doch ist an dieser Stelle Vorsicht geboten: Das Bewusstsein der fatalen christlichen Wirkungsgeschichte bestimmter überlieferter Texte kann letztlich nicht über die historische Wahrscheinlichkeit der dahinter stehenden Ereignisse und ihrer Protagonisten entscheiden.

9.3.1 Prozess oder Verhör Jesu vor dem Synhedrion?

Die markinische Passionsversion erzählt eindrucksvoll von einem Prozess gegen Jesus vor dem Synhedrion, bei dem Zeugen auftreten und das ganze Gremium abschließend einen Urteilsspruch fällt. Wie wir gesehen haben, widerspricht diese Version, die von Mt ganz und von Lk teilweise übernommen wurde, der Version des Joh, nach der Jesus nur von Hannas und vielleicht auch von Kajaphas verhört und anschließend direkt – ohne Konsultation des Synhedrions – zu Pilatus geführt wird. Mindestens zwei weitere, gewichtige Gründe bestätigen die johanneische Version. Da ist zum einen das in der Mischna verschriftlichte *jüdische Prozessrecht* (ca. 200 n. Chr.), das in mehreren Punkten dem markinischen Jesusprozess fundamental widerspricht:[9]

Mk 14,12.55–64	Mischna
Der Prozess findet am Pessachfest statt. (14,12)	Am Sabbat und an den Festtagen einschließlich ihres Vorabends darf kein Gericht gehalten werden. (mSanh 4,1; mBetsa 5,2)
Der Prozess findet nachts statt.	Ein Kapitalprozess muss nicht nur am Tag geführt, sondern auch am Tag abgeschlossen werden. (mSanh 4,1)
Das Todesurteil wird direkt nach dem scheinbaren Geständnis gefällt.	Ein Todesurteil kann nur am Tag nach dem Prozess gefällt werden. (mSanh 4,1)
Das Synhedrion trifft sich zum Prozess im Haus des Hohenpriesters.	Das Synhedrion traf sich in der ›Quaderhalle‹ des Tempels. (mMid 5,4)
Der Prozess beginnt mit der Anklage.	Der Prozess soll bei Todesstrafsachen mit der Verteidigung beginnen. (mSanh 4,1)

Zwar weisen Skeptiker darauf hin, dass das Prozessrecht zur Zeit Jesu nicht dem der Mischna entsprochen haben muss, aber es ist kaum denkbar, dass es so massiv – wie es das Mk suggeriert – von dem der Mischna abgewichen ist. Auch die Vermutung, dass das Synhedrion im Falle Jesu bewusst gegen seine eigenen Regeln verstoßen haben könnte, überzeugt angesichts der johanneischen Version nicht.

Historisch völlig undenkbar ist zum anderen das in Mk 14,64 gefällte *Todesurteil des Synhedrions*. Das ius gladii und damit die Kapitalgerichtsbarkeit lag seit der Absetzung des Archelaos (6 n. Chr.) ausschließlich in der Hand des römischen Präfekten. Dass ein solches Urteil des Synhedrions überhaupt keine rechtsbindende Wirkung hatte, zeigt dann ja gerade der Prozess vor Pilatus. Auch der Hinweis auf eine mögliche eingeschränkte jüdische Kapitalgerichtsbarkeit in Tempelangelegenheiten hilft nicht weiter. Der einzige denkbare Fall ist die mutwillige Nichtbefolgung des mit der Todesstrafe sanktionierten Verbots als Nichtjude den inneren Tempelbezirk zu betreten.[10] Abgesehen davon, dass Jesus dieses Delikt nicht

begehen konnte, wäre damit auch die Einschaltung des Pilatus nicht
zu erklären.

Schließlich gibt es in der markinischen Version eine ganze Reihe
weiterer Ungereimtheiten, angefangen vom Auftreten falscher Zeugen, deren Aussagen dann merkwürdigerweise doch verworfen werden (Warum hat man sie dann überhaupt instruiert?), bis dahin, dass
das ganze 71-köpfige Synhedrion das Urteil fällt und nicht nur der
Hohepriester. Die beste Alternative bleibt daher das vom Joh berichtete Verhör vor dem Hohenpriester in der Nacht vor dem Rüsttag des
Pessachfestes, das schließlich dazu führte, Jesus vor Pilatus der Königsprätendentenschaft anzuklagen.

9.3.2 Das Jesus vorgeworfene Delikt

War der Anklagegrund der Königsprätendentenschaft aber identisch
mit dem Delikt, das Jesus von der jüdischen Führung vorgeworfen
wurde? Oder war er nur vorgeschoben, da der wahre Grund Pilatus
nicht überzeugt hätte? Schließlich ist auch nach dem Anlass für die
Festnahme Jesu zu fragen, der nicht völlig unabhängig vom Anklagegrund gewesen sein kann. An dieser Stelle sei schon einmal darauf
hingewiesen, dass eine strenge Unterscheidung zwischen einem politischen Anklagegrund vor Pilatus und einem ›eigentlich‹ religiös-
theologischen Grund in den Augen der jüdischen Obrigkeit den historischen Gegebenheiten nicht entspricht. Nicht nur im antiken
Judentum, sondern in der Antike insgesamt gehörten Religion und
Politik unmittelbar zusammen (vgl. das Ethnizitätsmodell Kap.
4.1.2). Dass ordnungspolitische und religiöse Gründe bei der Anklage Jesu zusammenspielten, zeigt besonders Joh 11,47–53.

In der Forschung werden vor allem die folgenden Anklagegründe
diskutiert:[11]

- Anklage wegen Blasphemie (= Gotteslästerung)
- Anklage wegen seiner kritischen Einstellung zum Tempel (Tempelaktion und Tempelwort)
- Anklage wegen Umsturz als Königsprätendent und Messiasprätendent (evtl. Sohn Gottes)

Blasphemie
Nach Mk 14,64 wurde Jesus wegen Blasphemie vom Synhedrion
zum Tode verurteilt. Dieser Verurteilungsgrund stimmt jedoch
nicht mit der Mischna (mSanh 7,5) überein, wonach nur der Läste-

rer, der den Gottesnamen JHWH ausgesprochen hat, mit dem Tode bestraft wird. Zwar kennt Josephus auch Blasphemie gegenüber den überlieferten Gesetzen und deren Gesetzgeber Moses und sogar gegenüber den Mitgliedern des eigenen *ethnos* (Ap 1,143.223.279), doch werden diese Arten von Blasphemie nicht mit dem Tode bestraft. In der Antwort Jesu auf die Frage des Hohenpriesters, ob er der Messias sei, ist jedenfalls kein Hinweis auf ein Blasphemiedelikt zu erkennen: »ich bin es, und ihr werdet den Sohn des Menschen zur Rechten der Macht sitzen sehen und kommend mit den Wolken des Himmels« (Mk 14,62). Die Behauptung, der ›Messias‹ zu sein, war im Judentum nie ein todeswürdiges Verbrechen und schon gar keine Blasphemie. Auch die Anspielung auf Dan 7,13 reicht nicht für ein todeswürdiges Delikt, zumal eine Identität zwischen Jesus und dem himmlischen Menschensohn keinesfalls eindeutig ist. Wenn wir zudem davon ausgehen, dass Jesus das Menschensohnwort in Mk 14,62 wahrscheinlich nie gesagt hat, fällt die Historizität des Anklagegrundes ›Blasphemie‹ vollends in sich zusammen.

Tempelaktion und Tempelwort
Anders sieht es bei Tempelwort und Tempelaktion als mögliche Anklagegründe aus. Die *Tempelaktion* Jesu wird von allen Evangelien erzählt, von den Synoptikern zu Beginn seines Jerusalemer Aufenthaltes (Mk 11,15–18 par) und von Joh am Anfang seines öffentlichen Wirkens (Joh 2,13–22). Nach Mk 11,15–17 begann Jesus im Tempel Käufer und Verkäufer hinauszuwerfen, warf die Tische der Geldwechsler und die Sitze der Taubenverkäufer um und ließ niemanden ein Gerät durch den Tempel tragen. Sein Tun deutete er mit den Worten: »Mein Haus wird ein Haus des Gebets genannt werden für alle Völker. Ihr aber habt es zu einer Räuberhöhle gemacht« (Mk 11,17). Joh steigert dieses befremdliche Verhalten Jesu noch, wenn er ihn eine Geißel aus Stricken machen lässt, mit der er Schafe und Rinder hinaustreibt. Doch war eine solche Aktion im riesigen Tempelareal überhaupt denkbar, ohne dass Jesus sofort von der Tempelpolizei ergriffen worden wäre? Die Forschung ist in dieser Frage ziemlich gespalten. Wer die Episode für undenkbar hält, muss jedoch von ihrer Erfindung ausgehen. Aus welchem Grund aber sollte sie erfunden worden sein, zumal auf sie im Prozess Jesu gar nicht rekurriert wird? Ich halte eine solche Aktion[12] nicht nur für denkbar, sondern auch für vereinbar mit der Verkündigung Jesu. Mit seiner prophetisch-kritischen Zeichenhandlung wollte Jesus kultvorberei-

tende Tätigkeiten wie den Kauf von Opfertieren und das dafür notwenige Einwechseln der gültigen Geldwährung in die besondere Tempelwährung bewusst kurzfristig behindern. Jesus zielte dabei nicht auf den Tempelkult an sich, sondern auf eine Tempelpraxis, die nicht bereit war, sich auf die von Jesus verkündete und in seinen Taten schon erfahrbare, unmittelbar bevorstehende *basileia* Gottes einzulassen und das eigene Leben daran auszurichten. Dem entspricht das Deutewort, das sicher nicht wörtlich auf Jesus zurückgeht, ohne das aber eine prophetische Zeichenhandlung nicht verständlich ist. Gerade das jeremianische Wort von der Räuberhöhle (Jer 7,11), das Jesus nach Mk 11,17 zitiert, passt sehr gut zu Jesu Wirken und *basileia*-Verkündigung, zumal die Räuberhöhle in Jer 7,11 nicht als Versteck von geraubten Gütern zu verstehen ist, sondern als Rückzugsort zwischen den Raubzügen. Auf den Tempel übertragen bedeutet dies, dass Tempel und Tempelkult als Schutz- und Ruheort missbraucht werden, um außerhalb weiterhin unbehelligt Unrecht tun zu können (vgl. Jer 7,1–15). Zusammengefasst: die Tempelaktion Jesu

> ist weder abstrakte Forderung nach Kultreform noch symbolisierte Abschaffung des Tempelkultes überhaupt. Es geht um konkret angesprochene, in die *basileia* eingeladene Menschen und darum, dass *deren* Tempelkult sie an der Annahme hier und jetzt vorbeigehen lässt. (Niemand 244)

Dabei wollte Jesus weniger die religiösen Repräsentanten Israels herausfordern, als »*konkrete Menschen zu Umkehr und Eintritt in die Königsherrschaft Gottes [zu] bringen. Seine drastische Aktion der Behinderung ihres Kultes ist letztes Ringen um Annahme und Zustimmung*« (Niemand 245).

Was hat nun das *Tempelwort* mit der Tempelaktion Jesu zu tun? Es kommt bei Mk und bei Joh in jeweils unterschiedlichen Kontexten vor. Im markinischen Synhedrionsprozess begegnet es im Munde von Falschzeugen, die behaupten, sie hätten Jesus sagen gehört: »ich werde diesen mit Händen gemachten Tempel niederreißen und in drei Tagen einen anderen, nicht mit Händen gemachten aufbauen« (Mk 14,58). In Joh 2,19, wo das Tempelwort unmittelbar mit der Tempelaktion verbunden ist, gebraucht Jesus es zwar selbst, für den Evangelisten ist das wörtliche Verständnis aber ein Missverständnis: »Jener aber sprach über den Tempel seines Leibes« (Joh 2,21). In der gegenwärtigen Jesusforschung werden zwei Argumente angeführt, die die im Tempelwort angekündigte Tempelzerstörung als Anklagepunkt beweisen sollen: das erste Argument bezieht sich auf die Authentizität des Tempelwortes. Es wird hier mit Mk 13,2 kombiniert, der Weissagung Jesu über die Zerstörung des Tempels. Da der Tempel tatsächlich zerstört wurde, war die Verschriftlichung eines entsprechenden Wortes Jesu für die frühen Christen so gefährlich, dass es wie bei Joh abgeschwächt oder wie bei Mk als Falschzeugnis qualifiziert werden musste. Das zweite Argument behauptet, dass ein Wort gegen den Tempel im antiken Judentum ein todeswürdiges Verbrechen war.

Zu Argument 1: Prophetische Gerichtsworte in diesem Sinn sind Jesus durchaus zuzutrauen (vgl. das Weisheitswort QLk 11,49–51 und das Jerusalemwort QLk 13,34 f.), aber warum sollte es für Christen nach der Zerstörung Jerusalems gefährlich gewesen sein, Jesus ein Wort gegen den Tempel sprechen zu lassen? Prophetische Voraussagen der Zerstörung des ersten Tempels, die vorexilisch noch gefährlich waren, wurden doch in nachexilischen Texten, also nach seiner Zerstörung, sogar als besonderes Zeichen für die Wahrheit der entsprechenden Prophetie angesehen.

Zu Argument 2: Neben Jer 26 wird vor allem auf Jesus ben Ananias verwiesen, der nach Josephus vier Jahre vor Beginn des jüdischen Krieges Tag und Nacht gegen Tempel, Stadt und Volk Drohworte ausstieß, bis er festgenommen und dem römischen Prokurator vorgeführt wurde. Der ließ ihn auspeitschen und anschließend laufen, weil er ihn für wahnsinnig hielt (Bell 6,300–305). Doch weder im ET noch in der Mischna gibt es ein Gesetz, das die Todesstrafe für prophetische Gerichtsworte gegen den Tempel vorsieht. Die Propheten Jeremia, Micha und Urija in Jer 26 sowie Jesus ben Ananias zur Zeit Jesu wurden zudem mit dem Tod bedroht bzw. tatsächlich hingerichtet, weil sie nicht nur gegen den Tempel, sondern auch gegen die Stadt, das Land und das Volk Drohworte aussprachen. Damit stellten sie den gesamten Status quo in Frage und sollten bzw. mussten aus der Sicht der Herrschenden aus dem Weg geschafft werden.

Ich halte es für eher unwahrscheinlich, dass Jesus in seinen letzten Tagen ein solch grundsätzliches Wort gegen den Tempel gesprochen hat und schon gar nicht in der Ich-Form. Nicht der Tempel stand im Zentrum seiner Verkündigung und seines Wirkens, sondern das in seinem Wirken schon erfahrbare Königreich Gottes.

Königs- und Messiasprätendent
Die jüdischen Autoritäten haben Jesus nicht nur als *Königsprätendenten* bei Pilatus angeklagt, sondern sie haben ihn mit hoher Wahr-

scheinlichkeit auch selbst als solchen wahrgenommen und damit als Gefahr für die Aufrechterhaltung des labilen Gleichgewichts zwischen jüdischer Selbstverwaltung und römischer Oberhoheit angesehen. Wer zur Zeit Jesu die Königswürde für sich reklamierte, lehnte nicht nur die römische Herrschaft ab, sondern kämpfte auch aktiv gegen sie, wie die unter 9.2.1 genannten Anführer verschiedener Aufstände in Judäa zeigen. Nun wissen wir aber ziemlich sicher, dass Jesus für sich selbst weder die Königswürde beanspruchte, noch einen gewaltsamen Umsturz plante. Wie konnten dann die führenden Männer im Synhedrion auf die Idee kommen, dass er genau das tue? Als Antwort legt sich nach Christoph Niemand der »*basileia-basileus*-Kurzschluss« (474) nahe. Jesus verkündete nicht nur das in Kürze endgültig hereinbrechende Königreich Gottes, sondern er vermittelte auch, dass es in seinem eigenen heilvollen und zuwendenden Wirken schon begonnen hatte (vgl. Kap. 6+7). Allein die Ankündigung einer Königsherrschaft, und sei es die *basileia* Gottes, die binnen kurzem alle bisherigen Reiche ablösen würde, konnte als Aufruf zum Umsturz verstanden werden. Man erinnere sich nur an das Schicksal seines Lehrers Johannes des Täufers (vgl. Kap. 5.1.3). Dass Jesus dazu noch sein eigenes Wirken mit der Ankunft dieses Reiches verband, konnte für Außenstehende dann nur bedeuten, dass er sich selbst als König dieses Reiches sah. In diesem Zusammenhang nicht zu unterschätzen sind schließlich die Anhängerinnern und Anhänger Jesu, die ihre Königs- und Messiaserwartungen auf ihn projizierten. Dass die führenden Männer des Synhedrions gerade diese unberechenbare Anhängerschaft fürchteten, zeigen auch die Überlegungen des Synhedrions nach Joh 11,48: »Wenn wir ihn so (gewähren) lassen, werden alle an ihn glauben, und die Römer werden kommen und uns sowohl den Ort [= Jerusalem samt Tempel] als auch das Volk wegnehmen.« Hier sei wieder auf Johannes den Täufer verwiesen, den Herodes Antipas nicht nur wegen seiner Kritik an ihm und seiner Ehe, sondern vor allem auf Grund des großen Zulaufs und seines Einflusses auf die Massen fürchtete (Kap. 5.1.3).

Jesus ist von seinen Anhängerinnen und Anhängern nun wahrscheinlich nicht nur als König, sondern auch als *Messiasprätendent* wahrgenommen worden. Beide Vorstellungen verbanden sich im antiken Judentum, weil der König im vorexilischen Israel immer auch Messias (= Gesalbter) war. Die Messiaserwartung im Judentum in den beiden Jahrhunderten um die Zeitenwende ging aber darüber hinaus. Neben der Salbungsterminologie war sie vor allem durch folgende Inhalte gekennzeichnet:

:r Messias bzw. Gesalbte ist ein *eschatologischer Heils(zeit)bringer*, :r sich auf eine besondere *Erwählung Gottes* berufen kann. Er steht einem merklichen Bezug zu *David* und wird in dessen wiederaufgerichtetem *Königtum* über das *neu geheiligte Gottesvolk* herrschen. Nur [nun? Anm. d. Autorin] regieren *Recht* sowie – nach militärisch erfochtenem *Sieg über die Fremdherrschaft* – innerer und äußerer *Friede*. (Niemand 461)

Diese Messiashoffnungen waren vor allem in der Unter- und Mittelschicht lebendig, während die politische und religiöse Elite – soweit wir das beurteilen können – ihnen aus ordnungspolitischen wie machterhaltenden Gründen mit Skepsis bis Ablehnung begegnete.

Jesus selbst hat sich mit großer Wahrscheinlichkeit nie als Messias bezeichnet. Anders sah es bei seinen Anhängerinnen und Anhängern aus. Denn der eschatologische Horizont seiner Verkündigung und seines Wirkens scheint zumindest einzelne von ihnen von seiner Messianität überzeugt zu haben, so dass sie entsprechende Erwartungen an ihn herantrugen (vgl. das Messiasbekenntnis des Petrus in Mk 8,29). Ansonsten wäre auch kaum verständlich, dass sich nach Ostern der Christos-Titel so schnell ausbreiten konnte. Dass die führenden Männer im Synhedrion Jesus jedoch wegen eines vermuteten Messiasanspruches bei Pilatus angeklagt haben könnten, halte ich dagegen für unwahrscheinlich. Abgesehen davon, dass ein solcher Anspruch per se im Judentum nie ein todeswürdiges Delikt war, teilte die jüdische Elite die Messiaserwartungen und ihre eschatologischen Implikationen ja auch nicht. Für sie war ausschlaggebend, ob Messiasanspruch wie Messiaserwartungen die bestehende fragile Ordnung und ihre eigene Machtposition darin gefährden konnten oder nicht. Da die Messiasprätendentenschaft auf Grund ihrer eschatologischen Komponenten als Steigerung der Königsprätendentenschaft verstanden werden konnte, war sie letztlich noch gefährlicher und musste somit noch entschiedener bekämpft werden als jene.

Fazit

Jesus wurde weder wegen Blasphemie noch wegen eines Wortes gegen den Tempel von der jüdischen Obrigkeit bei Pilatus angeklagt, sondern wegen seines vermuteten Königs- und Messiasanspruches, der zusammen mit den Königs- und Messiaserwartungen seiner AnhängerInnen von der politischen und religiösen Elite Judäas als ausnehmend gefährlich sowohl für das fragile politische Gleichgewicht, als auch für ihre eigene Machtposition angesehen wurde. Der direkte Anlass für Jesu Verhaftung war vermutlich seine Tempelaktion, die in ihrer Aggressivität Befürchtungen vor einem unmittelbar bevorstehenden Aufstand weckte.

9.4 Der Ablauf der Kreuzigung Jesu

Die Kreuzigung Jesu lief nicht grundsätzlich anders ab als Kreuzigungen vor oder nach ihm. Dass Jesus dabei wesentlich stärker als andere gelitten habe, ist eine zwar christlicherseits immer wieder vorgebrachte, aber weder durch die Evangelien noch durch sonstige antike Informationen gedeckte Behauptung.

Der Kreuzigung ging manchmal eine Geißelung (*verberatio*) als Vor- bzw. Begleitstrafe voraus und so gut wie immer das Tragen des Querbalkens (*patibulum*) zur Hinrichtungsstätte. Nach den Berichten der Evangelien wurde auch Jesus gegeißelt, bevor er seinen Querbalken zur Hinrichtungsstätte auf Golgotha schleppte. Die Auspeitschung, die mit einem Riemenbündel durchgeführt wurde, an dem Knochenstücke oder Bleikugeln befestigt waren, führte zu schweren Haut- und Fleischverletzungen mit z.T. hohem Blutverlust. Es war daher kaum verwunderlich, dass Jesus zu geschwächt war, um das patibulum selbst zu tragen, so dass die Soldaten einen gewissen Simon von Cyrene, der zufällig vorbeikam, zwangsrekrutierten. An der Richtstätte angekommen wurde Jesus nackt ausgezogen, an den Querbalken gebunden oder genagelt und am wahrscheinlich fest installierten Längsbalken (*stipes*) hochgezogen. Es gab zwei Kreuzformen, das T-Kreuz (*crux commissa*) und das uns geläufigere †-Kreuz (*crux immissa*). Der über dem Kopf Jesu befestigte *titulus* könnte dafür sprechen, dass er an letzteres geheftet wurde. Ob darüber hinaus am Längsbalken noch ein Block oder Brett zur Abstützung angebracht war, wissen wir nicht. Dieses *sedile* (›Sitzbänkchen‹) diente aber nur scheinbar der Entlastung des Verurteilten. Tatsächlich zögerte es den Sterbeprozess hinaus. 1968/69 wurde in Giv'at Hamivtar, einem Stadtteil von Jerusalem, ein Ossuar (Knochenkiste) aus dem 1. Jh. entdeckt, mit dem bisher einzigen Knochenfund eines Gekreuzigten aus der Antike. Die Knochen gehörten zu einem ca. 24- bis 27jährigen Mann aus guten Verhältnissen mit Namen Jochanan. Ein 17 cm langer Nagel steckte noch in den beiden Fersenbeinen, die vor der Nagelung übereinander gelegt worden waren. Ebenfalls auf eine Nagelung weisen Verletzungsspuren an beiden Armen zwischen Elle und Speiche hin. Falls Jesus an den Querbalken genagelt wurde, müssen wir eventuell auch mit dieser Variante rechnen.

Abb. 3
Genageltes Fersenbein
des Gekreuzigten von
Jerusalem – Giv'at
Hamivtar.

Zum Tod trugen verschiedene Komponenten bei: Schwächung
durch vorherige Misshandlung und Blutverlust, Beeinträchtigung
des Kreislaufes und der Atmung durch die hängende Haltung und
die dadurch entstehende enorme Zuglast, und am Ende stand der
Kreislaufkollaps. Sollte der Todeseintritt beschleunigt werden,
wurden die Schienbeine gebrochen (*crurifragium*), was auch dem
jungen Mann aus Jerusalem geschah. Bei Jesus war das jedoch wegen der Schwere seiner vorhergehenden Verletzungen nicht mehr
nötig. Daher dürften die Evangelien mit der Angabe eines für eine
Kreuzigung ziemlich schnellen Sterbeprozesses von drei Stunden
Recht haben. Dass Jesu Anhängerinnen nach Mk 15,40 nur von
ferne der Kreuzigung zusahen, war nichts Ungewöhnliches, mussten sie doch damit rechnen, selbst ergriffen und misshandelt, ja sogar getötet zu werden, wenn sie in Anwesenheit römischer Soldaten ihrer Trauer und ihrer Verzweiflung zu sehr freien Lauf ließen.
Nicht selten wurde das als Unterstützung des Verurteilten und seines Deliktes aufgefasst.[13]

Abb. 4 Kreuzigungsart eines Hingerichteten in Jerusalem um 50 n. Chr.

Da die Verweigerung eines Begräbnisses zur Entehrung des Verurteilten gehörte, blieben die Gekreuzigten nach ihrem Tod im Regel-
fall so lange am Kreuz hängen, bis sie von wilden Tieren gefressen
worden waren. Das in Jerusalem gefundene Ossuar eines Gekreuzigten zeigt aber, dass es Ausnahmen gab. Zudem war es üblich und im
Judentum sogar vorgeschrieben, die Gebeine eines Gekreuzigten vor
Feiertagen abzunehmen. Da Jesus am Rüsttag des Pessachfestes gekreuzigt worden war, galt das auch für ihn, so dass dieser Brauch
zusammen mit dem Namen des Josef von Arimathäa für eine Kreuz-
abnahme und ein Begräbnis spricht.[14]

Niemand, Christoph, Jesus und sein Weg zum Kreuz. Ein historisch-rekon-struktives und theologisches Modellbild. Stuttgart: Kohlhammer 2007, bes. 203–313.349–504. (*Sehr gründliche Auseinandersetzung mit den Fragen zum Tod Jesu einschließlich Überlegungen zu Jesu Todeserwartung.*)

Reinbold, Wolfgang, Der Prozess Jesu (Biblisch-theologische Schwerpunkte 28). Göttingen: Vandenhoeck & Ruprecht 2006. (*Knappe, übersichtliche Abhandlung zum Thema mit einem instruktiven Kapitel über die problematische Wirkungsgeschichte der Passionserzählungen für das christlich-jüdische Verhältnis.*)

Anmerkungen

Anmerkungen zur Einführung

[1] Als älteste Bestreiter der Geschichtlichkeit Jesu gelten die Franzosen Constantin-François Volney und Charles François Dupuis im 18. Jh. und der Deutsche Bruno Bauer im 19. Jh. Einen guten Überblick bis zum Anfang des 20. Jh. gibt Albert Schweitzer, Geschichte der Leben-Jesu-Forschung (UTB 1302). Nachdruck der 7. Aufl. Tübingen: Mohr ⁹1984, 451–498; 171–190 (speziell zu Bruno Bauer). Der bekannteste neuere Verfechter eines Jesus-Mythos ist der Schriftsteller Earl J. Doherty zuletzt mit: Jesus: Neither God Nor Man – The Case for a Mythical Jesus. Ottawa: Age of Reason Publications 2009.

[2] Müller, Peter, Neue Trends in der Jesusforschung. In: ZNT 1 (1998) 2–16.11.

[3] Stegemann, Wolfgang, Jesus und seine Zeit (Biblische Enzyklopädie 10). Stuttgart: Kohlhammer 2010, 99.

[4] Häfner, Gerd, Konstruktion und Referenz: Impulse aus der neueren geschichtstheoretischen Diskussion. In: Backhaus, Knut / Häfner, Gerd (Hg.), Historiographie und fiktionales Erzählen. Zur Konstruktivität in Geschichtstheorie und Exegese (Biblisch-theologische Studien 86). Neukirchen-Vluyn: Neukirchener 2007, 67–96.95.

[5] Das erste Mal in seinem umfangreichen Werk mit dem gleichnamigen Titel: Jesus Remembered (Christianity in the making 1). Grand Rapids, Mich. u.a.: Eerdmans 2003 vorgestellt.

[6] Stegemann, Jesus, 112.

[7] Dunn, Jesus, 28–30. Zit. n. Stegemann, Jesus, 105.

[8] Gemeinsames Statement von James D.G. Dunn und Jens Schröter: Der »erinnerte« und der »historische« Jesus. In: ZNT 20 (2007) 60.

[9] Bultmann, Rudolf, Ist voraussetzungslose Exegese möglich? In: Ders. Glaube und Verstehen. Gesammelte Aufsätze Bd. 3. Tübingen: Mohr Siebeck ³1965, 142–150.

[10] Als Auslöser des Erinnerungsdiskurses im deutschsprachigen Raum gilt Jan Assmann mit seinem 1992 erschienenen Buch: Das kulturelle Gedächtnis. Schrift, Erinnerung und politische Identität in frühen Hochkulturen. München: Beck 1992.

Anmerkungen zu Kapitel 1

[1] Neill, Stephen / Wright, Tom, The Interpretation of the New Testament, 1861–1986. Oxford: Oxford University Press ²1988, 379 f.

[2] Vgl. Dunn, Jesus, 30.

[3] Reimarus, Hermann Samuel, Fragmente des Wolfenbüttelschen Ungenannten. Ein Anhang zu dem Fragment vom Zwecke Jesu und seiner

Jünger. Bekanntgemacht von Gotthold E. Lessing. Berlin bey Arnold Wever 1784.

[4] Reimarus, Fragmente, 6.

[5] Reimarus, Fragmente, 153.

[6] Reimarus, Hermann Samuel, Die Vernunftlehre, als eine Anweisung zum richtigen Gebrauche der Vernunft in dem Erkenntnis der Wahrheit, aus zwoen ganz natürlichen Regeln der Einstimmung und des Widerspruchs hergeleitet; II. Theil. Hrsg. v. Frieder Lötzsch (Hermann Samuel Reimarus Gesammelte Schriften). Nachdr. der 3. Aufl. von 1766 mit fortlaufenden Hinweisen auf die Parallelen der 2. und 4. Aufl. München: Hanser 1979, 260. Der zweite Teil der Regel lautet:»Dagegen, wenn die Sache sich selbst oder anderen Umständen widerspricht, und doch keinen Selbstbetrug leidet, sondern bloß mit falschen Absichten übereinstimmet: so ist es ein Zeichen einer vorsetzlichen Erdichtung.«

[7] Strauß, David Friedrich, Das Leben Jesu, kritisch bearbeitet. Erster Band. Reprograph. Nachdr. d. 1. Aufl. Tübingen 1835. Tübingen: Osiander 1984, V.

[8] Renan, Ernest, Vie de Jésus (Histoire des origines du christianisme 1). Paris: Lévy 1863. Deutsche Übersetzung: Das Leben Jesu. Vom Verf. autorisierte Übersetzung. Leipzig: Wigand 1863.

[9] Weiss, Johannes, Die Predigt Jesu vom Reiche Gottes. Göttingen: Vandenhoeck & Ruprecht 1892.

[10] Bultmann, Rudolf, Jesus (Siebenstern-Taschenbuch 17). München u.a.: Siebenstern-Taschenbuch-Verlag [4]1970, 10.

[11] Müller, Peter, Trends, 4.

[12] Käsemann, Ernst, Das Problem des Historischen Jesus. In: Ders., Exegetische Versuche und Besinnungen Bd. 1. Göttingen: Vandenhoeck & Ruprecht [6]1970, 187–214.

[13] Käsemann, Problem, 196.

[14] Theißen, Gerd / Merz, Annette, Der historische Jesus. Ein Lehrbuch. 3., durchges. und um Literaturnachträge erg. Auflage. Göttingen: Vandenhoeck & Ruprecht 2001, 26.

[15] Käsemann, Problem, 205.

[16] Schillebeeckx, Edward, Jesus. Die Geschichte von einem Lebenden. Freiburg i. Br. u.a.: Herder [3]1976, 81.

[17] Sanders, Ed Parish, Jesus and Judaism. London: SCM Press 1985.

[18] Theißen / Merz, Jesus, 29.

[19] Müller, Trends, 13 f.

[20] Vgl. Dunn, Jesus, 58–65.

Anmerkungen zu Kapitel 2

[1] Die älteste erhaltene Quelle ist die griechische Weltgeschichte des Diodoros Siculus aus dem 1. Jh. v. Chr.; die ältesten Handschriften der Welt-

geschichte mit Buch 17 über Alexander den Großen stammen jedoch erst aus dem 10. Jh.; vgl. www.tertullian.org/rpearse/manuscripts/diodorus_ sicilus.htm. Zuletzt eingesehen am 12. 10. 11.

[2] Hingewiesen sei z.b. auf das sowohl von Tacitus (Historien IV,81) als auch von Sueton (Vespasian 7,2–3) überlieferte Wunder des Vespasian kurz nach seiner Ernennung zum Kaiser, das von beiden als göttliche Bestätigung aufgefasst wird. Zur Fiktionalität antiker Geschichtsschreibung vgl. bes. Knut Backhaus, Spielräume der Wahrheit. Zur Konstruktivität in der hellenistisch-reichsrömischen Geschichtsschreibung. In: Ders., Historiographie und fiktionales Erzählen. Zur Konstruktivität in Geschichtstheorie und Exegese (Biblisch-theologische Studien 86). Neukirchen-Vluyn: Neukirchener 2007, 1–29.bes. 1–5.

[3] Brief des Gaius Plinius an Kaiser Trajan. Zit. n. C. Plinius Caecilius Secundus, Sämtliche Briefe. 10. Buch, Brief 96. Eingel., übers. u. erl. von André Lambert (Die Bibliothek der Alten Welt: Römische Reihe). Zürich u.a.: Artemis-Verlag 1969, 422–424.423.

[4] Zit. n. P. Cornelius Tacitus, Annalen, lateinisch-deutsch. Hrsg. v. Erich Heller (Sammlung Tusculum). Mannheim: Artemis & Winkler [6]2010, 749 f.

[5] Zit. n. Sueton, Kaiserbiographien – Claudius. Lateinisch und Deutsch von Otto Wittstock (Schriften und Quellen der alten Welt 39). Berlin: Akad. Verlag 1993, 311. Das im lateinischen Text stehende »Chresto« wird häufig mit »Chrestus« übersetzt.

[6] Die deutsche Übersetzung der im Folgenden genannten und vorgestellten apokryphen Evangelien, evangelienähnlichen Schriften und Fragmente ist gut zugänglich bei Hennecke, Edgar (Begr.) / Schneemelcher, Wilhelm (Hg.), Neutestamentliche Apokryphen in deutscher Übersetzung. Bd. 1: Evangelien. Tübingen: Mohr [6]1990.

[7] Berger, Klaus u.a., Das Neue Testament und frühchristliche Schriften, übersetzt und kommentiert von Klaus Berger und Christiane Nord. Frankfurt a.M. u.a.: Insel-Verlag [6]2003, 645.

[8] Crossan, John Dominic, Der historische Jesus. München: Beck [2]1995, 563.

[9] Einen guten ersten Überblick zum Phänomen der Gnosis gibt z.B. Christoph Markschies, Art. Gnosis/Gnostizismus. In: NBL I. A-G (1991), 868–871.

[10] So ebenfalls Crossan, Jesus, 563–566, und Berger, Testament (Überblick über die von ihm angenommenen Entstehungszeiten der übersetzten frühchristlichen Schriften im Inhaltsverzeichnis).

[11] So etwa das Hebräerevangelium in den Schriften des Clemens von Alexandrien (z.B. Strom. II 9,45 oder Strom. V 14,96) und des Hieronymus (Kommentare zu Eph 5,4 und zu Ez 18,7).

[12] Neben Klauck, Hans-Josef, Apokryphe Evangelien. Eine Einführung. 3., durchges. Auflage. Stuttgart: Verl. Kath. Bibelwerk 2008, 48–52; vgl. dazu aus einer etwas anderen Perspektive auch Rau, Eckart, Geheimes Markusevangelium. In: http://www.wibilex.de, Stand Juni 2010.

[13] Schreiber, Stefan, Begleiter durch das Neue Testament. Düsseldorf: Patmos 2006, 200.

Anmerkungen zu Kapitel 3

[1] Weiterführende Informationen z.B. in: Klauck, Apokryphe Evangelien.
[2] Becker, Jürgen, Jesus von Nazaret. Berlin u.a.: de Gruyter 1995, 22.
[3] Ebd.
[4] Vgl. dazu u.a. Wengst, Klaus, Das Johannesevangelium Teilband 1. Kapitel 1–10 (ThKNT 4,1). Stuttgart: Kohlhammer 2000, 296.
[5] Genaueres dazu bei: Menken, Maarten J.J., Die jüdischen Feste im Johannesevangelium. In: Labahn, Michael / Scholtissek, Klaus / Strotmann, Angelika (Hg.), Israel und seine Heilstraditionen im Johannesevangelium. FS Johannes Beutler. Paderborn: Schöningh 2004, 269–286.

Anmerkungen zu Kapitel 4

[1] Die folgenden Überlegungen basieren im Wesentlichen auf Stegemann, Jesus, 180–236.
[2] Hahn, Ferdinand, Methodologische Überlegungen zur Rückfrage nach Jesus. In: Kertelge, Karl (Hg.), Rückfrage nach Jesus. Zur Methodik und Bedeutung der Frage nach dem historischen Jesus (Quaestiones disputatae 63). Freiburg i. Br. u.a.: Herder 1974, 11–77.43.
[3] Vgl. auch das lat. *religio*, das nicht die Bedeutung ›institutionelle, übernationale Religion‹ hat, sondern mit ›Religiosität, Gottesfurcht, Frömmigkeit‹ übersetzt werden kann, aber auch religiöse Handlungen (im Pl.) bezeichnet.
[4] Elliot, John H., Jesus the Israelite Was Neither a ›Jew‹ Nor a ›Christian‹. On Correcting Misleading Nomenclature. In: Journal for the Study of the Historical Jesus 5 (2007) 119–154.
[5] Willibald Bösen vergleicht es mit dem Städtedreieck Frankfurt/Offenbach – Wiesbaden/Mainz – Darmstadt. In: Bösen, Willibald, Galiläa als Lebensraum und Wirkungsfeld Jesu. Eine zeitgeschichtliche und theologische Untersuchung. Freiburg i.Br. u.a.: Herder 1985, 29.
[6] Crossan, John Dominic / Reed, Jonathan L., Jesus ausgraben. Zwischen den Steinen – Hinter den Texten. Düsseldorf: Patmos 2003, 46 (zu Nazaret).104 (zu Kafarnaum, Sepphoris, Tiberias); höhere Zahlen nennt Meyers, Eric M., Jesus und seine galiläische Lebenswelt. In: ZNT 1 (1998) 27–39.30, und zwar nimmt er für Sepphoris 18.000 Einwohner, für Tiberias 24.000 und für Nazaret ca. 500 Einwohner an.

[7]   Z.B. Hoppe, Rudolf, Galiläa – Geschichte, Kultur, Religion. In: Schenke, Ludger (Hg.), Jesus von Nazaret – Spuren und Konturen. Stuttgart: Kohlhammer 2004, 42–58.58.

[8]   So zuletzt noch: France, Richard T., The Gospel of Matthew (The new international commentary on the New Testament). Grand Rapids, Mich.: Eerdmans 2007, 6.

[9]   Jonathan L. Reed, Archaeology and the Galilean Jesus. A Re-examination of the Evidence. Harrisburg: Trinity Press International 2000, 33. Auch alle weiteren archäologischen Informationen im Folgenden stammen von ihm.

[10] Crossan / Reed, Jesus ausgraben, 205–212 (hier aber nur Hinweise auf die Bedeutung von Mikwen und Kalksteingefäßen).

[11] Hoppe, Galiläa, 52; ähnlich auch Lang, Bernhard, Jesus der Hund. Leben und Lehre eines jüdischen Kynikers (Beck'sche Reihe 1957). München: Beck 2010, 140: »Sepphoris, die wichtigste Stadt seiner galiläischen Heimat, besaß eine aus Juden und Heiden gemischte Bewohnerschaft«.

[12] Vgl. Reed, Archaeology; Crossan / Reed, Jesus ausgraben; Meyers, Jesus.

[13] Anders: Ebner, Martin, Jesus von Nazareth in seiner Zeit. Sozialgeschichtliche Zugänge (SBS 196). 2., durchges. Auflage. Stuttgart: Katholisches Bibelwerk 2004, 40 (für Tiberias).

[14] Vgl. Ebner, Jesus, 40.

[15] Meyers, Jesus, 36. Vgl. auch S. 30, wo er sich kritisch mit John D. Crossans These von Jesus als ›bäuerlich jüdischem Kyniker‹ auseinandersetzt (vgl. Crossan, Jesus, 553 f.). Nach Meyers hat Crossan das »Ethos Galiläas mit dem der autonomen Städte der Region ... verwechselt« (36). Ähnliches gilt auch für Bernhard Langs These von Jesus als jüdischem Kyniker (Lang, Jesus, bes. 139–141).

[16] Zu den Gebieten mit Großgrundbesitz in Galiläa vgl. Bösen, Galiläa, 184 f.

[17] Eusebius von Caesarea, Kirchengeschichte. Hrsg. u. eingel. v. Heinrich Kraft. Darmstadt: WBG 1967, 168–169 (KiGe 3,20.1-6).

[18] Zu den Steuern vgl. Dunn, Jesus, 310 f.

[19] Eine übersichtliche Zusammenstellung dieser Gruppen findet sich bei Theißen / Merz, Historischer Jesus, 141 f.

Anmerkungen zu Kapitel 5

[1]   Nach Joh 3,23 taufte Johannes auch noch in Änon bei Salim. Allerdings besteht in der Forschung keine Einigkeit, wo dieser Ort gelegen haben könnte.

[2]   Dunn, Jesus, 369–371.

[3]   V. 28b passt nicht ganz zur vorhergehenden Hochschätzung des Täufers, und ist daher vermutlich nicht jesuanisch. Das wird von dem in Q unmit-

telbar folgenden Gleichnis von den spielenden Kindern bestätigt, in dem Johannes und Jesus auf derselben Ebene stehen.

[4] Siehe dazu auch: Strotmann, Angelika, Biblische Intertextualität. Die Taufe Jesu im Markusevangelium. In: Olsen, Ralph / Petermann, H.-B. / Rymarczyk, J. (Hg.), Intertextualität und Bildung – didaktische und fachliche Perspektiven (Erziehungskonzeptionen und Praxis 66). Frankfurt a. M.: Lang 2006, 301–323.

Anmerkungen zu Kapitel 6

[1] Die ältesten literarisch nachweisbaren Belege für die Wendung finden sich bei Paulus (siebenmal: Röm 14,7; 1 Kor 4,20; 6,9 f.; 15,24.50; Gal 5,21; 1 Thess 2,12), kommen dort aber nicht im Zusammenhang mit dem Wirken des irdischen Jesus vor.

[2] Schenke, Ludger, Jesus von Nazareth – Spuren und Konturen. Stuttgart: Kohlhammer 2004, 107 f.

[3] A.a.O., 109.

[4] So erwartete Jesus z.b. nach Crossan, Jesus, 397, ein irdisches Reich der radikalen Gerechtigkeit und Egalität, ein »Königreich der Niemande und Unerwünschten im Hier und Jetzt dieser Welt«, in dem alle geschlechtlichen, sozialen, religiösen und politischen Unterschiede aufgehoben sind. Einem solchen Reich geht dann selbstverständlich auch nicht mehr ein alles Böse vernichtendes Gericht voraus.

[5] Formuliert nach der wohl ursprünglicheren Mk-Fassung (Mk 4,30–32).

[6] Ca. 13 Liter.

[7] Schenke, Jesus, 118.

[8] Das vertritt z.B. Crossan, Jesus, 323.349–351.

[9] In der Terminologie lehne ich mich – abgesehen von der ersten Kategorie (sozioökonomisch statt sozial) – an Theißen / Merz (247) an, in der Zuordnung der Gruppen stimme ich aber nur zum Teil mit ihnen überein. Das betrifft vor allem die Kategorie »Gruppen mit physischen Defiziten«, zu denen Theißen / Merz merkwürdigerweise weder Kranke, noch Behinderte oder Besessene zählen, sondern Eunuchen (Mt 19,12) und Menschen, die sich selbst verstümmeln (Mk 9,43–47 par). Die Erwähnung der beiden letztgenannten Gruppen weist zwar auf die geringe Bedeutung von körperlichen Defekten für die Jesusbewegung hin, nicht jedoch auf Eunuchen und Selbstverstümmler als Adressaten. Stattdessen stehen diese Gruppen in Mt 19,12 und Mk 9,43–47 par in einem deutlich metaphorischen Kontext.

[10] Dazu näher: Strotmann, Angelika, Die Vaterschaft Gottes in der Bibel. In: Biblisches Forum 1 (2002) 1–14, hier 9–12.

[11] Vgl. Dies., »Mein Vater bist Du!« (Sir 51,10). Zur Bedeutung der Vaterschaft Gottes in kanonischen und nichtkanonischen frühjüdischen Schriften (FTS 39). Frankfurt a. M.: Knecht 1991.

[12] Der Begriff »Apostel« in V. 49 ist mit Sicherheit lukanisch.

Anmerkungen zu Kapitel 7

1   Schüssler Fiorenza, Elisabeth, Zu ihrem Gedächtnis ... Eine feministisch-theologische Rekonstruktion der christlichen Ursprünge. München: Kaiser u.a. 1988, 162.

2   Vgl. Theißen, Gerd, Urchristliche Wundergeschichten. Ein Beitrag zur formgeschichtlichen Erforschung der synoptischen Evangelien (StNT 8). Gütersloh: Gütersloher Verl.-Haus Mohn 1974, 94–120.

3   Apophthegmen = fiktionale Szenen aus dem Leben Jesu mit einem Ausspruch Jesu als Pointe.

4   Kollmann, Bernd, Neutestamentliche Wundergeschichten. Biblisch-theologische Zugänge und Impulse für die Praxis (Urban-Taschenbücher 477). 3., durchges. und erg. Auflage. Stuttgart: Kohlhammer 2010, 69.

5   Sicher ist nur, dass in ›Beelzebul‹ das hebr./aram. ›ba'al‹ steckt, das einfach nur ›Herr‹ bedeuten kann, darüber hinaus aber auch auf den kanaanäischen Vegetationsgott Ba'al anspielen kann, der in dieser Form als Gott diskreditiert und negiert wird.

6   Vgl. für die Antike z.B. den Philosophen Kelsos, der in seiner um 178 verfassten Streitschrift ›Wahre Lehre‹, Jesus als Schüler ägyptischer Zauberer und Scharlatane bezeichnet (der Text ist fragmentarisch in der Widerlegung des Origines, Contra Celsum I 28.68 [248)] erhalten); vgl. für das 20. Jh.: Smith, Morton, Jesus der Magier. Aus dem Amerikanischen übersetzt von Wilhelm Höck. München: List 1981.

7   So z.B. die Meinung von Morton Smith.

8   Kollmann, Wundergeschichten, 78.

9   Klinghardt, Matthias, Gemeinschaftsmahl und Mahlgemeinschaft. Soziologie und Liturgie frühchristlicher Mahlfeiern (TANZ 13). Tübingen: Francke Verlag 1996, 524.

10 Ebd.

11 Jedenfalls wenn die relativ häufigen Einladungen Jesu bei Pharisäern im Lk nicht nur lukanisches Interesse widerspiegeln sollten, z.B. Lk 7,36–50; 14,1 ff.

12 Zit. n. Fiedler, Peter, Gottes Vergebungsbereitschaft und Heilswille. In: Schenke, Ludger (Hg.), Jesus von Nazaret – Spuren und Konturen. Stuttgart: Kohlhammer 2004, 164–192.167.

13 Genaueres dazu bei Ebner, Martin, Jesus – ein Weisheitslehrer? Synoptische Weisheitslogien im Traditionsprozeß (HBS 15). Freiburg i. Br.: Herder 1998, 213–215.

14 Frauen werden grammatisch nur erwähnt, wenn sie allein gemeint sind, ansonsten verschwinden sie hinter den männlichen Formen.

15 Schröter, Jens, Jesus von Nazaret. Jude aus Galiläa – Retter der Welt (Biblische Gestalten 15). Leipzig: Evangelische Verlagsanstalt 2006, 173.

16 Anders: Lang, Jesus der Hund, 139–141.

Anmerkungen zu Kapitel 8

[1]   Vgl. aber die Beispiele bei Stegemann, Jesus, 269 f.

[2]   Broer, Ingo, Jesus und die Tora. In: Schenke, Ludger (Hg.), Jesus von Nazareth – Spuren und Konturen. Stuttgart: Kohlhammer 2004, 216–254.226.

[3]   Ebd.

[4]   A.a.O., 252.

[5]   A.a.O., 253.

[6]   Einen Überblick zum Begriff ›Tora‹ bietet z.B. Ansgar Moenikes, Art. Tora. In: NBL III. O–Z (2001), 899–904.

[7]   Vgl. Sanders, Jesus. Sanders spricht in diesem Zusammenhang vom ›common Judaism‹.

[8]   Jesus Sirach schrieb sein gleichnamiges Weisheitsbuch ca. 180 v. Chr., die griechische Übersetzung stammt von seinem Enkel ca. 130 v. Chr.; das Buch der Weisheit stammt aus dem 1. Jh. v. Chr.

[9]   Zum Thema ›Schwurverbot‹ vgl. Strotmann, Angelika, Kommentar zu Mt 5,17–37 (6. Sonntag im Jahreskreis, Lesejahr A), 11–13. In: http://www.perikopen.de.

[10] Broer, Jesus, 210.

[11] Ablehnend z.B. Frankemölle, Hubert, Matthäus. Kommentar Band 1. Düsseldorf: Patmos-Verlag 1994, 225–230.

[12] PL 34,1229–1308 zu Mt 5,17–48; zit. n. Frankemölle, Matthäus 1, 226.

[13] Vgl. Broer, Jesus, 242–244.

[14] So z.B. Theißen / Merz, Jesus, 329 oder Kollmann, Wundergeschichten, 86.

[15] Kahl, Werner, Ist es erlaubt, am Sabbat Leben zu retten oder zu töten? (Marc. 3:4) Lebensbewahrung am Sabbat im Kontext der Schriften vom Toten Meer und der Mischna. In: NT 40 (1998) 313–335.328.

[16] Dietrich, Walter / Mayordomo, Moisés, Gewalt und Gewaltüberwindung in der Bibel. In Zusammenarbeit mit Claudia Henne-Einsele und einem studentischen Autorenteam. Zürich: TVZ 2005, 204.

[17] Vgl. Ebner, Martin, Jesus von Nazaret: was wir von ihm wissen können. Stuttgart: Kath. Bibelwerk 2007, 122.

[18] Im Folgenden: Frankemölle, Matthäus 1, 234.

Anmerkungen zu Kapitel 9

[1]   Eine Übersetzung der relevanten Auszüge aus beiden Quellen ist zu finden in: Niemand, Christoph, Jesus und sein Weg zum Kreuz. Ein historisch-rekonstruktives und theologisches Modellbild. Stuttgart: Kohlhammer 2007, 357.358 f.

[2] Tannaiten = jüdische Lehrer, die zw. dem 1. Jh. und Anfang des 3. Jh. n. Chr. wirkten, in der formativen Phase des rabbinischen Judentums.

[3] Allgemein zu Baraitot im bTalmud vgl. Strack, Hermann L. / Stemberger, Günter, Einleitung in Talmud und Midrasch (Beck'sche Elementarbücher). 7., völlig neu bearbeitete Aufl. München: Beck 1982, 191 f. Zur Vorsicht gegenüber einer zu schnellen Bereitschaft, mit Texten aus dem babylonischen Talmud Ereignisse des 1. Jh. n. Chr. erklären zu wollen, mahnt schon allein die Tatsache, dass der bT seine endgültige Gestalt erst im 8. Jh. erhielt. Auch hierzu Strack / Stemberger, Einleitung, 205 u.ö.

[4] Vgl. Crossan, John Dominic, Wer tötete Jesus? Die Ursprünge des christlichen Antisemitismus in den Evangelien. München: Beck 1999. Auf den Seiten 269–272 findet sich eine deutsche Übersetzung mit einer Markierung der drei Entstehungsschichten.

[5] Zu Einordnung, Inhalt und Bewertung des EvPetr vgl. Klauck, Apokryphe Evangelien, 110–118.

[6] Hierzu weiterführend: Gielen, Marlis, Die Passionserzählung in den vier Evangelien. Literarische Gestaltung – theologische Schwerpunkte. Stuttgart: Kohlhammer 2008.

[7] Vgl. Philo von Alexandria, Die Gesandtschaft an Caligula. In: Cohn, Leopold / Heinemann, Isaak / Adler, Maximilian / Theiler, Willy (Hg.), Philo von Alexandria. Die Werke in deutscher Übersetzung Bd. 7. Berlin: de Gruyter 1964, 249 f.

[8] Vgl. Theißen / Merz, Jesus, 399.

[9] Zusammenstellung nach Reinbold, Wolfgang, Der Prozess Jesu (Biblisch-theologische Schwerpunkte 28). Göttingen: Vandenhoeck & Ruprecht 2006, 113 f.

[10] Vgl. Kuhnen, Hans-Peter (Hg.), Mit Thora und Todesmut. Judäa im Widerstand gegen die Römer – von Herodes bis Bar-Kochba. Ausstellungskatalog des Württembergischen Landesmuseums. Stuttgart: Württembergisches Landesmuseum 1994, 134.

[11] Weniger von Bedeutung sind Zauberei und Verführung des Volkes (vgl. bSanh 43a) sowie Jesu Anspruch, der kommende ›Menschensohn‹ zu sein; dazu Niemand, Jesus, 451 f.485–489.

[12] Im Folgenden beziehe ich mich im Wesentlichen auf Niemand, Jesus, 203–250.

[13] So z. B. geschildert bei Tacitus, Ann. 6,19; vgl. auch 6,10. Zum Verbot der Trauer auch Sueton, Tib. 61; Dig. 3,2,11,3; Philo, Flacc. 72. Zit. n. Schottroff, Luise, Maria Magdalena und die Frauen am Grabe Jesu. In: Dies., Befreiungserfahrungen. Studien zur Sozialgeschichte des Neuen Testaments (Theologische Bücherei 82). München: Chr. Kaiser 1990, 134–159.136 f.

[14] Grundsätzlich gilt in der Forschung die Annahme, dass die Nennung eines genauen Namens auf die Historizität der Person hindeutet.

Abkürzungsverzeichnis

Die Abkürzungen der biblischen Bücher folgen den Loccumer Richtlinien.

Ant	Antiquitates Iudaicae
Ap	Contra Apionem
äthHen	äthiopischer Henoch
Bell	De Bello Iudaico
bSanh	Babylonischer Talmud, Traktat Sanhedrin
bTalmud / bT	Babylonischer Talmud
ET	Erstes Testament / Altes Testament
EvPetr	Petrusevangelium
EvThom	Thomasevangelium
JHWH	Jahwe
mBetsa	Mischna, Traktat Betsa
mMid	Mischna, Traktat Middot
mSanh	Mischna, Traktat Sanhedrin
mSchebi	Mischna, Traktat Schebiit
NT	Neues Testament
PsSal	Psalmen Salomos

Sach- und Namensregister

Abbildungsnachweis

Abb. 1, S. 64   »Todestag Jesu bei den Synoptikern und bei Johannen«, nach einem Entwurf von Joachim Maier, Schriesheim.

Abb. 2, S. 121   »Wunderverständnis« aus: Weiser, Alfons, Was die Bibel Wunder nennt. Ein Sachbuch zu den Berichten der Evangelien. 3., durchges. Aufl. Stuttgart: Kath. Bibelwerk 1977, 21.

Abb. 3, S. 176   »Genageltes Fersenbein« aus: Kuhnen, Hans-Peter, Mit Thora und Todesmut. Judäa im Widerstand gegen die Römer – von Herodes bis Bar-Kochba. Ausstellungskatalog des Württembergischen Landesmuseums. Stuttgart: Württembergisches Landesmuseum 1994, 126, Abb. 29.

Abb. 4, S. 177   »Kreuzigungsart eines Hingerichteten« aus: Bühlmann, Walter, Wie Jesus lebte. Palästina vor 2000 Jahren: Wohnen, Essen, Arbeiten, Reisen. 4., vollst. überarb. Aufl. Luzern: Rex 2001, 138. Abb. 170.

Anhang   »Karte Palästina im 1. Jh. n. Chr.« aus: Einheitsübersetzung der Heiligen Schrift. Das Neue Testament. Stuttgart: Kath. Bibelanstalt ⁵1983, 661.

Karte Palästinas

Legende:
- – – – – unter römischer Verwaltung
- – . – . – Tetrarchie des Antipas
- . . . . . . Tetrarchie des Philippus
- o o o o o Salome-Gebiet
- x x x x x Dekapolis

PHÖNIZIEN
ITURÄA
ABILENE
Damaskus
SYRIEN
Tyrus
Cäsarea Philippi
GAULANITIS
TRACHONITIS
Ptolemaïs
Chorazin
Betsaida
BATANÄA
Rafana
Kafarnaum
Gennesaret
Magdala
Kana
Dion
HAURAN
Sepphoris
Hippos
Dor
Nazaret
Naïn
Gadara
Abila
Cäsarea am Meer
DEKAPOLIS
Skythopolis
GALILÄA
Pella
Gerasa
MITTELMEER
Sebaste (Samaria)
Sichem
Sychar
SAMARIEN
PERÄA
Joppe
Arimathäa
Efraim
Philadelphia (Amman)
Lydda
Archelais
Jamnia
Jerusalem
Jericho
Beta-nien am Jordan
Heschbon
Betanien
Qumran
Medeba
Betlehem
Kallirhoë
JUDÄA
Machärus
Aschdod
Hebron
En-Gedi
Gaza
Masada
IDUMÄA
NABATÄERREICH

0 15 30

Palästina am Anfang des 1. Jahrhunderts n. Chr.